한국의 국제평화활동 발전전략

한국의 국제평화활동 발전전략

지은이 김금률
발행일 2023년 12월 18일 **발행인** 이진숙
펴낸곳 충남대학교출판문화원 **주소** 대전광역시 유성구 대학로 99
전화 042-821-6045 **홈페이지** http://www.cnupress.co.kr **E-mail** cnupress@cnu.ac.kr

ISBN 979-11-6503-219-7 93390
정가 18,000원

한국의 국제평화활동 발전전략

김금률

충남대학교출판문화원

머리말

최근 동북아 안보상황은 러시아-우크라이나 전쟁 장기화, 중국과 대만의 갈등고조, 북한의 핵무력 법제화 등 다양한 안보이슈로 불확실성 및 불안정성이 보다 심화하고 있다. 글로벌 안보환경의 변화와 함께 국제연합(United Nations)은 국제평화활동의 실효성을 보장하기 위해 2018년 안토니우 구테흐스(António Guterres) 사무총장 취임 이후 새로운 평화유지구상(Action for Peacekeeping, A4P)과 디지털 전환 전략(Strategy for the Digital Transformation of UN Peacekeeping)을 추진하고 있다. 출범 5주년이 된 A4P는 국제평화활동의 실효성을 보장하기 위해 유엔이 '공동공약선언' 형태로 추진 중인 이니셔티브이다.

유엔은 글로벌 거버넌스의 핵심기구로 '규칙에 기반한 국제질서(Rules-based International Order)'를 구축하고 세계평화와 번영, 분쟁의 예방과 관리, 인권보호를 위해 평화유지활동(Peacekeeping Operations, PKO)을 전개해 왔으며, 특히 대량살상무기의 감축과 통제, 테러리즘, 난민, 절대빈곤, 기후변화 등 전지구적 문제를 해결하기 위해 중추적인 역할을 수행해 왔다. 하지만 탈냉전 이후 분쟁요인의 다변화와 국제질서의 불확실성 증가로 인해 유엔의 역할이 확대되고 조직이 비대해지면서 비

효율성과 관료주의라는 두 가지 문제에 직면하게 되었다. 이러한 도전요인들을 극복하기 위해 유엔은 2000년 이후 3차례에 걸친 PKO 개혁을 추진했으며, 2018년 안토니우 구테흐스 사무총장의 주도로 평화유지구상(A4P)을 발표하고 국제평화활동의 패러다임 전환을 시도하고 있다.

한편 대한민국은 2018년 유엔외교 독립패널 출범을 통해 중견국의 일원으로서 유엔외교의 비전을 정립하고, '글로벌 거버넌스 강화에 기여하는 유엔외교 추진' 등 5대 전략적 지향점을 제시하였다. 하지만 중견국으로 성장한 한국은 아직까지 공병, 의무부대 위주로 제한적인 수준의 국제평화활동에 참여하고 있다. 최근 과학기술 강국, 세계 10위의 경제대국으로 거듭난 한국은 유엔의 평화유지활동 패러다임 전환 노력을 뒷받침할 수 있는 국가역량을 보유하고 있으며 향후 국제평화활동의 참여범위를 확대해 나갈 필요성이 있다.

본 책은 유엔가입 32주년과 한국군의 유엔 평화유지활동 참가 30주년을 맞이한 뜻깊은 시기에 중견국으로 성장한 대한민국이 글로벌 거버넌스 지원에 적극 참여하는 데 필요한 국제평화활동 발전전략에 대한 연구서이다. 이를 위해 A4P의 추진동향을 점검하고, 주요 사례 연구를 통해 한국군의 국제평화활동 개선 필요성을 식별했다. 또한 최근 국제평화활동의 위기·기회요인, 강·약점 등을 분석하여 한국이 추진해야 할 국제평화활동 발전방안을 도출했다. 특히 유엔의 A4P와 연계된 다차원적 발전전략을 도출하기 위해 제도적·조직적·기술적·규범적 차원에서 추진전략을 모색하였다.

한국은 국제사회에서 빠르게 성장하고 있으며 많은 기회와 도전에 직면해 있다. 특히 평화유지장관회의의 성공적인 개최 이후 한국은 국제사회 이슈에 대해 평화적인 해결과 지속가능한 발전에 기여하기 위해 적극적으로 참여하고 있다. 한국은 유엔 평화유지활동 참여 30년의 성과들과 노하우를 통해 변화하고 있는 국제평화활동 패러다임에 적합한 성공적인 전략을 수립해야 한다.

본 책이 출판될 수 있기까지 지도와 격려를 아끼지 않으신 설현주 교수님께 깊은 감사를 드린다. 길병옥 교수님, 전기석 교수님, 김동한 교수님, 임익순 교수님, 이강경 교수님, 강효경 교수님, 충남대학교 출판문화원 관계자님들께도 진심으로 감사드린다.

이 책이 국제평화활동과 관련된 많은 분들과 관심있는 독자들에게 새로운 시각을 제시하여 한국의 국제평화활동이 발전하는데 조금이라도 기여할 수 있기를 기대해 본다.

2023년 7월

김 금 률

목차

01

서론

01 서론

제1절 국제평화활동의 변화와 발전

제2차 세계대전 이후 지속되어 온 자유주의 국제질서(Liberal International Order, LIO)는 중국의 부상과 팬데믹(Pandemic)의 창궐, 러시아-우크라이나 전쟁 등 다양한 요인들로 인해 대전환기를 맞이하였다. 특히 2022년 2월 24일, 러시아의 무력침공으로 시작된 우크라이나 전쟁은 유엔이 주도해온 글로벌 거버넌스[1]에도 큰 위협을 안겨 주었다. 러시아의

1 James N. Rosenau, "Governance in the Twenty-first Century," *Global Governance*, Vol. 1, No. 1 (Winter 1995), p. 13. 글로벌 거버넌스(Global Governance)라는 개념은 새로운 국제환경에 이전

특별군사작전으로 우크라이나는 개전초기 수많은 인명피해와 물적손실을 입었다. 하지만 미국을 중심으로 한 서방진영의 대규모 군사지원과 우크라이나군의 항전태세로 전쟁은 장기전 양상으로 전환되었다. 정당한 명분없이 자행된 군사작전과 민간인 학살, 대량살상무기(Weapons of mass destruction, WMD)의 사용 등 러시아가 저지른 전쟁범죄는 국제사회의 여론을 악화시켰으며, 향후 국제적인 심판대에 오를 것으로 전망된다.[2] 특히 우크라이나 사태를 계기로 서방진영의 경제제재와 러시아의 에너지 · 식량 무기화로 글로벌 경제환경이 악화하고 있으며, 향후 한반도와 동북아 안보에도 큰 영향을 미칠 것으로 예상된다.

2022년 6월, 북대서양조약기구(North Atlantic Treaty Organization, 이하 NATO)는 스페인 마드리드에서 정상회의를 개최하고 새로운 전략개념(Strategic Concept)을 발표했다.[3] 러시아와 중국을 적대세력으로 명시한 NATO의 전략개념 채택으로 서방중심의 자유민주주의 진영과 중국, 러시아 등 권위주의 체제의 단층선이 보다 뚜렷해졌다.

탈냉전기 이후 이데올로기의 대립은 종식되었으나 한반도와 동북아 지역에는 전통적인 안보딜레마가 상존해왔으며, 러시아-우크라

과는 다른 전 세계 관리 및 조정 방식 등이 필요하다는 인식에 따라 새롭게 부상하였으며, 냉전 이후 국가와 안보 중심의 국제관계가 변화되고 세계의 관심영역이 다양화됨에 따라 국제제도의 역할이나 그 수도 증가되었다.; 조윤영, "글로벌 거버넌스와 국제제도: 유엔의 사례를 중심으로,"『세계지역연구논총』제24집 3호(2006.12.), p. 351. 글로벌 거버넌스는 유엔과 국가 정부가 중심 역할을 하고 있지만 전체적으로 보면 이 또한 일부분으로 작게는 가족단위에서 크게는 국제조직에 이르기까지 인간 활동의 모든 부분에서 영향을 미칠 만큼 광범위하며 상호의존적이다.

2 이강경 · 김금률 · 편관서 · 박동휘, "러시아-우크라이나 전쟁의 원인 고찰: 케네스 왈츠의 3가지 이미지를 중심으로,"『국방연구』제65권 제3호(2022.9.), p. 2.

3 NATO, "NATO 2022 Strategic Concept,"(29 June 2022), pp. 1-16. https://www.nato.int/ nato_static_fl2014/assets/pdf/2022/6/pdf/290622-strategic-concept.pdf

이나 전쟁을 계기로 전통적인 안보의 중요성이 다시 부각되고 있다. 미 · 중 패권경쟁, 중국의 대만 위협, 일본의 군사재무장, 북한의 핵 · 미사일 위협 등 다양한 안보이슈로 인해 한반도와 동북아 안보는 제2차 세계대전 이후 가장 위험한 상황에 직면해 있다고 판단된다. 특히 전통적인 안보위협과 더불어 세계적인 전염병, 기후변화, 환경문제, 테러위협 등 비전통적 안보가 매우 중요한 이슈로 등장했다. 이와 같은 비전통적인 안보 위협은 초국가적인 성격과 전지구적인 특징을 보이기 때문에, 효과적으로 대응하기 위해서는 어느 한 국가가 아닌 전 세계적인 협력과 공동의 노력이 필요하다. 일례로 2019년 말에 발생한 코로나19는 2020년 3월 세계보건기구(WHO)가 홍콩독감(1968), 신종플루(2009)에 이어 역사상 세 번째로 팬데믹을 선언하였다. 600만 명 이상을 사망시킨 코로나19는 국제사회의 공동노력으로 위드 코로나(With Corona)의 형태로 전환되었고, 포스트 코로나(Post Corona) 시대로 접어 들었다.

2023년은 제2차 세계대전의 종전 이후 새로운 집단안보체제로 출범한 국제연합(UN)의 창설 78주년과 6.25 전쟁의 종전 70주년, 한국의 유엔 평화유지활동(PKO) 참여 30주년인 해이다. 한국전쟁으로 심화되었던 미 · 소 냉전체제는 1990년을 전후로 종식되었지만 탈냉전 이후 전쟁 없는 평화가 지속될 것이라는 기대는 희망적 사고(Wishful Thinking)에 불과했다. 냉전시기 국제관계에 내재되어 있던 다양한 갈등요인들이 표출되면서 탈냉전 이후 지역분쟁의 수는 지속적으로 증가했으며 분쟁의 원인도 다양한 양상을 보였다. 국제분쟁에 따른 난민의 수는 매년 최고치를 경신하고 있으며 유엔은 점차 복잡하고 다양해지는 분쟁에 대응하기 위해 끊임없는 개혁을 시도하고 있다. 1991년 유엔에 정식으로 가입한 한국은 1993년 소말리아에 공병부대인 상록수부대를 파견한 이후 현재까지 30년간 평화유지활동에 지속적으로 참여하고 있다. 하지만 한국군의 파병정책은 유엔이 추구하고 있는 개혁과 패러다임에 부합하지 못한 것으로 평가되고 있으며 향후 중견국 위상에 부합하는 방향으로 근본적인 개선이 요구된다.

한국군은 2009년 '유엔평화유지활동 참여에 관한 법률' 제정을 계기로 유엔 평화유지활동 참여의 법적 근거를 확보하였다. 하지만 유엔 이외의 다국적군 평화유지활동 및 국방교류협력을 규정한 법적 근거가 미비하여 법률 제정이 시급한 상황이다. 또한 공병 및 의무부대 위주의 해외파병과 여성의 평화유지활동 참여율 저조 등 유엔의 국제평화활동 개혁방향에 부합하지 못하고 있다. 한편 2021년 12월 서울에서 개최된 유엔 평화유지 장관회의[4]를 통해 한국은 유엔 평화유지활동에 기여할 수 있는 관련 공약을 제시하였다. 특히 서울 이니셔티브를 중심으로 유엔이 추진하고 있는 국제평화활동에 새로운 기술적 모델을 제시하였다. 따라서 본 절에서는 글로벌 안보환경의 변화를 고찰하고, 유엔의 패러다임 변화와 연계하여 한국군의 평화유지활동 개선 필요성을 제시하고자 한다.

---

4 유엔 평화유지활동 분야의 유일한 장관급 정례 협의체이며 150여 개국의 재정 · 병력공여국 외교 · 국방장관을 대상으로 한 유엔 평화 · 안보 분야 최대 · 최고위급 회의이다. 2021년 서울에서 개최된 평화유지장관회의는 2016년 영국, 2017년 캐나다, 2019년 유엔 본부 개최에 이은 제4차 회의로 아시아 최초로 개최되었다. 유엔 평화유지 장관회의는 국제평화와 안정을 위해 회원국들의 의견을 결집하고 공동의 실천을 촉구하는 공론장이다. 2021년 12월 7~8일, 서울에서 개최된 제4차 회의에서는 코로나19 변이인 오미크론 확산으로 인해 비대면 진행되었으며 평화유지구상(A4P)의 주요 의제인 ① 평화의 지속화, ② 훈련 · 역량 강화화 파트너십, ③ 임무수행 능력, ④ 민간인 보호 · 안전 등에 대해 논의했다.

1. 국제 안보환경의 변화

제2차 세계대전 후 국가안보(National security)는 국가 생존을 위한 핵심 이익으로 등장하였으며 냉전 시대에는 국가 외부의 위협 및 침략으로부터 국가를 보호하는 것을 의미했다. 따라서 전통적인 안보개념하에서는 군사력을 주요 위협으로 상정했으며 군사력의 우위를 통해 세력균형을 이루고 안보상황을 개선할 수 있었다.[5] 그러나 군사력이 국가안보를 뒷받침하는 단일요소는 아니며, 군사위협 또한 가장 심각한 요인이기는 하지만 유일한 위협은 아니었다.[6] 일반적으로 안보는 전통적 안보 영역과 비전통적 안보영역으로 구분할 수 있다. 전통적 안보분야는 정치, 군사, 외교 등이며 국가를 주체로 군사력이라는 수단을 통해 국가 생존을 위한 절대성을 강조하고 있다. 비전통적 안보는 문화, 과학기술, 정보, 환경 등 비국가적 · 비군사적 영역을 의미하여 상대성과 보편성의 안보가치, 군사안보 이외의 공동 · 협력안보를 강조한다.[7]

21세기의 안보개념은 경제, 외교, 사회, 환경, 감염병, 사이버 등 국가 활동의 모든 분야가 포함된 광의의 개념으로 변화하고 있다. 물리적인 국경선과 연계되어 있던 전통적 안보개념과 달리 비전통적인 안보개념은 과학기술의 발달로 인해 공간과 시간의 제약을 받지 않는

---

5 박재완 · 정일성, "포스트 코로나 시대의 국가안보 변화와 군의 대응,"『한국과 국제사회』제5권 1호 (2021), p. 218.

6 Stephen M. Walt, "The Renaissance of Security Studies," *International Studies Quarterly,* Vol. 35, No. 2 (January 1991), p. 211.

7 길병옥 · 박재필 · 조차현, 『국가안보론』(대전: 충남대학교출판문화원, 2015), p. 17.

다. 즉, 정보가 실시간으로 유통되어 물리적인 공격을 수반하지 않더라도 해킹 등을 통해 어느 국가든 혼란에 빠질 수 있으며, 국경선의 의미는 점점 퇴색되고 있다. 특히 비전통적 안보 위협은 코로나19를 비롯하여 대규모 자연재해, 감염병, 테러, 환경오염, 난민 등과 같이 예측이 불가하고 돌발적으로 발생한다. 따라서 어느 한 국가만의 힘으로 해결할 수 없는 초국가적 문제이며, 이러한 안보 위협의 해결을 위해 전 세계는 국제기구를 중심으로 공동 협력하고 있다.[8]

코로나19의 전 세계 확산은 비전통 안보 위협이 한 국가의 모든 영역에 미치는 영향의 심각성을 보여주는 사례였다. 국가안보의 기존 체계는 코로나19로 인해 전면적인 재검토가 요구되었다. 코로나19로 발생한 인적 · 물적 피해는 전통적 안보위협의 그것과 다를 바 없었다. 또한 효과적인 대응에 실패하게 되면 더욱 큰 피해가 발생하는 결과를 초래했다. 이처럼 한 국가에서 발생한 비전통 안보위협은 순식간에 전 세계로 확산될 수 있고, 어느 한 국가만의 문제가 아닌 전지구적 문제가 될 수 있다는 것을 보여 줬다. 그러므로 이러한 문제를 효과적으로 대응할 수 있는 국제 협력 체계의 중요성이 어느 때보다 부각되었다.[9]

유엔개발계획(United Nations Development Programme, 이하 UNDP)은 1990년부터 매년 '인간개발보고서(Human Development Report)'를 발간하고 있으며 이를 통해 인간안보의 영역별 기본요소를 제시하고 있다. 경제안보

---

8 김태현 · 박민형 · 김혜원, "비전통안보위협 대응과 국방의 역할,"『RINSA 안보현안분석』 Vol. 167 (2020. 5.31.), p. 5.

9 설인효, "비전통 안보위협의 부상과 한미일 안보협력 방안,"『한일군사문화연구』31권(2021.4.), pp. 49-55.

는 기본 소득에 대한 보장, 개인안보는 물리적인 폭력으로부터 보호, 식량안보는 기본식량의 확보, 사회안보는 공동체 억압으로부터 보호하는 것이다. 보건안보는 최소한의 건강과 정치안보는 기본적 인권의 존중, 환경안보는 자연환경의 파괴 및 고갈로부터 보호받아야 한다고 밝히고 있다. 여기서 우리가 간과하지 말아야 할 점은 인간안보의 개념이 세부 구성요소는 제시하고 있으나, 안보주체는 여전히 모호하다는 점이다. 특히 주권국가 체제에 대한 갈등을 일으키며 안보대상 및 영역이 불명확하다. 위에 언급한 안보개념 외에도 새롭게 부상하고 있는 분야는 초국가범죄안보, 테러안보, 사이버안보 등이 있다.[10]

현재 진행 중인 러시아-우크라이나 전쟁 등과 같은 전통적 안보 및 팬데믹과 같은 비전통적 안보 관련 이슈는 모든 안보 주체와 영역이 복잡하게 얽혀있어 단순한 대책만으로는 해결하기 어렵다. 예를 들면 유럽 난민 문제의 경우, 직접적인 관련 국가, 유럽연합(European Union, 이하 EU), 난민 개인, 인권문제, 인간안보, 국가안보, 지역안보, 세계안보 등 다수 영역이 상호 복잡하게 연관되어 있다.[11]

안보의 영역은 정치, 외교 및 군사 등으로 대표되는 전통적 안보영역에서 4차 산업혁명 기술을 비롯한 온라인 영역 확장, 팬데믹, 환경파괴와 기후변화, 종교 · 인종분쟁 등 비전통적 안보영역으로 급속히 확장되고 있다. 이외에도 다양한 비국가행위자 및 무장단체를 중심으로 한 테러리즘의 전개와 국제범죄 등도 다양한 위협요인으로 대두되

10 박영택, “비전통 안보문제의 확장과 국제기구의 다자적 기능 평가,”『접경지역통일연구』제4권 제2호(2020.12.), pp. 142-144.

11 전봉근, “21세기 한국 국제안보 연구 · 개념과 실제,”『2015년 정책연구과제』(서울: 국립외교원 외교안보연구소, 2015), p. 141.

고 있다. 이러한 안보 이슈들은 한 국가 및 단일 정부에서 해결하기 어려운 문제이기 때문에 반드시 국제적 차원의 협력을 필요로 한다. 이러한 비전통적 안보이슈들의 효과적인 해결과 예방을 위한 중심적 역할을 수행하는 것이 바로 국제기구이다. 글로벌 거버넌스를 대표하는 핵심기구인 국제연합(United Nations, 이하 유엔)은 집단안보체제로 제2차 세계대전 이후 창설되었으며 국제연맹의 정신을 계승하여 국제평화와 안전 유지, 다양한 분야의 국제협력을 도모하는 국제기구이다. 집단안보체제로 대표되는 유엔의 창설목적은 유엔헌장 제1조에 명시되어 있듯이 국제평화 및 안전유지이며, 전 세계에서 발생하는 국제분쟁의 예방과 분쟁의 평화적 해결에 주도적인 역할을 하는 것이다. 이러한 유엔이 추진하는 평화활동(Peace Operations)은 복합적인 개념으로 분쟁의 예방(Conflict Prevention), 평화유지(Peace-keeping), 평화조성(Peace-making), 평화강제(Peace Enforcement), 평화건설(Peace-building) 등을 포괄하고 있다.[12] 특히 유엔 평화유지활동(Peacekeeping Operations, 이하 PKO 혹은 평화유지활동)은 무장해제, 정전감시, 전후복구, 치안유지 등의 국제평화 및 안전을 도모하기 위한 대표적 활동이다. 탈냉전 이후에는 전통적인 임무를 포함하여 민간인 보호, 선거 지원, 인도적 지원, 국가역량 지원, 인권 보호 등 보다 다차원적 임무(Multi-dimensional mission)로 역할이 확대되었다.

유엔은 2018년 안토니우 구테흐스 사무총장 취임 후 글로벌 안보환경에 효과적으로 대응하고 평화유지활동 역할과 한계에 대한 문제 해결을 위해 평화유지구상(Action for Peacekeeping, 이하 A4P)을 추진하고 있다.

---

12 United Nation, "United Nations Peacekeeping Operations Principles and Guidelines," UN Department of Peacekeeping Operations & Department of Field Support (2008), p. 19.

2018년 3월 출범한 A4P는 유엔이 국제평화활동의 실효성 보장을 위해 공동공약선언(Declaration of Shared Commitments) 형태로 추진하고 있는 이니셔티브(Initiative)이다. 따라서 A4P의 이행 효과는 관련 회원국들의 적극적인 동참과 역할 확대를 통해서만 보장될 수 있다.

2. 한국군의 평화유지활동 개선 필요성

중견국(Middle Power)[13]으로 발돋움한 한국은 국제사회에서 글로벌 거버넌스에 기여하고 유엔외교 3.0[14] 시대에 걸맞은 유엔 평화유지활동의 새로운 역할 모델 정립이 필요한 시점에 직면해 있다. 이에 외교부는 2018년 유엔외교 독립패널을 발족하고 한국의 유엔외교가 지향해야 할 중·장기 비전과 추진과제를 제시했다.[15] 2021년 3월 평화유지구상 출범 3주년 기념행사 기조연설에서 정의용 외교부 장관은 유엔

13 강선주, "중견국 이론화의 이슈와 쟁점,"『국제정치논총』 제55집 1호(2015), pp. 142-149.; 김치욱, "국제정치의 분석단위로서 중견국가(Middle Power): 그 개념화와 시사점," 『국제정치논총』 제49집 제1호(2009), p. 21. 중견국(Middle Power)은 국제정치의 강대국과 약소국 사이의 중간 국가를 지칭하며 그 위치는 외교력, 지도력, 군사력, 인구, 경제, 지리, 기술 등과 국가의 평판, 정치, 국제기구에서의 지위 등을 포함하여 측정할 수 있다. 특히 중간규모(Middle-weight)의 물질적 능력이 중요하며 이러한 능력에 적합한 외교 정책 추진은 중견국의 필요조건이라고 할 수 있다. GDP를 통해 전반적인 경제규모 지표를 가늠할 수 있고, 병력 및 군사비 지출 규모로 군사력을 판단할 수 있다.; 손열 · 김상배 · 이승주, 『한국의 중견국 외교』 (서울: 명인문화사, 2016), pp. 30-32. 국제정치에서 중견국은 일반적으로 호주, 캐나다, 스웨덴, 노르웨이 등과 같은 국가들이다. 미 · 소 양극체제에서 국제정치 변화에 발맞춰 적극적인 외교정책을 추진해온 호주와 캐나다는 1세대 중견국이며, 규범외교의 성향을 보이는 스웨덴 및 노르웨이 등은 1.5세대로 구분할 수 있다. 탈냉전 이후 1990년대에서 2000년대 초 · 중반 새롭게 부상한 브릭스(BRICS) 국가들 중 인도, 브라질 등은 제2세대 중견국이다. 1세대, 1.5세대 및 2세대와는 다른 국제정치 환경에서 또다른 외교정책을 모색해야 하는 한국은 제3세대 중견국으로 구분할 수 있다.

14 2018년 출범한 유엔외교 독립패널은 지난 70년간 대한민국의 유엔외교의 성격을 다음과 같이 3단계로 구분하여 제시하였다. "① 유엔외교 1.0은 1991년 이전까지의 유엔가입 준비단계, ② 유엔외교 2.0은 유엔가입 후 현재까지의 활동단계, ③ 유엔외교 3.0은 그동안의 성과와 한계에 대한 평가를 바탕으로 새 시대의 비전과 목표를 추구하는 단계."

15 유엔외교 독립패널,『한국 유엔외교의 비전과 미래전략』 (서울: 외교부 국제기구국, 2018.7.6.), pp. 1-54.

평화유지활동 강화를 위한 한국 정부의 기여 의지를 표명하였다. 특히, 중요한 이니셔티브인 A4P가 변화하는 작전환경에서 효과적인 평화유지활동을 수행할 수 있도록 올바른 개선 방향을 보여주었다고 평가했다. 또한 전쟁의 참화에서 평화를 재건했던 대한민국의 역사적 경험이 유엔 평화유지활동의 중요성을 증명하는 사례임을 강조했다.[16] 2021년 12월 서울에서 개최된 제4차 유엔 평화유지 장관회의(2021 Seoul UN Peacekeeping Ministerial)에서 한국은 PKO 발전에 기여하기 위해 각 분야별 공약을 발표하였다. 한국은 유엔이 적극적으로 추진하고 있는 스마트 캠프(Smart Camp)[17] 추진 사업에 첨단기술이 적용된 모델을 제안했다. 또한 의료 및 방역 역량 강화, 공병훈련 지원, 헬기 자산(16대) 공여, 여성의 평화유지활동 참여 확대, 경찰의 평화유지 요원 규모 확대 등 6대 기여공약과 구체적인 실행방안을 발표했다.

한국은 1948년 유엔의 지원하에 단독정부를 수립하였으며, 1950년 북한의 남침으로 발발한 6.25 전쟁에서 유엔군의 평화활동을 통해 자유민주주의를 수호했다. 또한 유엔의 지원으로 전쟁의 폐허에서 국가 재건과 경제발전을 추진하여 세계 10위의 경제대국으로 성장했다. 이처럼 기적적인 경제발전을 이룩한 한국은 중견국의 일원으로서 유엔이 추구하고 있는 '규칙에 기반한 국제질서(Rules-based international order)'

16 외교부 보도자료, "정의용 장관, 「평화유지구상(A4P) 3주년 기념행사」 기조연설," (2021.3.29.)

17 국방부, "UN PKO 활동 지원을 위한 기술기여(스마트캠프)방안 연구 I: 남수단 UNMISS 경계시스템 적용 타당성을 중심으로," 『국방부 정책과제 최종보고서』 (2019.12), p. 11. UN PKO 캠프내 통합정보플랫폼 센터(Integrated Smart Camp Center)를 구축하여 캠프내 모든 유틸리티 및 에너지 사용, 그리고 대내외적 보안 및 시큐리티 시스템과 차량관리 등에 관한 정보를 통합하여 캠프운영의 효율성을 제고를 위한 아이디어이다.

를 뒷받침하기 위해 평화활동에 보다 적극적으로 참여해야 한다.[18] 최근 변화하는 분쟁요인과 4차 산업혁명 등 첨단기술의 발전 양상에 대응하고자 유엔은 지속적인 개혁을 통해 평화유지활동의 패러다임 변화를 추진하고 있다. 최근 유엔이 추진하고 있는 A4P의 성공적인 이행과 성과확대에 기여하기 위해 한국도 다차원적 임무단의 참여 확대 및 다양한 기여방안을 모색해야 할 시점이다.

제2절 한국의 국제평화활동 개선 필요성

한국과 유엔의 역사적 인연은 국가수립 과정으로부터 시작되었다. 1945년 일제의 식민통치로부터 독립한 후 미국과 소련이 각각 남한과 북한을 관리하면서 남한과 북한의 운명은 갈라졌다. 1947년 미국은 한반도 정부 설립 문제를 유엔에 이관하였고, 이에 유엔은 선거에 의한 정부 수립을 위해 유엔 한국임시위원단(The United Nations Temporary Commission on Korea, UNTCOK) 파견을 결정하였다. 그러나 소련에 의해 북한 입국은 제지되어 남한만의 단독 선거가 진행되었으며, 유엔의 지원하에 대한민국 정부가 수립될 수 있었다.

1950년 6.25 전쟁 발발 이후 유엔은 소련의 지원으로 무장한 북한의 일방적인 전쟁임이 명백해지자 북한의 남침을 불법으로 규정하였다.

18 유엔외교 독립패널, 『한국 유엔외교의 비전과 미래전략』(서울: 외교부 국제기구국, 2018.7.6.), p. 8.

또한 안보리 결의로 국제평화와 안전의 회복을 위해 한국에 대한 원조를 권고하였으며, 이는 유엔 헌장에 따라 집단안보를 처음으로 발동한 사례였다. 유엔은 회원국들에게 집단적 안보를 위한 지원을 요청하였으며 미국을 비롯한 16개국의 군사적 지원과 희생으로 북한군의 침략을 막아낼 수 있었다. 이러한 국제사회의 도움을 바탕으로 재건에 성공한 한국은 2021년 GDP 10위, 2022년 군사력 6위[19] 및 국방예산 54조의 국가로 성장하였다. 이러한 역사적 당위성을 바탕으로 한국은 그 위상과 국격에 부합하도록 국제평화활동에 적극적으로 참여해야 한다.

국제평화활동을 대표하는 평화유지활동의 시작은 1948년 5월 정전협정 감시를 위한 유엔 팔레스타인 정전감시단(United Nations Truce Supervision Organization, UNTSO)이 설치되면서 본격화하였고, 지금도 세계 곳곳의 분쟁지역에서 정전감시, 재건지원 등의 임무를 수행하고 있다.[20]

한국의 파병은 베트남전(1964.9.~1973.3.)이 시작이었다. 이후 1991년 유엔 회원국이 되면서 국제사회의 일원으로 세계 곳곳에서 평화를 수호하고, 한국의 위상을 드높이며 30년간 유엔 평화유지활동에 지속적으로 참여하고 있다. 지금까지 약 2만여 명을 파병했으며, 국제사회의 도움을 받던 국가에서 도움을 주는 국가로 변모하여 국가 위상을 높

19 GlobalFirepower(GFP), "2022 Military Strength Ranking," https://www.globalfirepower.com/countries-listing.php (검색일: 2022.9.10.) 미국의 민간 군사력 평가기관인 글로벌파이어파워(GFP)가 낸 보고서에 세계 142개국 중 우리나라는 군사력 평가지수 0.12611을 받아 0.1195를 받은 5위 일본에 이어 6위를 차지했다. 1위는 미국(0.0453)이며 그 뒤를 러시아(0.0501), 중국(0.0511), 인도(0.0979) 등이 차지하고 있다.

20 국방부, 『2020 국방백서』 (서울: 국방부, 2020), p. 193.

이고 세계평화에 기여하고 있다. 그러나 한국의 파병은 중견국의 위상과 한국의 국력에 비하여 소극적인 참여를 하고 있다는 비판이 지속적으로 제기되어 왔다. 그것은 변화하는 글로벌 안보환경과 새롭게 대두된 안보위협 속에서도 기존의 방식으로 국제평화활동에 참여하고 있기 때문이다. 국제평화활동은 탈냉전 이후 다양하고 복잡한 분쟁요인으로 인해 임무와 활동 범위가 다변화됨에 따라 전통적인 방식으로는 효과적인 임무수행이 제한되는 상황이 많아졌다. 따라서 유엔은 평화유지활동의 패러다임을 전환하기 위해 다양한 개혁과제들을 논의해 왔다.

유엔의 국제평화활동 관련 대표적인 개혁 사례는 2000년에 발표된 브라히미 보고서(Brahimi Report)[21], 2015년에 발표된 고위급 독립패널 보고서(High-level Independent Panel on UN Peace Operations, 이하 HIPPO), 2018년 채택된 크루즈 보고서(Cruz Report)이다. 또한 유엔 사무총장인 안토니우 구테흐스가 평화유지활동의 효과성을 향상시키기 위해 2018년 채택한 A4P를 통해 평화유지활동의 근본적인 개선을 추진하고 있다. 유엔 평화유지군은 아프리카와 같은 열악한 지역에서 무장세력의 공격과 같은 전통적 위협과 코로나19와 같은 전염병 등 비전통적 위협으로 인해 관련 임무가 다변화되고 있다. 더욱 복잡하고 다양해지는 작전환경에서 안전하고 효과적인 임무수행을 위해 유엔은 지속적으로 여러 개혁 과제들을 논의했으며, 한국도 이러한 유엔의 패러다임 전환 노력에 발맞춰 파병정책에 대한 근본적 변화를 모색해야 한다.

21 UN Peacekeeping, "BRAHIMI REPORT,"https://peacekeeping.un.org/en/brahimi-report-0

국제평화활동 참여는 단순히 부대를 파병하는 것이 아니라 복잡하고 다양한 위험(Risk) 요인이 수반되며, 막대한 국가예산이 투입되는 이슈이다. 또한 국가위상의 제고와 그로 인해 파생되는 경제적 효과 또한 간과할 수 없는 부분이라 할 것이다. 빠르게 변화하고 있는 미래 전장환경에 대응하고 북한의 군사위협이 고도화되는 상황에서 국제평화활동 참여는 실전경험은 물론 연합군과의 훈련경험을 얻을 수 있는 중요한 기회를 제공한다. 파병이 인력의 파견이라는 단편적이고 협소한 시각에서 벗어나야 한다. 파병은 우리 군의 전투력 향상뿐만 아니라 한국의 아름다운 문화를 홍보할 수 있는 좋은 기회이며, K-방산의 우수성을 알려 방산 수출 등으로 국익을 창출할 수도 있다.

최근 미·중 패권경쟁, 우크라이나 사태, 북한의 미사일 도발 등으로 변화하고 있는 동북아 안보상황 속에서 세계 유일의 분단국인 대한민국은 특수한 안보상황을 타개해 나가기 위해 4차 산업혁명 기술시대에 부합한 패러다임의 변화를 시도해야 한다. 특히 IT 강국으로서 한국형 프로세스에 기반한 해외파병을 기획하고 준비해나갈 필요성이 있다.

따라서 본 연구의 목적은 유엔의 국제평화활동 패러다임 변화에 적합한 한국의 파병정책 발전전략을 도출하는 것이다. 앞서 살펴본 바와 같이 유엔의 국제평화활동은 복합적인 분쟁 양상으로 인해 전통적인 임무와 비전통적인 임무를 포괄하는 다차원적 위임명령을 요구하고 있다. 한국은 유엔이 추진하고 있는 A4P와 같은 패러다임 변화에 발맞춰 중견국의 위상에 걸맞은 해외파병 정책을 추진해 나가야 한다. 특히 한국군은 기존 공병부대 위주의 파병정책을 탈피하여 한국이 기여할 수 있는 기술분야의 협력을 보다 활성화하고, 주변국 동향을 참고하여 파병정책의 패러다임을 점진적으로 개선할 필요성이 있다.

제3절 국내·외 연구 동향

1. 주요 논점과 이슈

한국의 국제평화활동과 해외파병에 관한 연구는 군사학, 정치학, 행정학, 법학, 심리학 등에서 파병 결정과정, 법률제정, 발전방안, 참여전략, 성과 등을 중심으로 진행되었다. 시기별 주요 연구현황을 살펴보면, 1990년대까지는 주로 베트남 파병이 한국의 안보 및 경제에 미치는 영향 등을 재조명하는 연구가 수행되었다. 한국군이 해외에 파견되는 최초의 사례이다 보니 유엔의 평화활동에 대한 개념 이해와 같은 연구도 일부 이루어졌다. 한국은 1991년 유엔 회원국이 된 이후 1993년 소말리아에 상록수 부대를 파병하면서 2000년~2009년까지는 해외파병에 대한 법적 근거, 국가전략, 파병의 성과 및 영향 등에 관한 연구가 본격적으로 수행되었다. 2010년~2019년의 연구흐름을 살펴보면, 2010년 PKO 관련 전문 저널 창간과 2015년 PKO 센터[22] 출범을 계

22 국방대학교 국제평화활동센터, "국제평화활동센터 역사," https://www.kndu.ac.kr/pko/ibuilder.do?menu_idx=98 국제평화활동센터(KIPOCENT: Korea International Peace Operations Center)는 1995년 합동참모대학의 PKO 학처가 잠정 설립된 후 2004년 국방대학교 안보문제연구소에 PKO 센터를 설립하여 운영하였으며, 2010년 이후 지휘계선 조정 및 조직 확대를 통해 국방대학교로 이전되었다.

기로 보다 심층적인 연구가 이루어졌다. 또한 국제평화활동의 참여 활성화 방안, 한국의 파병 발전방안, 평화활동과 연계된 국익 추진방안 등이 다양하게 연구되었다. 코로나19 팬데믹이 창궐한 2020년 이후 최근까지 이루어진 연구는 전염병과 연계된 파병정책, 예비군 · 경찰 등 전문인력의 참여 확대 방안, 국제평화활동의 다각적인 참여방안, 4차 산업혁명 기술을 적용한 해외파병의 패러다임 전환 방안 등을 중심으로 활발히 수행되고 있다.

한국의 국제평화활동에 관한 연구는 1991년 유엔가입 이후 평화유지활동 시작과 함께 본격적으로 논의되었다. 유엔 가입 30주년을 맞이한 2021년 기준 대한민국은 세계 10위 규모의 평화유지활동 재정공여국, 37위의 병력공여국이 되었다. 지난 30년 동안 연인원 1.8만 명의 군 장병들이 평화유지활동에 참여해 왔으며, 평화유지활동 및 다국적군 평화활동, 군사협력 파병 등으로 레바논과 남수단, 아랍에미리트(UAE) 등 13개 지역에서 1,300여 명이 임무를 수행하고 있다.

한국의 국제평화활동에 관한 기존의 선행연구는 크게 2가지 흐름을 보여왔다. 첫째, 공공외교 및 군사외교적 측면에서 국제평화활동의 중요성과 발전방향을 고찰한 연구이다. 둘째, 한국군의 해외파병 사례분석과 평화유지활동 발전방향에 관한 연구이다. 주요 연구를 간략히 살펴보면 다음과 같다. 김열수(2010)는 한국군의 국제평화활동에 참여하는 부대의 변화를 고찰하였고, 한국군의 평화유지활동 참여 수준 확대 필요성과 국제평화활동의 실효성 보장과 연계하여 안보리 결의와 동시적으로 이루어지는 신속한 병력 전개의 필요성 등을 제기하였다. 이를 위해 법적 기반 구축, 국민들의 인식 전환이 요구된다는 점을 강조하였다. 황진환 등(2012)은 국제평화활동의 군사력 · 경제력 등 하드파워가 아닌 탈냉전 이후 부각되고 있는 소프트파워에 대해 강조하며 이를 위해 민간인력 확보와 부대의 기능적 조직개편 필요성 등을 제시하였다. 전병환(2015)은 한국군이 PKO 참여에 있어 유엔이 추구하는 방향과 연계된 구체적인 전략이 마련되어 있지 않다는 점을 지적했다. 또한 대한민국 헌법 제5조에 명시된 "국제평화의 유지에 노력하고"라는 조항을 구체화할 PKO 관련 근거 법률의 제정 필요성을 제시하였다. 특히 PKO를 촉진할 수 있는 민간영역에서의 우호적인 환경을 만들고 민 · 관 · 군 · 경이 통합되어 시너지 효과를 달성할 수 있도록 관련된 효율성, 효과성을 충분히 반영해야 한다는 점을 강조하였다. 송재익(2016)은 중견국 한국의 유엔평화유지활동 강화방안에 관한 연구에서 국제평화활동의 패러다임 변화와 한국의 적극적 참여 필요성을 제시하였다. 21세기 유엔 국제평화활동의 개념은 분쟁예방과 평화유지를 넘어 분쟁 당사자들이 국가와 사회의 기능을 회복할 수 있도록 주요 과제를 해결해주고 국가의 역량을 갖추도록 지원하는 것임을 강조했다. 특히 중견국 한국의 평화유지활동 전략 기조로 동아태 지역에서의 중견국 협의체 강화를 비롯하여 북한의 급변사태에 대비하여 PKO 역할 확장 등을 제시하였다. 또한 PKO 활동의 영역 확대를 재난지역까지로 지정하고 민간 전문가와 경찰, 여성인력 참여 필요성을 제시하였다. 박순향(2017)은 PKO-C34를 통해 본 한국 평화활동의 발전방안 연구에서 평화유지요원의 안전, 신속한 전개를 위한 상비능력 완비 등 작전능력의 강화, 성범죄 발생 등에 대한 국제평화활동 책임 및 도덕성 강화 필요성 등을 제시하였다. 또한 유엔의 국제평화활동 패러다임 변화에 부합한 파병전략 수립과 지역 파트너십 형성을 통해 효과적인 분쟁해결 방안 등을 제시했다. 윤지원(2020)은 다국적군과 청해부대 임무지역 확대를 중심으로 한국군의 국제평화유지활동 과제를 고찰하였으며 분쟁지역의 안정과 재건에 중요한 역할을 담당하는 다국적군 평화활동의 적극적인 참여 필요성을 제시하였다. 장삼열(2021)은 한국의 국제평화활동 30주년 평가와 발전방안 연구에서 향후 파병 정책의 패러다임 전환 및 한국형 평화활동 모델 정립의 필요성 등을 제시하였다. 유엔 평화유지활동이 "최소의 비용 투자로 최대의 국익을 창출할 수 있는 분야"라는 관점으로 민사작전을 넘어 평화유지 및 평화강제를 포함한 전투수행이 가능하도록 임무를 확대하고 충분한 규모의 부대파병이 요구된다고 강조했다.

기존의 연구를 고찰한 결과, 관련 연구의 활발한 수행으로 유엔외교 3.0 시대를 맞이하여 한국군의 국제평화활동 발전 필요성에 대한 공감대는 형성되었다고 볼 수 있다. 그러나 현재 유엔이 적극적으로 추진하고 있는 A4P, 디지털 전환전략 등 개혁과제와 연계된 한국의 패러다임 변화 및 국제평화활동 참여 발전전략에 대해서는 구체적인 연구가 필요하다고 판단된다.

가. 제도적 차원의 연구

국제평화활동 및 해외파병과 관련된 제도적 연구는 주로 해외파병 법률안 제정과 유엔 개혁과 연계된 맞춤형 파병전략 수립 등이 논의되었다. 김동욱(2007)은 해외파병과 점령법에 관한 연구에서 해외파병의 법적근거를 유엔 안전보장이사회 결의, 한·미 상호방위조약, 대한

민국 헌법으로 제시하였고 베트남, 이라크, 동티모르 파병 관련 근거를 비교하였다. 민병원 등(2008)은 해외파병관련 법·제도의 국제비교 연구에서 일본과 독일의 관련 법과 제도를 분석하였다. 특히 한국의 유엔 사무총장 배출에도 불구하고 평화유지활동 등 국제사회의 요구에 충분한 대응이 이루어지지 않았음을 지적하며 바람직한 해외파병 패러다임 구축을 위한 법제화 필요성을 제시했다. 강현철(2014)은 국군의 해외파견에 관한 법률제정의 타당성 연구에서 법률 제정의 필요성에 대해 군의 활동에 정당성을 제공하고 국민들에게는 활동의 신뢰성을 확보할 수 있다고 주장했다. 박동순(2016)은 대한민국의 PKO활동 확대를 위한 정책제언에서 국가차원의 통합된 전략 수립과 추진이 요구되며 PKO활동도 군 중심에서 경찰, 소방, 의료, 민간인력 등의 참여 확대를 강조하였다. 조상혁(2019)은 해외파병의 허용범위와 해외파병 관련 일반법 제정의 필요성에 관한 검토에서 현재의 법률안은 국제평화주의에 어긋나는 해외파병의 가능성을 차단하고 있어 관련 법 제정의 필요성을 피력했다. 박상중(2021)은 유엔 PKO 삼각 파트너십 발전방안에서 A4P 시행과 더불어 한국의 적극적 파트너십 참여를 위한 노력이 필요하다고 주장했다.

나. 조직적 차원의 연구

국제평화활동 및 해외파병과 관련된 조직적 연구는 상비부대 편성 강화, 다기능 부대 편성, 해외파병부대 교육훈련 강화 등이 수행되었다. 김열수(2006)는 해외파병 정책결정의 변수와 협상전략에서 한국의 세계적 위상변화에 따라 전투병력 파병과 관련하여 영향을 미치는 변수에 대해 고찰하였다. 고성윤 등(2010)은 신속한 파병여건 보장을 위한 시스템 발전방안 연구에서 평화유지활동을 스마트파워의 수단으로 간주하고 해외파병 상비부대 확충 등을 통해 PKO 활성화를 위해 관련 제도와 운용체계 정비 필요성을 제안했다. 조한승(2011)은 미래전쟁양상에 대비한 해외파병부대 발전방안에서 새로운 임무 및 환경에 적합한 교육 · 훈련을 제시했다. 전병환(2017)은 민 · 관 · 군 통합 PKO 교육에서 유엔이 요구하는 능력배양을 위한 통합교육이 필요성을 제시했다. 박동순(2020)은 한국군 해외파병 50년 평가와 향후 정책제언에서 보병, 항공 부대 등 다기능 부대편성의 필요성을 제시하였다.

다. 기술적 · 규범적 차원의 연구

국제평화활동 및 해외파병과 관련된 기술적 차원의 연구는 UN과의 기술협력 강화, 4차 산업혁명과 관련된 한국군 파병정책 방향 등을 다루었다. 규범적 차원의 연구는 여성의 PKO 참여 확대, 국제평화활동에 대한 전략적 소통(Strategic Communication, SC) 강화방안 등을 중심으로 수행되었다. 전제국(2010)은 한국군의 해외파병과 한반도 안보에서 분쟁 양상의 변화에 대처하기 위해 국가차원 전략과 국민과의 공감대 형성을 강조했다. 최윤미(2016)는 한국 평화유지활동(PKO)의 새 지평에서 평화유지군에 여성참여 확대를 위한 방안을 모색해야 한다고 주장하였다. 박순향(2019)은 한국군 유엔 평화유지활동과 과제에서 평화유지활동의 성공은 평화유지군의 안정성 확보가 가장 중요하다고 강조했다. 정장수(2019)는 UN PKO 병력공여 발전 방향에서 기술기여, 여성 참여 확대 등을 통해 A4P 요구 능력에 부합해야 함을 제시했다. 송승종(2021)은 유엔의 기술 전략에서 한국이 기여할 수 있는 분야를 구상해야 한다고 주장했다.

2. 선행연구의 대안

국제평화활동 및 해외파병 관련 연구는 각급 유관기관 및 군, 국제평화활동센터, 연구소 등을 중심으로 제도적 , 조직적, 기술적, 규범적 분야에서 다양하게 이루어졌다. 기존의 선행연구들은 전문가들을 중심으로 해외파병이 시작된 이래 현재까지 연구의 범위와 깊이를 확대해 오며 국제평화활동 분야 연구발전에 크게 기여했다. 하지만 탈냉전 이후 지역분쟁의 증가는 유엔 평화유지활동 임무단의 확대로 이어졌으나 대부분의 연구는 한국의 해외파병 사례에 국한되는 경향을 보여왔다.

해외파병은 한 국가의 정치적 · 경제적 · 사회문화적 요소들이 복합적으로 얽혀있는 분야라 할 수 있다. 국가별로 해외파병 관련 정책과 상황이 모두 다르기 때문에 각 국이 추진하고 있는 정책방향 및 성공 · 실패 사례를 고찰하는 것은 한국의 파병전략 발전방향을 모색하는데 도움을 줄 수 있다. 일본의 경우 헌법에 묶여 국제평화활동에 참여할 수 없었던 자위대가 관련 법 제정을 통해 적극적으로 평화활동에 참여하게 되었고, 패전국의 이미지를 벗고 건설적이고 협력적인 모습으로 변모할 수 있었다. 이를 통해 군사대국화를 추구하는 일본은 한국, 중국과의 다양한 형태의 협력 가능성을 열게 되었다.[23] 또한 중국의 경우는 국가전략적 차원에서 국제평화활동에 참여하면서 천안문 사태로 빚어진 국제사회 고립을 해소하고 책임있는 대국으로의 중국 이미지를 입증하여 국제사회에서 명성과 영향력을 높였다.[24] 최근 일대일로 추진 정책과 연계하여 아프리카 국가들과의 활발한 경제교류로 국익을 증진하고 있다.

이에 본 책에서는 핵심적인 주변국으로서 한반도와 동북아의 안보에 큰 영향을 미치고 있으며, 비슷한 시기에 유엔 평화유지활동에 참여한 중국과 일본의 사례를 분석하여 한국이 나아가야 할 방향을 도출하였다.

제4절 이 책의 연구범위 및 구성

이 책의 주요 목적은 국제평화활동 패러다임 변화에 적합한 한국군의 PKO 참여 전략을 제도적 · 조직적 · 기술적 · 규범적 차원에서 제시하는 것이다. 이를 위해 2000년 이후 본격화된 유엔의 개혁과 그에 따른 국제평화활동의 패러다임 변화 방향을 고찰하고 주변국인 중국, 일본의 국제평화활동 사례연구를 통해 한국군의 국제평화활동 발전

23 Aurelia George Mulgan, "International Peacekeeping and Japan's Role: Catalyst or Cautionary Tale?," *Asian Survey*, Vol. 35, No. 12(December 1995), p. 1116.

24 聶軍, "聯合國維和行動成功的條件」," 『國際政治科學』 第14期, 2008年, p. 37.

방향을 제시하고자 한다.

급변하는 안보정세와 복잡하고 다양해진 분쟁요인 등으로 인해 유엔 평화유지군의 임무가 다차원적으로 변모하는 현실을 고려하여, 국제평화활동 개선방향을 보다 체계적으로 분석하기 위해 다차원 분석모형을 적용하였다. 따라서 분석대상을 제도적 · 조직적 · 기술적 · 규범적 차원으로 구분하고 사례분석을 통해 개선전략을 도출하였다. 2000년 브라히미 보고서를 시작으로 최근 A4P로 이어지고 있는 유엔의 평화유지활동 개혁 동향을 살펴보고, 이러한 패러다임 변화를 바탕으로 한국군 파병 정책이 나아가야 할 발전전략을 제시하였다. 특히 점점 복잡해지는 분쟁요인, 코로나19와 같은 팬데믹 대응, 4차 산업혁명 기술 관련 활용 등 국제환경 변화에 적합한 한국의 평화유지활동 개선전략에 중점을 두었다. 또한 주변국인 중국과 일본의 평화활동 사례연구 비교를 통해 한국의 국제평화활동 발전방향을 도출하였다.

위와 같은 연구 방법에 따라 본 책은 총 5장으로 구성하였으며 세부내용은 다음과 같다. 제1장에서는 연구의 배경 및 필요성을 제시하기 위해 우크라이나 사태, 팬데믹 등으로 급변하고 있는 국제 안보환경의 변화를 고찰하였다. 이를 토대로 한국의 국제평화활동 개선 필요성을 제시하였다. 특히 안보환경의 변화와 한국의 위상을 고려하여 국제평화활동의 근본적 변화가 필요하다는 점을 강조하였고 이러한 관점에서 연구의 목적을 제시하였다. 국제평화활동 및 해외파병과 관련된 기존연구 검토는 제도적 · 조직적 · 기술적 · 규범적 차원으로 구분하여 보다 체계적으로 분석하였다. 또한 주요 논점과 한계를 분석하고 기존 연구들이 안고 있는 문제점을 제기하였다.

2장에서는 본 연구와 관련된 이론적 배경 및 분석틀로 국제평화활동과 연계하여 전통적인 지역분쟁의 발생 원인부터 탈냉전 이후 종교, 인종 등 다양하고 복잡해진 국가간 분쟁 원인에 대해 고찰하였다. 특히 국제평화활동이 가장 많이 수행되고 있는 아프리카를 중심으로 살펴보았다. 다음으로 다자 안보협력 체제에 대해 집단안보, 공동안보 및 협력안보의 개념과 유형, 국제평화활동의 개념과 다양한 유형에 대해 고찰하였다. 또한 다차원 임무단으로 변화하고 있는 유엔 평화활동의 패러다임 변화와 유엔의 평화유지활동 관련 주요 개혁사례를 고찰하였다. 또한 연구의 수행절차와 분석틀을 수립하고 주요 방법론인 사례연구에 대해 제시하였다. 3장에서는 주변국 사례연구로 한국의 안보에 큰 영향을 미치고 있으며 비슷한 시기에 유엔 평화유지활동을 시작한 중국과 일본의 사례를 제도적, 조직적, 기술적, 규범적 차원을 통해 살펴보고, 주변국의 해외파병 관련 법과 제도, 추진전략 등을 고찰하였다. 또한 한국군의 사례를 다차원 모형으로 분석하여 주요 개선소요를 도출하였고, 그 결과를 토대로 한국군의 평화유지활동 개선방향을 제시하였다.

4장에서는 한국의 파병정책 개선전략을 SWOT 분석 및 계층적 분석기법(AHP)을 활용해 도출하였다. 5장 결론에서는 유엔외교 3.0 시대 국내 및 국제적 차원에서 한국의 국제평화활동이 나아가야 할 방향을 모색하고 시사점 및 미래전략과 연계된 정책을 제안하였다. 또한 본 연구의 한계와 추후 진행해야 할 후속 연구의 방향을 제시하였다.

02

국제평화활동에 관한 이론적 접근

02 국제평화활동에 관한 이론적 접근

제1절 이론적 배경

1. 국제평화활동과 지역분쟁

가. 국제 분쟁요인의 변화

1) 분쟁의 개념

2022년 2월 24일에 발발한 러시아와 우크라이나 사태를 언론사에 따라 분쟁이라 표현하기도 하고 전쟁이라 표현하기도 한다. 국립국어원 표준국어대사전에는 "분쟁(紛爭)"은 말썽을 일으키어 시끄럽고 복잡하게 다툼으로 정의되어 있으며 "전쟁(戰爭)"은 국가와 국가, 또는 교전(交戰) 단체 사이에 무력을 사용하여 싸움이라 정의되어 있다. 또한 국방부 군사용어 사전에는 "분쟁은 사회단위를 이루고 있는 주체 간에 벌어져 당사자 사이 또는 더 나아가 그와 관계된 사회단위 사의의 균형을 위협하는 다툼, 전쟁은 서로 대립관계의 2개 이상의 주권국가 또는 이에 준하는 정치집단 간 군사력 및 각종 수단을 통하여 자기 집단의 의지를 상대방에게 강요하기 위하여 행하는 대규모의 투쟁"이라고 정의되어 있다. 카를 폰 클라우제비츠는 『전쟁론(Vom Kriege)』에서 "전쟁은 다른 수단에 의한 정치의 연속"이라 정의했다. 전쟁은 수십만 혹은 수백만 이상이 죽거나 부상을 당하고, 사회조직 붕괴 등 인간이 만드는 대재앙임에 틀림없다. 그러나 사실상 인명피해는 국가 간의 전쟁보다 국가 내 분쟁인 내전이 더 크다.[1] 1994년 발생한 내전으로 르완다에서는 110만 명이 넘는 사람들이 죽임을 당했으며, 그 외 보스니아, 동티모르 등의 내전에서도 인종청소라는 명분으로 수많은 학살이 발생했다.

분쟁의 개념을 정리해보면 최소한 한쪽은 국가 및 정부이면서 대립된 국가, 정부, 단체 등 2개 이상의 행위자들이 각자의 존립 및 이익 등을 위해 조직적 무력을 기반으로 무력사용과 비외교적 방법 등을 사용하여 상호 충돌 및 대립하는 상태이다.[2] 또한 분쟁의 정의를 박동

1 이춘근, 『전쟁과 국제정치』 (서울: 북앤피플, 2020), p. 64-67.

2 KIDA 한국국방연구원, "WoWW 분쟁연구현황," https://www.kida.re.kr/frt/board/frtNormal BoardDetail.do?sidx=2183&idx=3&depth=3&searchCondition=&searchKeyword=&pageIndex=1&lang=kr

순 (2019)[3]은 "정치집단들의 상충되는 목표를 자기에게 유리하게 달성하기 위해 상대방의 제도 및 체제를 변경할 목적으로 경쟁하고 다투는 행위"로, 윤기석(2006)[4]은 "특정한 입장 혹은 주장을 유지 및 관철시키거나 이를 저지하기 위해 투쟁하는 상태"라 정의하였다. 그 외 갈등(conflict)과 분쟁은 "전쟁 이전의 다툼이며 분쟁의 일반적 의미는 분쟁과 전쟁을 포괄하는 개념으로 동일하게 사용 가능" 등[5]으로 정의하고 있다.

2) 분쟁의 양상 및 요인

탈냉전 이후 지구촌은 평화에 대한 기대에 부풀었으나 영토, 민족, 종교, 자원 등 복잡하고 잠재되어 있던 다양한 갈등요인들이 표면화하면서 오히려 지역분쟁은 지속적으로 증가하는 추세를 보여왔다. 2022년 12월 기준, 약 60건의 지역분쟁이 아프리카를 비롯한 세계 곳곳에서 진행되고 있다.[6] 그중 아프리카에서 발생한 분쟁은 25건으로 전체 분쟁 수의 42%를 차지했으며 아시아 분쟁이 17건으로 29%를 차지했다. 그 외 중동, 중남미, CIS[7], 유럽 등에서 분쟁이 진행 중이다.

분쟁의 유형은 당사자의 관계에 따라 내분형 분쟁, 국제적 분쟁, 혼

3 박동순 · 구형회, 『국제분쟁과 평화활동』(서울: 선인, 2019), p. 67.

4 윤기석, "탈 냉전기 이후의 국제분쟁의 개요," 『한국국제정치학회 학술대회 발표논문집』(2006), p. 7.

5 육군본부, 『지역분쟁사연구』(계룡: 육군본부, 2009), p. 7.

6 KIDA 한국국방연구원, "WoWW 분쟁연구현황," https://www.kida.re.kr/frt/board/frtNormalBoardDetail.do?sidx=2183&idx=4&depth=3&searchCondition=&searchKeyword=&pageIndex=1&lang=kr

7 독립국가연합(Commonwealth of Independent States, CIS)은 1991년 소련의 해체로 라트비아, 리투아니아, 에스토니아 발트 3국을 제외한 러시아, 우크라이나, 아르메니아, 카자흐스탄 등이 가입된 국가연합체로 2008년 러시아와 전쟁으로 그루지아가 탈퇴하였으며, 2018년 우크라이나도 탈퇴를 선언하였다.

합형 분쟁 등으로 구분할 수 있다. 가장 많은 분쟁이 일어나고 있는 아프리카의 공통된 분쟁 원인은 식민통치 시대의 유산과 전후처리 문제로 인해 유발되고 있으며 내분형 분쟁의 양상을 띠고 있다.[8] 또한 분쟁의 강도별로 분류해보면, 전면 전쟁인 고강도 분쟁, 종교 등의 원인으로 발생하여 평화유지활동을 수반하는 중강도 분쟁, 테러 등 저강도 분쟁으로 구분할 수 있다.[9]

제2차 세계대전 이후 많은 분쟁이 발생하였으나 이러한 분쟁들이 전 세계적으로 확대되는 현상은 거의 없었다. 이러한 양상에 대해 정확한 요인을 제시하기는 어렵지만, 미국과 소련이 강력한 핵전력의 균형을 유지한 상태에서 패권국을 중심으로 국제질서를 유지하기 위한 핵 억지 논리가 작용하고 있다고 볼 수 있다.[10] 냉전 이후 소련의 붕괴로 많은 신생 독립 국가들이 등장하면서 분쟁의 요인은 다양해지고, 그 성격도 복잡해지는 경향을 보이고 있다. 일반적으로 분쟁은 한 가지 요인보다는 인종, 종교, 영토, 자원, 통일, 분리독립, 민주화 등 3개 이상의 복합적인 요인으로 발생하고 있다. 한편 내전은 국가 간의 분쟁과는 달리 복잡한 원인으로 인해 통제가 불가능하다. 이러한 이유로 교전이 장기화될 수밖에 없으며 결국 대규모 평화유지군의 파병으로 이어진다.[11] 분쟁의 가장 일반적 요인은 권력 갈등이며 다음으로 민족 · 종족 갈등, 분리주의 등의 순이다. 특히 민족 · 종족 갈등은 아

---

8 이근수, 성채기, "세계의 분쟁(I): 그 양상과 한반도," 『KIDA 국방논단』 (1995.1.3.), p. 3.

9 장영호, "신(新) 개념의 전쟁유형 고찰과 한반도에의 적용방안," 『한국동북아논총』 제65호 (2012. 12.), pp. 245-255.

10 이은호, "탈냉전 이후 국제분쟁의 양태와 전망," 『국제문화연구』 제19집(2001), pp. 2-5.

11 PAUL F. DIEHL, 권구순 · 박순향 옮김, 『국제평화활동개론』 (서울: 현우사, 2013), p. 137.

프리카 지역에서 가장 많이 발생하고 있다.

냉전 이후 분쟁이 증가한 원인으로는 초강대국인 미국과 소련의 통제력이 완화 혹은 약화 및 소멸되었기 때문이다. 냉전시대에는 두 강대국에 의해 조정 및 통제되는 대리전의 양상으로 진행되었으나, 탈냉전시대에는 3,500여 개에 이르는 종족 및 집단이 독립을 지향하면서 통제 불가능한 상황이 지속되고 있다. 또한 냉전시대 잠재해 있던 분쟁요인들이 독립과 동시에 민족, 영토, 식민유산, 자원 등의 이익을 둘러싸고 표면화된 결과라고 볼 수 있다.[12]

<표 2-1> 분쟁 발생의 주요 원인 및 쟁점 지역별 분포 현황

	아시아	중동	중남미	유럽	아프리카	CIS
1. 권력 갈등	1	4			10	
2. 민족 · 종족 갈등	3	1		2	8	2
3. 분리주의	2	3		3	4	2
4. 종교 · 종파 갈등	1	5		1	4	
5. 테러리즘	2	3			5	
6. 통치 이념	2	2	1		5	
7. 영토 주권	4	1				2
8. 세력 경쟁	3	4				1
9. 자원 · 이권 경쟁			2		4	
10. 주변 분쟁의 전이		3				
11. 조직범죄(해적 · 마약)			2		2	
12. 정통성	1	1				
13. 기타	1	1				

* 출처: KIDA 한국국방연구원, 『2021 세계분쟁의 분석 및 전망』(서울: 한국국방연구원, 2021. 12.), p. 26.

12 윤기석(2006), 전게 논문, p. 13.

분쟁의 발생 및 소멸 과정은 동일 이해집단의 형성, 쟁점의 부각 및 확인, 평화 및 외교적 방법 동원, 대립의지의 축적, 주체의 조직화, 무력 수단의 구비, 무장 충돌의 순서로 진행되며 경우에 따라서는 과정의 일부가 생략되거나 동시에 진행되는 경우도 있다.

1946년부터 2021년 사이에 발생한 분쟁의 양상을 정리하면 다음과 같다. 1946년부터 1975년까지는 탈식민지화와 관련된 분쟁이 지속적으로 발생하였으나 1975년 이후부터는 국가별 내전으로 인한 지역분쟁이 급속도로 증가하는 경향을 보였다. 내전이 큰 폭으로 증가하고 있다는 것은 국가 간의 분쟁보다 국가 내부의 정치적 갈등이 심화하거나, 국가 내부로부터 발생하는 분쟁의 관리 및 예방이 어렵다는 것을 보여준다. 탈냉전 이후 신흥 독립국들의 사례를 살펴보면 정치, 경제상황 등이 안정화되지 못한 상황에서 내부적인 문제로 인한 내전이 증가하였다. 특히 식민통치로부터 독립한 신흥국가들은 대부분 아프리카의 취약 국가들로서 내전의 빈도가 급속히 증가하였다.[13]

13 篠田 英朗, 『パートナーシップ國際平和活動』(東京: 勁草書房, 2021), p. 159.

<그림 2-1> 전 세계 강제 실향민 수(난민 포함)

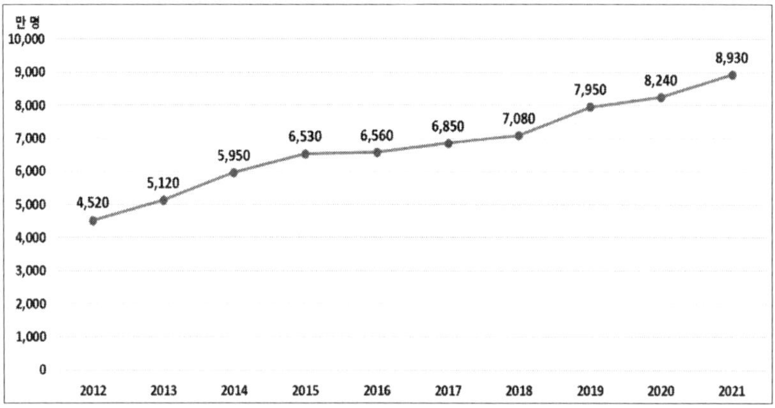

* 출처: UNHCR, "연례보고서," https://www.unhcr.or.kr/unhcr/html/001/001003002.html 2012년~2021년 UNHCR 연례보고서 내용을 직접 편집

2021년 유엔난민기구(UNHCR)[14]에서 발표한 연례보고서에 따르면, 각종 지역분쟁 등으로 발생한 강제 실향민(난민 포함) 수는 8,930만 명으로 집계되었다. 이는 2020년에 발생한 8,240만 명보다 약 690만 명이 늘어난 것이며 10년 연속 최고치를 기록하였다. 분쟁으로 인한 사명자 수는 2021년 12만 명을 상회했으며, 주로 아프가니스탄 · 에티오피아 · 예멘 등을 중심으로 갈등이 고조되면서 발생했다. 가장 많은 분쟁이 발생하는 아프리카의 사망자 수는 55,000여 명 이상으로 약 46%를 차지한다.[15] 이와 같은 수치는 국가 기반의 폭력보다는 주로 일방적인 폭력에 의한 사망자 수가 큰 폭을 차지하고 있음을 의미한다.

14 UNHCR은 유엔 난민 고등판무관 사무소(United Nations High Commissioner for Refugees)로 유엔 난민 기구(UN Refugee Agency)로 알려져 있다. 1950년 난민들을 보호하고 난민문제 해결을 위해 스위스 제네바에 설립되었으며, 1954년과 1981년 두 차례 노벨 평화상을 수상했다.

15 UCDP, "2021," https://ucdp.uu.se/year/2021

1990년대 이후 분쟁의 주요 원인인 테러, 환경, 난민, 인권침해, 인종, 내전, 종교 등 초국가적인 안보 위협이 증대됨에 따라 국경이 무의미해졌으며, 분쟁은 군사적인 영역을 넘어 복합적 양상으로 급속히 확산되었다. 또한 르완다 내전과 같은 일부 국내 분쟁의 경우 인권유린의 사태가 벌어지는 등 전통적인 위협관리 방식으로는 통제가 불가능한 상황이 많아졌다. 따라서 국내 및 외적 대응체계의 다자적 협력 필요성이 증대되었고, 국가 간 긴밀한 협력의 중요성도 인식하게 되었다.[16]

국가 간의 군사적 충돌 및 국가 내에서 정권교체 등을 위한 분쟁은 지금도 계속되고 있다. 이러한 분쟁의 양상은 첨단 과학기술의 혁신적인 발전에 따라 변화하고 있다. 최근에는 4차 산업혁명 기술을 기반으로 인명피해 감소를 위한 무기체계의 무인화 및 자동화된 지능화 시스템 등장, 전장도 우주 및 사이버 공간으로 확대되고 있다.[17]

나. 아프리카 지역 분쟁의 특징

1인당 GDP(Gross Domestic Product)는 한 국가의 생활 수준을 파악할 수 있는 중요한 지표 중 하나이다. 아프리카는 아시아에 이어 두 번째로 큰 대륙이며 55개국에 12억이 넘는 인구가 살고 있다. 그러나 아프리카 55개국 중 남아프리카 공화국 등 일부 국가를 제외하고 1인당 GDP가 1,000달러에도 미치지 못하는 나라가 대부분이다.

16 박동순, 『한국의 전투부대 파병정책』(서울: 도서출판 선인, 2016), pp. 57-58.

17 김강녕, "미래 전쟁양상의 변화와 한국의 대응," 『한국과 국제사회』 제1권 제1호(2017.3.), pp. 116-117.

19세기 영국, 프랑스, 독일 등 제국주의 열강의 아프리카 대륙 식민지화 경쟁으로 에티오피아를 제외하고 모든 나라가 식민지화 되었다. 제2차 세계대전 후 유럽 열강들의 국력이 약화됨에 따라 아프리카 국가들의 독립운동이 활발하게 전개되었다. 1951년 12월 리비아(State of Libya)의 독립을 시작으로 본격적인 독립 움직임이 일어났으며 1958년 10월 기니(Republic of Guinea)가 독립하게 되었다. 1960년 1월 카메룬(Republic of Cameroon)의 독립을 시작으로 1970년대까지 대부분의 아프리카 국가가 독립하였다. 1990년대 나미비아(Republic of Nambia)와 에리트레아(State of Eritrea) 독립에 이어 2011년 남수단(Republic of South Sudan)이 오랜 내전 끝에 수단(Republic of the Sudan)으로부터 분리 독립했다.

아프리카는 제국주의 열강의 통치에 유리하게 만들어진 국경선으로 인해 식민통치 시기에 내재되어 있던 민족 및 종족 간 갈등과 불만이 독립 후 폭발했다. 그러나 이를 조정 및 통제할 수 있는 정치체제의 부재로 대부분의 국가는 무질서와 혼돈에 빠졌다. 결국 국가별 복잡하고 다양한 원인으로 아프리카에서는 수많은 분쟁이 발생했으며 그러한 분쟁은 현재까지 지속되고 있다. 현재 창설되어 운영 중인 유엔 평화유지활동 12개 임무단 중 6개가 남수단(UNMISS), 말리(MINUSMA) 등 아프리카에서 임무수행 중이다.[18]

다. 아프리카 지역기구

아프리카연합(Africa Union, AU)은 대륙의 사회와 경제의 통합을 촉진하

18 UN Peacekeeping, "WHERE WE OPERATE," https://peacekeeping.un.org/en/where-we-operate

기 위한 대표적인 지역기구로 유럽연합(EU)을 모델로 2002년 7월 아프리카단결기구(Organization of Africa Unity, OAU)와 아프리카 경제공동체(Africa Economic Community, AEC)가 통합되어 결성되었다. 아프리카연합은 아프리카 대륙의 평화안보 달성 및 공동이익 추구 등 협력을 통해 아프리카 대륙을 발전시키기 위해 설립되었다. 아프리카연합은 아프리카 상비군(Africa Stanby Force, ASF)을 보유하고 있어 지역분쟁 발생 시 약 7,000여 명의 평화유지군을 각 지역에 전개하여 평화유지활동을 수행했다. HIPPO 보고서에서는 아프리카 평화유지활동의 공동 노력에 아프리카연합을 유엔의 핵심 파트너로 강조했다.[19] 2022년 9월 기준, 아프리카 대륙의 55개국 모두 아프리카연합에 가입되어 있다.

평화 · 안보이사회(Peace and Security Council, PSC)는 유사시 평화유지군을 파견하며 대량학살 및 분쟁을 예방하고 분쟁지역의 평화조성과 평화구축 등의 임무를 수행하고 있다.[20] 아프리카연합의 '아젠다 2063(Agenda 2063: The Africa We Want)'[21]은 지역통합 실행을 위해 유엔의 지속가능개발목표(SDGs)와 연계하여 추진하고 있는 이니셔티브이다. 아프리카의 사회경제적 발전을 위한 전략으로 아프리카의 미래를 위한 청사진이다. 아젠다 2063의 대표적인 프로젝트[22]는 통합 고속열차 네트워크 구축, 아프리카 연합 여권 추진 및 자유로운 이동, 단일 아프리카 항공 운송 시장(Single African Air Transport Market, SAATM) 설립, 아프리카 대륙 자유무역지대

19 고영석, "세계 지역기구의 PKO 활동 소개", 『PKO저널』 제13권(2016.12.), pp. 30-31.
20 외교부, 『2018 아프리카 개황』(서울: 외교부, 2018), p. 36.
21 AU, "Agenda 2063: The Africa We Want," https://au.int/en/agenda2063/overview
22 AU, "Flagship Projects of Agenda 2063," https://au.int/agenda2063/flagship-projects

(African Continental Free Trade Area, AfCFTA) 설립, 연례 아프리카 경제 포럼 설립, 범아프리카 디지털 네트워크 구축, 아프리카 우주전략, 사이버 보안 협력 등이다.

아프리카연합 외 아프리카에는 서아프리카 경제공동체(Economic Community of West African States, ECOWAS), 중앙아프리카 경제공동체(Ecnomic Community of Central African States, ECCAS), 아랍마그레브연합(Arab Maghreb Union, AMU), 남아프리카 개발공동체(Southern Africa Development Community, SADC), 동남아프리카 공동시장(Common Market for Eastern and Southern Africa, COMESA), 동아프리카 정부간개발기구(Intergovernmental Authority on Development, IGAD), 사헬-사하라 국가공동체(Community of Sahel-Saharan States, CENSAD), 동아프리카 공동체(East African Community, EAC)의 8개 지역경제공동체가 존재하고 있으며 관세동맹, 공동체 국가간 자유로운 이동 등을 추진하고 있다.

<표 2-2> 아프리카 지역공동체 현황

	설립연도	인구(명)	GDP(달러)	회원국
ECOWAS	1975년	339.8백만	7,167억	라이베리아 등 15개국
ECCAS	1983년	158.3백만	2,578억	콩고 등 11개국
AMU	1989년	94.2백만	4,257억	알제리 등 5개국
SADC	1992년	312.7백만	6,788억	나미비아 등 15개국
COMESA	1994년	492.5백만	6,574억	르완다 등 19개국
IGAD	1996년	247.4백만	2,182억	소말리아 등 8개국
CENSAD	1998년	553백만	13,507억	가나 등 25개국
EAC	2000년	168.5백만	1,595억	남수단 등 6개국

* 출처: 외교부, 『2018 아프리카 개황』(서울: 외교부, 2018), pp. 94-101. 내용을 표로 작성.

2. 다자안보협력 체제

4차 산업혁명 기술로 대표되는 인공지능(AI), 사물인터넷(IoT), 빅데이터(Big Data), 클라우드(Cloud), 드론, 자율주행자동차, 3D 프린팅, 나노기술 등은 전 세계를 다양한 영역에서 연결하고 있으며, 동시에 상호의존성을 높이고 있다. 이러한 변화는 안보의 개념도 변화시키고 있다. 국가안보 영역이 점차 군사 분야의 전통적 안보에서 국가적, 국제적, 비군사적 조직과 집단 등을 포괄하며 갈등과 대립, 협력과 협업이라는 부분이 동시에 공존하고 있다고 할 수 있다.[23]

2001년 9.11 테러는 새로운 폭력의 시대를 예고한 세기적 사건으로 전통적인 안보의 개념을 크게 확장시키는 계기가 되었다. 테러리즘은 국가 간의 전쟁이 아니라 전 세계적으로 네트워크화된 테러 관련 조

23 길병옥, "한국의 해양안보전략과 다자안보협력 증진방안," 『한국시베리아연구』 제24집 제3호 (2020.9.), p. 3.

직들과의 갈등이라는 새로운 안보 위협을 창출하였다. 길병옥(2020)은 안보학을 3세대로 구분하였으며 대량살상무기의 출현과 동시에 등장한 1세대, 안보의 범위를 경제 · 사회적 측면으로 확대한 2세대, 탈냉전과 9.11 이후 문화심리학, 환경학, 인구학적 문제 등을 다루고 국내 및 국외로 구분하는 경향에서 벗어난 3세대의 안보개념으로 구분했다.[24]

전통적 군사안보를 중시하는 현실주의 안보개념은 국가안보를 중요한 가치로 여기며, 국가별 안보를 추구하고 상대적 이익 충돌로 국가 간의 협력은 어렵다고 주장한다. 현실주의 국제체제는 무정부상태(Anarchic)[25]라는 기본 전제로 시작하여 안보딜레마(security dilemma)[26]를 수반한다. 신현실주의(Neorealism) 및 구조적 현실주의(Structural Realism) 이론을 제시한 왈츠(Waltz)는 국제체제의 구조적 속성인 무정부성 개념으로 국가간의 갈등을 설명[27]했으며, 국제정치의 무정부적 속성을 '권위

24 길병옥 · 박재필 · 조차현(2015), 전게서, pp. 24-27.

25 Helen Miler, "The assumption of anarchy in international relations theory: a critique," *Review of International Studies*, Vol. 17 No. 1 (January 1991), pp. 69-70. 무정부상태(Anarchic)는 두 가지 의미가 있으며 첫째는 혼돈이나 무질서 등 질서의 결여, 둘째는 정부의 부재이다.; John Baylis, Steve Smith, Patricia Owens, *The globalization of world politics: an introduction to international relations*, 4th ed. (Oxford: Oxford University Press, 2008), p. 460. 무정부상태는 무조건 혼란스럽다는 것이 아니라 국가행동을 통제할 수 있는 중앙 기구가 없음을 의미한다. 주권을 주장하는 국가는 필연적으로 자신을 방어하고 권력을 확장하기 위해 군사 능력을 공격적으로 확충시켜 국가 간 잠재적 위협이 된다. 신뢰 부족으로 인한 불확실성은 국가간에 내재 되어 있으며 이웃 국가의 의도를 확신 할 수 없으므로 항상 경계해야 한다. 국가는 독립과 주권을 유지하려하기 때문에 국가의 생존은 국가의 행동에 영향을 미치는 가장 기본적인 원동력이 될 것이다.

26 민병원, "신(新)안보딜레마와 네트워크 국제정치: 이론적 분석," 『평화연구』 제20권 1호(2012.4.), pp. 34-37. 안보딜레마 시작의 배경은 냉전 직후의 갈등구조이며 허버트 버터필드(Herbert Butterfield)와 존헤르츠(John Herz)가 선구자이다. 1950년 헤르츠가 구체적 개념을 수립하였으며 사회적 상호작용으로부터 안보문제의 구조적 딜레마는 개별국가 차원에서는 쉽게 해결할 수 없다는 점을 강조했다. 1978년 저비스(Jervis)는 안보딜레마 이론을 확립하였다. 그는 국제정치의 갈등 및 비극은 '의도하지 않은 결과'로 나타나며 행위자의 자유의지를 대신하여 구조적 한계로 인한 방어에 대한 욕구가 '딜레마'로 나타나는 이유를 설명했다. 이러한 안보딜레마 개념은 국제정치의 '상호의존성'으로부터 발생되는 결과의 비합리적인 점을 잘 드러냈다.

27 이강경·김금률·편관서·박동휘(2022), 전게 논문, p. 4.

체의 부재(Absence of government) 및 무질서와 혼돈의 존재(Presence of disorder and chaos)'라고 정의했다. 국제정치는 제도를 통한 질서유지 및 국제기구의 활동으로 무정부성이 완화될 수 있다는 점도 강조했다. 또한 갈등은 항상 발생하며, 일부 국가에서는 언제든지 무력을 사용할 수 있기 때문에 모든 국가는 이에 대한 대비를 스스로 해야 한다고 강조하였다.[28] 공격적 현실주의(offensive realism)로 대표되는 미어샤이머(Mearsheimer)의 5가지 기본 가설은 다음과 같다.[29] ① 국제체제는 무정부상태(anarchic), ② 일정한 수준의 군사력 보유(some offensive military capability), ③ 다른 국가의 의도를 확신할 수 없으며, ④ 국가의 주요 목표는 생존(survival)이며, ⑤ 국가는 합리적 행위자(rational actor)이기 때문에 외부환경을 인식하여 전략적으로 행동한다는 것이다. 그러므로 생존을 위해 국력을 추구하고 이로 인해 안보딜레마가 발생한다고 보았다. 한편 저비스(Jervis)는 안보딜레마에 영향을 미치는 요인으로 지리적 요소, 개별국가의 신뢰, 공격방어균형, 공격방어구분 가능성을 설명했다.[30] 부잔(Buzan)은 핵무기와 관련해 경쟁성과 위험성을 동시에 인지해 서로 협력이 가능하고 성숙한 무정부상태로 변화된다고 주장했다.[31] 쿱찬(Kupchan)은 국가는 서로를 신뢰하지 않으며, 경쟁적 환경으로 협력을

---

28 Kenneth N. Waltz, *Theory of International Politics,* (Massachusetts: Addison-Wesley Publishing Company, 1979), pp. 102-113. 왈츠는 자연상태(state of nature)를 전쟁 상태라고 하였으며, 이것은 전쟁이 지속적으로 발생한다는 의미가 아니라 각 국가가 무력 사용 여부를 스스로 결정함에 따라 언제든지 전쟁은 발발할 수 있다는 의미이다.

29 John Mearsheimer, *The Tragedy of Great Power Politics* (New York: W.W. Norton & Company, 2001), pp. 30-31.

30 Robert Jervis, "Cooperation under the Security Dilemma," *World Politics,* Vol. 30, No. 2 (January 1978), pp. 167-214.

31 Barry Buzan, "New Patterns of Global Security in the Twenty-First Century," *International Affairs,* Vol. 67, No. 3 (July 1991), pp. 442-451.

유지하기 어려우나 외부 위협에 군사력을 통합하기 위해 동맹을 모색한다고 보았다.[32]

냉전시대에는 현실주의 안보개념이 지배하였다면, 탈냉전 시기 9.11 테러 이후에는 전환점을 맞이하게 되었다. 현실주의와 대조적인 자유주의 안보개념은 국가 간의 협력을 모색하였다. 또한 자유주의는 국제기구가 전쟁방지에 중요한 역할을 하고 있다고 주장하며 대표적인 기구로는 유엔, NATO, EU 등이 있다. 국가들은 스스로 안보협력을 추구하고 동맹이 아닌 제도를 통해 안보를 모색하게 되었다. 비전통안보는 국가안보의 개념에 한정되지 않고 집단안보, 협력안보, 공동안보, 환경안보, 사이버안보에서 인간안보 등에 이르기까지 다양한 분야의 안보개념을 포괄한다. 이러한 비전통 안보 분야를 스미스(Smith)는 다음과 같이 7가지로 분류했다.[33] ① 대안 방위와 공동안보(alternative defence and common security)로 핵 전쟁과 같은 상호 파괴가 아닌 공동 생존의 약속, ② 제3세계 안보학파(The third world security school)로 냉전기간에 등장했으며 가난하고 취약한 국가의 관점에서 보다 광범위한 개념으로 안보를 정의했다. ③ 부잔 및 코펜하겐 학파(Buzan and the 'Copenhagen school')로 안보영역과 대상을 확대하였으며, ④ 구성주의 안보연구(constructivist security studies)는 안보공동체, 즉 협력안보 및 집단안보체제를 통해 구성, ⑤ 비판적 안보연구(critical security studies), ⑥ 페미니스트 안보연구(feminist security studies), ⑦ 후기 구조적 안보연구(poststructural security studies)이다.

32 Charles A. Kupchan and Clifford A. Kupchan, "Concerts, Collective Security, and the Future of Europe," *International Security,* Vol. 16 No. 1 (Summer, 1991), p. 117.

33 Steve Smith, "The increasing insecurity of security studies: Conceptualizing security in the last twenty years," *Contemporary Security Policy,* Vol. 20 No. 3, (December 1999), pp. 80-96.

안보개념의 확대는 무정부적 속성, 생존 및 국가이익의 추구를 위한 군사력 증강이라는 안보딜레마로 이어진다. 이러한 안보딜레마의 해결을 위해서는 안보공동체에 의한 다자안보협력이 필요하다. 동맹으로 대표되는 다자안보협력은 집단안보, 공동안보, 협력안보 등의 형태가 있다. 집단안보는 제1차 세계대전 이후 국제협력 촉진과 국제평화와 안전을 위해 설립된 최초의 국제기구인 국제연맹(League of Nations)이 결성되면서 시작되었다. 그러나 기능을 발휘하지 못하고 제2차 세계대전이 발발하면서 해체되었으나, 1945년 제2차 세계대전 종전 후 국제연합(United Nations) 출범의 발판이 되었다. 유엔의 국제평화와 안전보장, 국제협력 증진 등 평화유지를 위한 국제평화활동과 연계된 개념이 다자안보협력이라 할 수 있다. 본 절에서는 다자안보협력과 관련된 집단 · 공동 · 협력안보의 개념과 사례에 대해 살펴보고자 한다.

가. 집단안보의 개념과 유형

집단안보(collective security)는 그 체제 내의 국가들이 한 국가의 안보를 모든 국가의 공통된 관심사로 인식하고 적의 침략에 체계적으로 공동대응할 것을 동의한 약정에 의해 달성되는 것이다.[34] 크노프(Alfred A. Knopf)는 집단안보의 개념에 대해 모든 국가에 안보를 제공하는 간단한 개념이라고 설명하였다.[35] 키신저(Henry Kissinger)는 집단안보에 대해 모든 국가가 국제사회의 도전에 대해 동일한 견해를 공유하고 침략에 대해 무력을 사용하거나 제재를 적용할 준비가 되어 있는 것이라 정

34 박재영, 『국제정치 패러다임』(서울: 법문사, 2021), p. 9.

35 Alfred A. Knopf, *World Politics*, 2nd ed.(New York: Random House, January 1, 1968), p. 407.

의하였다.[36] 쿱찬은 집단안보의 기본 논리를 첫째, 집단안보 하에서 작동하는 균형 메커니즘은 무정부 상태에서 작동하는 균형 메커니즘보다 전쟁 및 침략을 방지하는데 효율적이며 둘째, 집단안보는 하나와 반대되는 모두의 개념을 제도화함으로써 협력을 통한 안정된 국제 환경 조성에 기여한다고 하였다. 왜냐하면 어느 국가가 침략을 한다면 그 국가를 제외한 다른 국가들은 침략에 저항하여 서로 협력할 것이라고 믿기 때문에 집단 안보는 자구세계(self-help world)의 경쟁과 적대감을 완화시킨다는 것이다. 집단안보 체제에서는 국가들의 참여와 협력을 위해 다양한 제도적 형태를 취할 수 있다고 주장한다.[37]

집단안보의 대표적인 사례는 1920년 제1차 세계대전 이후 출범한 국제연맹과 1945년 제2차 세계대전 이후 출범한 국제연합이다. 국제연맹은 당시 미국대통령 우드로 윌슨의 제안으로 만들어졌다. 제1차 세계대전 이후 평화를 위해 강대국뿐만 아니라 약소국 등 모든 국가를 보호할 목적으로 국가들의 연합체제 수립을 주장하는 것이었으며, 최초의 안보협력 체제였다. 그러나 미국이 주창한 원칙을 기반으로 출범한 국제연맹에 당사자인 미국이 상원의 반대로 비준을 받지 못하고 불참하게 되었다. 이후 국제연맹은 제2차 세계대전의 발발로 해체되었다. 국제연맹이 추구했던 국제평화유지라는 이상은 종전 이후 유엔의 모체가 되었으며, 유엔은 국제평화와 안정을 위해 창설되었다. 전쟁에서 승리한 연합국의 지도자들에게 안전보장이사회 상임이사국 지위가 주어졌다. 그에 따라 평화를 확보하고자 하는 목적으로 상임

36 Henry Kissinger, *Diplomacy* (London: Simon & Schuster, 1994), pp. 52-55.

37 Charles A. Kupchan and Clifford A. Kupchan, op. cit., pp. 116-120.

이사국 모두가 동의해야 군사작전을 승인할 수 있게 되었다. 그러나 냉전이 시작되면서 미국과 소련 사이에서 유엔의 정치적 기능은 마비되었다. 1950년대부터 유엔은 새로운 대안으로 PKO를 도입하여 중동 지역에서 동서 간 대립을 촉발시킬 수 있는 구조적 갈등을 억제하고자 노력했다. 또한 이데올로기로 대립되어 있던 양대 초강대국이 충돌하지 않도록 만남의 기회를 제공하기도 했다.

국제연맹은 26년간 26개 규약[38]에 근거하여 30여 건의 국제분쟁을 해결하였으나 일본의 만주 침략과 이탈리아의 에티오피아 침략에 무기력한 모습을 보였고, 제2차 세계대전의 억제에도 실패했다. 국제연맹을 승계해 현재까지 운영되고 있는 유엔에서의 집단안보 첫 사례는 한국전쟁이었다. 당시 소련이 유엔군 파병에 대한 안전보장이사회의 논의에 참석하지 않았기 때문에 부분적 성공을 거둘 수 있었다. 이후 1991년 걸프전에서는 집단안보의 원리가 효과적으로 작용했다.[39]

집단안보는 일반적으로 국가 간의 협력을 제도화할 수 있기 때문에 무정부상태에서 국가들이 평화를 위해 추구하는 세력균형보다 효과성이 크다고 볼 수 있다. 그러나 이러한 집단안보에 대해 미어샤이머는 국가가 두려움을 극복하고 서로 신뢰할 수 있는 방법에 대해 충분한 설명을 할 수 없기 때문에 불완전한 이론이라 주장하고 다음과 같

---

38 박선영, "국제적 평화조성을 위한 궤적: 국제연맹 형성과 IPR의 논의를 중심으로," 『중국사연구』 제113집(2018), p. 141.

39 신범식, "다자 안보협력 체제의 이해:집단안보, 공동안보, 협력안보의 개념과 현실,"『국제관계연구』 제15권 제1호(2010), p. 10-11.; 박재영(2021), 전게서, p. 13. 신범식은 집단안보의 대표적인 성공사례로 회원국 전체의 집단적 의지로 집단안보체제가 작동한 걸프전을 예로 들었으며 한국전쟁은 절반의 성공이라 평가했다. 한편 박재영은 국제정치 패러다임에서 유엔헌장이 의도한 집단안보 조치는 유엔 역사상 지금껏 없었으며 한국전쟁과 걸프전에서의 연합군은 유엔군이 아니라 유엔으로부터 권한을 인정받은 강대국 중심으로 조직된 다국적군이라고 주장하였으며 평화유지군으로 이루어진 유엔의 평화유지활동 또한 헌장에 의한 유엔의 활동이 아닌 헌장의 현실 적응이라 평가했다.

이 신뢰할 수 없는 9가지 이유를 제시했다.[40] 첫째, 국제분쟁 및 전쟁에서 누가 침략자이고 누가 희생자인지 규정이 어렵다는 것이다. 둘째, 집단안보는 모든 침략에 대해 잘못된 것이라 가정하지만 그렇지 않은 상황의 발생이 있을 수 있다. 셋째, 역사적 및 이념적 이유로 그 국가의 우방국에 반대하는 연합의 참여는 어려울 것이다. 넷째, 국가 간 역사적인 적대감은 집단안보 노력에 저항할 것이다. 다섯째, 집단안보에 대한 비용 부담의 문제이다. 여섯째, 국가 간 조정 등으로 침략에 대해 신속한 대응이 어렵다는 것이다. 일곱째, 지역분쟁을 국제분쟁으로 전환시킬 가능성이 있어 참여를 주저할 수 있다는 것이다. 여덟째, 침략에 대해 자동적으로 대응해야 하기 때문에 국가주권에 영향을 미치게 되어 참여를 꺼릴 수 있다. 아홉째, 무력사용에 대해 군사력보다 외교와 경제 제재를 선호하는 집단안보에서 침략을 저지하기 위해 군사력을 사용할 것인지에 대한 모순이 있다. 집단안보와 다른 의미인 집단방위(collective self-defence) 기구는 다수의 국가가 평화유지를 위해 침략에 대비하고 명확하게 적을 규정함으로써 결성된다. 대표적으로 1949년 소련과 동유럽의 군사위협에 대응하기 위해 설립된 NATO[41]가 있다.

---

40 John J. Mearsheimer, "The False Promise of International Institutions," *International Security,* Vol. 19, No. 3. (Winter, 1994-1995), pp. 30-33.

41 NATO, "NATO MEMBER COUNTRIES," https://www.nato.int/cps/en/natohq/nato_ countries.htm 1949년에 창설된 북대서양조약기구(NATO)는 미국을 포함한 유럽 등 30개국(2022.5월 기준)의 군사동맹으로 평화와 안정을 구축하고 새로운 위협에 대응하는 등 협력을 추진하고 있다. 냉전기간에는 미국이 유럽을 공산진영으로부터 보호하는 임무를 수행하였으나 냉전 종식 이후에도 지속적으로 유지되고 있다. NATO 헌장 제5조에는 나토에 가입된 어느 한 나라에 대한 무력공격은 모든 회원국에 대한 공격으로 간주하여 회원국들은 집단적이나 독자적으로 상호원조하게 된다.

나. 공동안보의 개념과 사례

공동안보(common security)는 적과의 동침으로 표현되는 안보개념으로 대화 및 협력을 통해 상대방의 안보를 보장하고 자국의 안보를 달성하는 것을 의미한다. 또한 적대국과의 협력을 통해 군비지출 등의 안보딜레마를 해결하려는 것을 목표로 한다. 공동안보는 냉전시대의 군비경쟁, 핵전쟁의 위험이 증대하는 시기에 국가 간 대화 및 제도의 창출을 통해 전쟁을 억제시키고 평화를 유지하기 위해 태동하였다. 공동안보는 군사분야를 포함하여 경제, 환경 등 다양한 비군사분야에도 관심을 갖는 포괄적 안보를 추구했다.[42] 공동안보는 냉전 당시 핵억지, 집단방위와 같은 기본적인 안보개념을 부인하며 한 국가의 안보는 상대국과 함께 군비통제, 긴장완화 등을 통해 달성될 수 있다는 입장을 강조했다.

1962년 쿠바 미사일 위기[43]에 미 · 소 두 강대국의 대립이 격화되면서 핵전쟁 발발의 가능성과 그로 인한 위험성을 체감하며 국가들은 핵전쟁의 위험성을 제한하기 위한 방안을 강구하였다. 전 스웨덴 총리인 팔머(Olof Palme)가 주도한 유엔의 독립위원회 중 하나이자 팔머위원회로 더 잘 알려진 군축과 안보문제 독립위원회(Independent Commission on Disarmament and Security Issues)는 1982년 팔머보고서(Palme Report)를 발표하

42 신범식(2010), 전게 논문, p.12-14.

43 이영철, "결정의 엣센스, 제4시각: 딜레마 관점에서 본 쿠바 미사일 위기," 『정부학연구』27권 1호(2021.4.), pp. 83-84. 1962년 10월 14일, 소련이 쿠바에 비밀리에 건설 중이던 핵 미사일 기지를 설치하고 있는 사진과, 선박의 사진이 미국의 고공 정찰기 U-2에 의해 발각되면서 시작된 미국과 소련과의 대립이다. 미국 정부는 미사일 기지 완공을 추진하면서 전쟁까지 불사하겠다고 하였으며 쿠바 봉쇄정책을 발표하고 무기와 군수품이 들어오는 것을 막았다. 국제사회는 미국과 소련의 물리적 충돌로 세계적 규모의 전쟁이 일어날지 모른다는 극심한 불안감에 휩싸였으나 다행히 미국이 쿠바를 침공하지 않는다는 약속과 함께 소련이 쿠바 미사일 기지를 철수하면서 세계는 핵전쟁의 공포에서 벗어날 수 있었다.

였다. 이 보고서에서는 '공동안보: 생존을 위한 청사진(Common Security: A Blueprint for Survival)'을 구체화하였고 이는 공동안보 개념의 첫 시작으로 볼 수 있다.[44]

팔머위원회는 공동안보에 대해 다음과 같은 6가지 원칙을 제시했다.[45] 첫째, 적국을 포함한 모든 국가는 안보에 대해 정당한 권리를 갖는다. 둘째, 군사력은 분쟁을 위한 해결의 정당한 방법이 아니다. 셋째, 국가정책의 표현에 있어서는 제한이 요구된다. 넷째, 공동안보를 위한 군비감축과 질적제한이 필요하다. 다섯째, 군사적 우위로 안보를 얻을 수 없다. 여섯째, 군비 협상과 정치적 사안의 연계는 피해야 한다.

1975년 서구권 자유진영과 동구권 공산진영의 국가 총 35개국이 참여한 헬싱키회담에서는 공동안보 개념을 새롭게 확립했으며, 최종의정서(Final Act of the Conference on Security and Cooperation in Europe) 채택과 유럽안보협력회의(Conference on Security and Co-operation in Europe, CSCE) 출범을 이끌었다. 유럽안보협력회의는 1995년에 유럽안보협력기구(Organization for Security and Co-operation in Europe, OSCE)로 발전하였으며 북미, 유럽, 아시아의 57개국[46]으로 구성되어 있다. 이와 같은 유럽안보협력회의와 유럽안보협력기구는 공동안보의 대표적인 사례이다.

44 전봉근, 『동북아 신 지정학 시대 공동안보를 위한 지역안보협력 추진전략』 (서울: 국립외교원 외교안보연구소, 2022), pp. 33-34.

45 신범식, "다자 안보협력 체제의 개념과 현실 : 집단안보, 공동안보, 협력안보를 중심으로," JPI 정책포럼(2015.4), p. 6.

46 OSCE(Organization for Security and Co-operation in Europe), "Participating States," https://www.osce.org/participating-states

다. 협력안보의 개념과 사례

협력안보(cooperative security)는 냉전 종식 이후 비교적 최근에 제시된 안보 개념으로 국가 간 군사적인 대립을 종식하고 군사를 포함한 경제, 환경, 테러, 마약 등 다양한 분야의 협력 관계를 구축하는 것이다.[47] 집단안보가 사후적인 대응 개념을 가지고 있다면 협력안보는 사전적 예방을 위해 상호 협상과 대화를 통한 신뢰구축을 전제로 한다. 공동안보와의 차이는 첫째, 공동안보는 공동목표, 협력안보는 대화 및 협력의 과정을 중요시한다. 둘째, 공동안보가 미래지향적이며 획기적이라면 협력안보는 현실지향적이고 점진적이다. 셋째, 공동안보가 국제기구 내 구성원의 안보에 중점을 맞추고 있다면, 협력안보는 구성원과의 공감대 없이 상대방과의 안보협력을 추구한다.[48]

협력안보의 특징을 살펴보면 첫째, 목표의 불완전성을 인정한다. 즉, 국제기구의 설립을 추구하지 않고, 모든 분쟁을 해결할 수 있다고 하지 않으며 다양성 및 정치적 차별성을 인정한다. 둘째, 예방외교 활동을 중요시한다. 무기체계의 발전이 고도화되면서 소요되는 비용이 막대하므로 예방외교는 군사력 유지에서 오는 안보딜레마 극복을 위한 수단으로 강조되고 있다. 셋째, 다자간 외교안보에 중점을 두는 것이며 군사적 분야가 아닌 비군사적 분야를 강조한다. 넷째, 제로섬게임이 아닌 최소최대전략(minimax strategy)을 강조하는 것인데 최소최대전략은 자국의 이익을 최소화하여 그로 인한 상대의 손실도 최소화하려는 협조정신에 기인한 것으로 상호의존시대에 요구되는 정신이다. 다

47 신범식(2015), 전게 논문, pp. 15-16

48 전봉근, 『미중 경쟁 시대 한국의 '중간국' 외교전략 모색』(서울: 국립외교안보연구소, 2019), p. 45.

셋째, 안보분야에 대한 포괄성이다. 군사적인 문제뿐만 아니라 경제, 환경 등을 포괄하는 접근법이다. 이러한 협력안보의 대표적인 사례로는 1994년 설립된 아세안지역안보포럼(ASEAN Regional Forum, ARF)이다.[49] 그러나 협력안보는 다음과 같은 한계를 가지고 있다. 첫째, 협력안보의 접근법은 아직도 시험의 과정에 있다. 둘째, 협력안보는 일반적으로 국제레짐이 가지고 있는 매개변수의 한계를 가지고 있는데 강대국의 구조적인 권력을 넘기에는 어려움을 수반하고 있다. 셋째, 강대국 위주의 질서를 고착화시킬 수 있다.[50]

3. 유엔의 개혁과 국제평화활동의 패러다임 변화

가. 국제평화활동의 개념과 유형

국제평화활동은 유엔과 다국적군 주도의 평화유지활동 및 국방교류협력활동을 포함하는 광범위한 개념으로 수행 주체와 지휘통제, 경비부담을 중심으로 구분하면 〈표 2-3〉과 같다.

49 한평석, "동북아 협력안보레짐의 구축 전망: ARF의 특성을 중심으로,"『통일문제연구』 제15권 제1호(2003), pp. 267-268

50 김연수, "협력안보의 개념과 국제적 적용: 북미관계에의 시사점,"『한국정치학회보』제38집 제5호(2004), p. 287.

<표 2-3> 국제평화활동 비교

구 분	유엔 평화유지활동	다국적군 평화활동	국방교류협력활동
활동의 주체	유엔 안보리 평화유지국	지역안보기구 또는 특정국가 주도	파견국 주도
지휘 및 통제	유엔 사무총장이 임명한 평화유지군 사령관	다국적군 사령관	파견국 군지휘관
소요경비 부담	유엔에서 경비 보전	파견국 부담	파견국 부담
한국군 파병사례	동명부대, 한빛부대	자이툰부대, 청해부대	아크부대

* 출처: 국방부, 『2018 국방백서』(서울: 국방부, 2018), p.151.; 육군본부, 『해외파병사(1964-2019)』(계룡: 육군본부, 2021), p. 27. 내용을 표로 작성

2008년 발간된 '유엔 평화유지활동의 원칙과 지침(Capstone Doctrine)'[51]을 기준으로 평화활동과 평화유지활동의 개념 및 정의를 살펴보면 다음과 같다. 먼저 평화활동(Peace Operations, PO)의 개념은 "폭력적인 충돌의 방지, 관리, 해결하거나 재발 위험을 줄이기 위한 현장 활동"으로 정의하고 있으며 분쟁예방에서 평화구축에 이르는 활동을 〈표 2-4〉와 같이 정의하고 있다.

51 United Nations, "United Nations Peacekeeping Operations Principles and Guidelines(Capstone Doctrine),"(2008), pp. 17-30.

<표 2-4> 유엔의 평화 및 안보 활동 범위

구분	주요 개념	사례
분쟁예방 (Conflict Prevention)	· 분쟁을 예방하고 확산을 방지하기 위한 제반 활동 · 갈등예방활동 : 예방적 배치, 신뢰구축 방안 등	마케도니아 예방전개군
평화조성 (Peacemaking)	· 적대적인 분쟁당사자들을 협상으로 이끌어 분쟁의 확산 및 재발을 방지하는 제반 활동 · 외교적 조치를 수반하며 임무단은 창설하지 않음	주로 외교적 해결
평화유지 (Peacekeeping)	· 교전의 중단 이후 평화협정의 이행을 지원하여 지속가능한 평화의 토대를 마련하기 위한 제반 활동 · 협의의 유엔 평화유지활동을 의미	인도-파키스탄 임무단 등
평화강제 (Peace enforcement)	· 분쟁의 평화적 해결이 제한 시 군사력의 사용을 포함, 강압적 조치를 통해 분쟁을 해결하는 제반 활동 · 유엔 안전보장이사회의 승인 및 결의하에 시행	소말리아 임무단 등
평화구축 (Peacebuilding)	· 분쟁의 재발을 방지 및 관리하고 지속가능한 평화의 기반을 마련하기 위해 국가역량을 강화하는 제반 활동 · 갈등의 구조적 원인을 식별, 해결하는 장기적 과정	남수단 임무단 등

* 출처: UN,"United Nations Peacekeeping Operations Principles and Guidelines"(2008), pp. 17-18 내용을 표로 작성

또한 평화유지(Peacekeeping)의 개념은 분쟁의 예방(Conflict Prevention)과 평화조성(Peacemaking), 평화강제(Peace enforcement), 평화구축(Peacebuilding)과의 상호연계성 속에서 이해하는 것이 중요하다고 강조하고 있다. 현재 유엔은 대부분의 평화유지활동(PKO)을 평화활동(PO)으로 명시하고 있으며, 평화유지활동은 평화활동의 한 유형이라고 볼 수 있다.[52]

유엔은 현존하는 가장 중요한 국제기구로 국제연맹의 실패를 거울삼아 1945년 샌프란시스코 회담에 의해 설립되었으며 핵심 목표는 국

52 이흥주,『한국군의 해외파병 활동』(서울: 국방부 군사편찬연구소, 2018), pp. 17-20.

제안보의 증진과 분쟁의 평화적 해결이다. 유엔헌장(UN Charter)에 평화유지(peacekeeping)라는 개념은 없으나 평화유지는 유엔의 대표적 평화활동으로 국제평화와 안보를 유지하기 위한 가장 중요한 수단이다.[53] 유엔헌장의 1조 1항은 "국제평화와 안전을 유지하고 이를 위해 평화에 대한 위협의 방지, 제거 그리고 침략행위 또는 기타 평화의 파괴를 진압하기 위한 유효한 집단적 조치를 취하는 것이다. 또한 평화의 파괴로 우려되는 국제분쟁이나 사태의 조정, 해결을 평화적 수단에 의하여, 정의와 국제법 원칙에 따라 실현한다"라고 정의하고 있다.

유엔 PKO는 분쟁의 예방과 평화조성, 평화강제, 평화유지, 평화구축을 아우르는 포괄적 개념으로 유엔헌장에 근거하여 안전보장이사회 결의안에 따라 시행된다.[54] 국제평화활동(Peace Operations)은 전술한 바와 같이 크게 유엔 평화유지활동(PKO)과 다국적군 평화활동(Multinational Force Peace Operation, MNF PO), 재난 및 의료지원을 위한 국방교류협력활동 등으로 구분된다. 유엔 평화유지활동은 유엔 안전보장이사회의 결의안에 따라 유엔 주도로 평화유지군이나 정전감시단을 파견하는 임무로 1948년 팔레스타인 정전감시단(UNTSO)을 설치하면서 시작되었다. 다국적군 평화활동은 유엔의 위임을 받은 지역기구나 특정 국가가 주도하여 구성된 다국적군들이 활동하는 임무로 비유엔평화유지활동(Non-UN PKO)이라고도 불리며, 1991년 미국의 주도로 34개 다국적군이 결성되어 참전한 걸프전이 대표적 사례이다.[55]

---

53 Andrew Hetwood, 김계동 역, 『국제관계와 세계정치』 (서울: 명인문화사, 2013), pp. 437-446.

54 이강경 · 설현주, "한국군의 국제평화활동 발전방안 : 아프리카 지역분쟁 분석을 기반으로," 『융합보안논문지』 제19권 제3호(2019), p. 117.

55 이신화, "한국국제평화활동의 양분화 고찰: 유엔 PKO vs. 다국적군 파병," 『아세아연구』 제56권 제

1948년 유엔 PKO를 시작한 이래 71개의 PKO 임무단이 설치 및 운영되었다. 120여 개 국가에서 100여만 명 이상이 평화유지군으로 참여했으며[56] 2022년 2월 기준 총 12개 임무단에서 약 9만 명이 활동 중이다.[57] 유엔 PKO는 제2차 세계대전 이후 형성된 냉전체제하에서 집단안보가 현실적으로 제한됨에 따라 보완적 수단으로 도입된 개념이며, 분쟁의 평화적 해결이 제한될 경우 유엔헌장에 의거 이루어지는 조치이다.

유엔 PKO는 3가지 기본원칙을 준수해야 한다고 명시되어 있다.[58] 첫째, 당사자의 동의(Consent of the parties)이다. 둘째, 공정성(Impartiality)이다. 셋째, 자기방어 및 위임명령 수호 외 무력사용 금지(Non-use of force except in self-defence and defence of the mandate)이다. 분쟁 당사국의 동의하 분쟁지역에서 평화유지활동 임무를 수행할 수 있으며 분쟁 관련 어느 쪽에도 치우치지 않고 편견없이 위임명령을 수행한다는 의미의 공정성이다. 무력사용에 대해서는 자기방어와 위임명령 수행시 불가피하게 사용해야 할 경우로 통제되고 있다. 특히 평화유지군의 무력 사용은 정치적인 의미를 지니게 되어 예상치 못한 상황이 발생할 수 있어 무력사용에 대한 판단은 임무 능력 등을 포함하되, 다양한 요소들의 조합에 기초하여 임무 내 적절한 수준에서 내려질 필요가 있다.

유엔 PKO는 냉전의 종식과 함께 엄청나게 수요가 증대되고 그 역할

2호(2013), pp. 188-189.

56 외교부 국제기구국,『2021 유엔개황』(서울: 외교부, 2021), p. 88.

57 UN Peacekeeping, "DATA," https://peacekeeping.un.org/en/data

58 UN Peacekeeping, "PRINCIPLES OF PEACEKEEPING," https://peacekeeping.un.org /en/principles-of-peacekeeping

도 변화하고 있다. 냉전기에는 주권국가 간의 국제분쟁 발생 종료 후 개입해 평화를 유지하는 기능을 주로 수행하였으나 탈냉전기에는 주권 국가 내의 분쟁으로까지 임무를 확대하였고 개입 시기도 분쟁 종료 후 뿐만 아니라 분쟁이 진행되고 있는 경우도 포함하는 것으로 바뀌었다.[59] 유엔 주도로 국제평화와 안전을 유지하기 위해 전개하는 활동인 PKO는 적대행위 종식 후 평화의 회복 과정에 있는 국가에 무장해제 및 정전 감시, 치안유지, 분쟁재발의 방지와 전후 복구활동까지 지원한다.

PKO는 냉전시대 유엔헌장의 집단 안전보장조치가 불가능해지자 대체 수단으로 도입되었다. 유엔헌장에 명문 규정이 없지만 유엔헌장 6장에서는 분쟁에 대해 평화적 해결을 규정하고 있다. 7장에서는 평화에 대한 위협 · 평화의 파괴 · 침략행위에 대한 조치를 규정하고 있어 6장 및 7장 중간에 해당한다고 하여 '헌장 6.5장'으로 불리고 있다. 이는 제2대 유엔 사무총장 함마르셸드(Dag Hammarskjold)가 유엔 PKO를 유엔 헌장 제6장 평화적 분쟁해결과 제7장 강제적 분쟁해결의 중간적 활동으로 헌장 제6.5장이라 주장한 것에서 유래했다. 유엔헌장 제6장에서는 분쟁의 평화적 해결 원칙의 주요 수단으로 교섭 · 심사 · 중재 · 조정, 중재재판, 사법적 해결, 지역기관 또는 당사자가 선택하는 다른 평화적 수단으로의 해결을 제시하고 있다. 또한 제6장에서는 안전보장이사회가 필요하다고 인정하는 경우 당사자에 대해 구체적인 조치방안을 결정하고 이행하도록 규정했다. 제7장은 평화에 대한

59 최진우, "국제연합(UN)과 국제평화," 『인간과 평화』 제1권(2020.9.), p. 115.

위협, 평화의 파괴 및 침략행위에 관한 조치에 대해 규정하고 있다.[60] PKO는 유엔 헌장에 규정되어 있지 않지만 유엔을 대표하는 활동이 되었으며, 1988년에는 노벨 평화상을 수상하기도 하였다.[61]

한편 국제평화활동은 유엔 PKO와 다국적군 평화활동으로 구분할 수 있다. 다국적군은 유엔이 승인한 다국적군, 유엔 승인과 무관한 다국적군으로 구분할 수 있다. 유엔 헌장 7장 아래 평화집행활동이 가능한 유엔이 승인한 다국적군은 PKO와 동일하게 안보리 결의에 의해 진행되며, 6.25전쟁은 유엔이 승인한 다국적군 파견의 대표적 사례이다.[62]

나. 탈냉전 이후 유엔의 평화유지활동 주요 개혁안

PKO의 시작은 이스라엘과 중동 국가 사이에 체결된 정전협정 감시를 위해 창설된 1948년 유엔 정전감시단(UNTSO)으로부터 시작되었다. 1956년 수에즈 분쟁(Suez Crisis)을 해결하기 위해 창설된 유엔긴급군(United Nations Emergency Force, 이하 UNEF)을 모체로 1960년 유엔 콩고임무단(ONUC)을 비롯하여 1962년 UN의 다양한 국제평화활동에 대한 국제사법재판소의 권고적 의견이 제시되면서 PKO의 개념이 정립되었다. UN 창설 이후 1964년까지 유엔이 개입하였던 분쟁들은 군사적

60 외교부, "[기본규범]국제연합 헌장(UN Charter)," https://www.mofa.go.kr/www/brd/m_24969/view.do?seq=333138&srchFr=&srchTo=&srchWord=&srchTp=&multi_itm_seq=0&itm_seq_1=0&itm_seq_2=0&company_cd=&company_nm=

61 외교부, 『2019 유엔개황』(서울: 외교부, 2019), pp. 84-85.

62 외교부, "[PKO] 유엔평화유지군과 유엔승인 다국적군 차이," https://www.mofa.go.kr/ www/brd/m_3874/view.do?seq=273363&srchFr=&amp%3BsrchTo=&amp%3BsrchWord=&amp%3BsrchTp=&amp%3Bmulti_itm_seq=0&amp%3Bitm_seq_1=0&amp%3Bitm_seq_2=0&amp%3Bcompany_cd=&amp%3Bcompany_nm=&page=50

성격이라기 보다는 분쟁의 예방적 성격이 강하다고 할 수 있다. 1948년 UNTSO의 임무개시 이후 1988년까지 약 40년 동안 13개의 유엔 평화유지활동 임무단이 창설되었다. 그러나 냉전이 종식된 1989년부터 1999년까지 10년간 39개의 새로운 임무단이 창설되었다. 당시 유엔은 평화유지활동에 대한 수요가 증가하면서 전통적인 역할과 임무를 새롭게 정립해야 할 필요성에 직면하였다.[63] 2017년 1월 취임한 구테흐스 사무총장은 보다 과감한 조직개편을 단행했다. 유엔 산하의 조직들이 부서별로 수행하는 활동을 통합 관리하고 협조할 수 있도록 새롭게 구성하여 임무수행 시스템을 개선하고자 하였다. PKO와 관련된 조직개편은 '분쟁의 예방(Prevention)과 지속적인 평화(Sustaining peace)'의 정착에 우선순위에 두어 신속하고 효과적인 임무 수행을 목적으로 추진된 것이다.[64] 탈냉전기 이후에는 국제분쟁 양상이 크게 변화하면서 국제평화활동의 패러다임도 다변화되었다. 탈냉전기 전후의 국제평화활동 양상 변화는 〈표 2-5〉와 같다.

63 최윤미(2016), 전게 논문, p. 125.

64 강효경, "UN 평화 · 안보분야 개혁과 UN PKO 활동의 변화," 『PKO저널』 18권(2019.6.), pp. 20-22.

<표 2-5> 탈냉전 전후 국제평화활동의 양상 변화

구분	냉전기(1945 ~ 1987)	탈냉전(1988 ~ 2012)
활동건수	13건	63건
활동지역	중동 위주	아프리카 위주, 점차 확산
분쟁성격	국가 간 분쟁(영토)	국내분쟁(인종, 종교문제 등)
활동주체	강대국(미국, 소련)	UN, 지역·집단안보기구
참여자	군인위주, 소규모(1천 명 이내)	군인 + 경찰, 민간인, * 대규모(5천 명 이상)
활동목표	현상유지(국경선 회복)	분쟁종식(평화의 정착)
주요기능	예방외교 + 평화유지 + 평화조성	평화조성 + 평화강제 + 평화재건
주요임무단	UN PKO	UN PKO + 다국적군 활동

* 출처: 육군본부(2021), 전게서, p. 29.

탈냉전 이후 유엔 PKO는 임무와 활동 범위가 다양해지고 확대됨에 따라 전통적인 방식으로는 효과적인 임무수행이 제한되었다. 그러므로 개혁을 통한 PKO의 변화 및 발전을 모색하기 위해 유엔 내에서 다양한 논의가 이루어져 왔다. 본 책에서는 탈냉전 이후 분쟁요인의 급격한 변화 속에서 유엔 PKO의 효과성을 개선하기 위해 유엔이 추진했던 3대 개혁안에 대해 고찰하였다.

<표 2-6> 유엔 평화유지활동 개혁 추진 과정

■ 2000년 Brahimi 보고서 ① 명확하고 실현가능한 임무 제시 ② 분쟁당사자 동의 ③ 임무수행에 적합한 지원조직 및 군수지원 필요 ④ 유엔 상비군체계(UNSAS) 필요 강조
▼
■ 2015 HIPPO 보고서 ① 특별정치 임무 강조(정치적 해결) ② 평화유지 능력 준비태세 시스템(PCRS) 도입 ③ 민간인 보호 등 인간중심 활동 강조 ④ 여성참여 및 역할 중요성 강조
▼
■ 2018년 CRUZ 보고서 ① 생존성 보장을 위한 무력사용의 범위 확대주장 ② 장비운용 등 사망자 수 감소를 위한 대응 방안 마련 ③ 유엔 평화유지활동 관련 조직 개편
▼
■ 2018년 평화유지구상(A4P) ① 정치적 해결, 여성참여 확대, 민간인 보호, 파트너십 구축 등 8개 영역, 45개 이행 약속으로 구성 ② 작전병력의 안전성 문제 ③ 임무다각화에 따른 국제사회의 공동노력 결집 ④ 2021년 A4P 성과확대를 위한 7대 추진전략인 A4P+ 발표

* 출처: UN, Peacekeeping, "REPORTS," https://peacekeeping.un.org/en/reports 내용을 표로 작성

1) 2000년 브라히미 보고서의 주요 개혁안

1990년대 분쟁 관리의 실패에 대한 성찰을 바탕으로 2000년에 발표된 '브라히미 보고서(Brahimi Report)'에서는 유엔 PKO의 문제점으로 명

확한 근거와 원칙의 미비, 능력의 부족, 지원조직의 부재 등을 제시하였다.[65] 이를 해결하기 위해 무력사용의 원칙을 수정하여 분쟁예방의 실효성을 강화하였고 평화유지군의 배치 시한을 설정했다. 특히 유엔 상비군체제(UNSAS: United Nations Stand-by Arrangement System)의 필요성을 강조했으며, 유엔 PKO를 유엔의 일시적인 책임이 아닌 핵심 활동으로 명시하였다.

당시 유엔 사무총장이었던 코피아난(Kofi Annan)은 분쟁의 다변화 및 확대로 인한 유엔 PKO의 문제를 해결하기 위해 PKO에 관한 독립패널을 구성하였다. 구성된 패널의 보고서(Report on the Panel on United Nations Peace Operations)가 유엔 PKO의 바이블로 불리고 있는 '브라히미 보고서'이다. 당시 이 패널의 의장이었던 브라히미(Lakhdar Brahimi)의 이름을 따서 '브라히미 보고서'라고 명칭이 부여되었다.[66]

이 보고서는 르완다의 인종학살 등을 막지 못한 유엔의 실패요인을 임무지역의 평화유지군과 유엔 본부의 정책결정자 사이의 의사소통 실패로 보았다. 그리하여 지속적이고 효율적인 의사소통을 위한 상임위원회 구성을 제안하였다. 신속한 파견을 위해 유엔 상비군체제와 파병전 선발대의 파병능력을 요구하였고, 동시에 유엔도 군수지원, 통신 능력 등을 보유하고 있어야 한다고 강조했다. 또한 파병부대는 효과적으로 방어할 수 있도록 무장되어야 하고 민간인의 보호 필요성도 강조했다.[67]

65 UN General Assembly Security Council, Brahimi, A55/305-S/2000/809 (2000), pp, 1-74.

66 최윤미, "유엔 창설 70주년을 맞이하여: 2015 유엔 창설 70주년, 브라히미 리포트," 『PKO저널』 제10호(2015), p. 4.

67 박순향, "유엔 평화활동 분석과 한국 평화활동의 방향," 『군사』 제9호 (2014.3.), pp. 202-203.

2) 2015년 고위급 패널 보고서의 주요 개혁안

2014년 반기문 유엔 사무총장은 전 동티모르 대통령인 라모스 호르타(José Ramos-Horta)를 의장으로 한 평화활동의 고위급 독립패널을 구성했다. 이 패널은 2015년 6월 고위급 독립패널 보고서(High-level Independent Panel on UN Peace Operations)로 알려진 'HIPPO 보고서'를 발표하였다. 브라히미 보고서 이후 15년 만에 제시된 개혁안이었다. 이 보고서는 당시 과거의 방식으로 수행 중이었던 PKO의 문제점을 지적하였고, 글로벌 안보환경 변화에 따른 패러다임 전환, 분쟁예방과 중재역할의 강화 필요성을 요구하였다. 또한 정치(politics)가 평화활동의 계획 및 실행의 주체가 되어야 한다는 점을 강조하고, 위기 대응을 위한 파트너십 구축 필요성 등 새로운 방향성을 제시했다. 또한 보고서에서는 처음으로 여성의 참여 및 역할의 중요성을 강조했다.[68]

주요 개혁방안을 살펴보면, 분쟁상황에 맞는 임무를 부여하고 현장의 수요를 고려하여 평화활동을 추진하도록 권고했다. 양적으로 확대된 유엔 PKO 관련 조직을 평화유지활동국과 현장지원국으로 분리·확대하는 개편을 요구했다. 또한 지역기구와의 파트너십 강화, 군대와 경찰 활동의 확대, 인권보호, 민간인 보호를 포함한 인간중심의 평화활동 구축을 강조했다. 한 가지 주목해야 할 사항은 특별정치임무(Special political missions)를 요구했다는 점이다. 즉, 유엔 PKO가 지속가능한 평화의 보장을 위해 기존의 군사·기술적 지원방식에서 벗어나 분

68 United Nations, "Uniting Our Strengths for Peace, Politics, Partnership and People: Report of the High-Level Independent Panel on United Nations Peace Operations," 2015. 6. 16. HIPPO (2015), pp. 1-111.

쟁의 정치적 해결에 주력해야 한다는 것이다.[69] 또한 2000년 브라히미 보고서에서 제시했던 유엔 상비체제는 실효성이 매우 낮아 위임명령(Mandate)의 수행 역량이 부족하다는 문제점에 착안하여 신속한 전개를 보장하기 위한 차원에서 '평화유지 능력 준비태세 시스템(Peacekeeping Capability Readiness System, 이하 PCRS)'을 도입하였다. 유엔은 잠재적인 공여국에 대한 체계적인 등록 · 관리를 통해 평시부터 회원국의 공여 의지 및 능력을 파악하기 위한 목적으로 2015년 9월부터 PCRS를 적용하였다. 평화유지군의 신속한 파병 여건 보장을 위해 신속전개수준(Rapid Deployment Level, RDL)에 의거 파병요청을 받도록 조치하고 회원국이 공약한 30일, 60일, 90일 기한 내에 전개를 완료할 경우 기존 경비보전금의 10~25% 비율로 성과금을 지급하도록 제도화하였다.[70]

<표 2-7> 평화유지 능력 준비태세 시스템(PCRS)

구 분	주요내용
Level 1	· 약속된 능력 승인 후 PCRS에 등록
Level 2	· 1단계 능력이 평가자문단(AAV: Assessment & Advisory Visit)에 의해 성공적으로 완료된 상태로 잠재적 배치 가능
Level 3	· 2단계 약속된 능력에 부대소유의 장비 보유하고 있으며 특정 또는 일반 유엔 군 · 경찰 요구사항에 따라 장비 및 인력을 보유
신속전개 수준(RDL)	· 모든 준비태세가 완료되어 사무국의 공식요청에 60일 이내에 유엔 현장 임무에 배치 가능

* 출처: UN DPO, "Peacekeeping Capability Readiness System (PCRS)"(Jan 2019), pp. 6-8. , "The Rapid Deployment Level of the Peacekeeping Capability Readiness System"(Feb 2019), p. 9. 내용을 표로 작성

69 이강경 · 설현주(2019), 전게 논문, p. 124.

70 김금률 · 이강경 · 설현주, "유엔의 평화유지구상(A4P)과 한국군의 국제평화활동 발전방향: 남수단 사례를 중심으로,"『융합보안논문지』제21권 제5호(2021), p. 159.

3) 2017년 크루즈 보고서의 주요 개혁안

2018년 1월 발표된 크루즈 보고서(Improving Security of United Nations Peacekeepers)는 평화유지활동 부대 및 요원의 안전성 향상을 위한 평화유지군(peacekeeping forces, PKF) 위협완화 대책 등 18개의 개혁과제와 중·장기 및 단기 권고사항을 제시하였다.[71] 예비역 중장 출신으로 평화유지활동에 기여한 크루즈(Carlos Alberto dos Santos Cruz)가 주도하여 제출한 보고서로 그의 이름을 따서 '크루즈 보고서'로 불리고 있다.

크루즈 보고서는 2013년 이후 큰 폭으로 증가한 평화유지군 사망자에 대해 유엔의 내부자료와 사고원인에 대한 보고서 등을 분석하여 향후 사망자 감소를 위해 주로 군사적인 측면의 대안을 모색하였다. 크루즈 보고서는 유엔의 PKO에서의 사망자 발생 원인을 리더십, 작전수행, 무력사용, 방호태세, 평화유지의 기본원칙, 병력공여국의 선정, 부대 배치 전 교육훈련, 장비운용, 정보작전 등으로 분류하여 진단하고 대안을 제시하였다.[72] 특히 유엔의 상징이라 여겨지는 블루헬멧 및 유엔 깃발이 지니고 있는 보호라는 의미가 퇴색된 상황에서 현실에 맞지 않는 교전수칙들로 인하여 더 많은 인명피해가 발생하였음을 지적하고 있다. 크루즈 보고서는 현지 파병 병력들의 생존성 보장을 최우선적으로 고려해야 한다고 강조하고 있다. 특히 자위권 차원에서만의 무력 사용이 아니라 예방적 차원에서도 무력 사용이 가능해야 함

71 United Nations, "Improving Security of United Nations Peacekeepers: We need to change the way we are doing business," 2017. 12. 19. pp. 1-43.

72 김종국 · 유상범, "UN 평화유지활동의 사망자 발생 추세 연구: UN 말리 다차원 통합 안정화 임무단 및 UN 콩고민주공화국 안정화 임무단을 중심으로,"『세계지역연구논총』제37집 제4호(2019), p. 386.

을 주장하고 있다. 즉, 다양하고 다변화되어가는 PKO 작전환경에 대해 매우 강력한 역량으로 대처해야 함을 강조하였다.[73]

다. 2018년 유엔의 평화유지구상(A4P)

2018년 3월, 안토니우 구테흐스 유엔 사무총장은 평화유지활동의 역할과 한계에 대한 문제의식을 토대로 평화유지활동의 실효성을 강화하기 위해 평화유지구상(A4P)을 제시했다. 평화유지요원의 안전성 문제와 더불어 치안, 인도적 지원 등 다차원 임무 수행에 따른 역량 제고와 도전 극복을 위해 국제사회의 공동노력을 강조하였다. 이는 유엔 PKO의 한계를 극복하고 효과성을 개선하기 위해 유엔 사무총장 주도로 출범한 이니셔티브였다. 유엔이 새롭게 출범시킨 A4P는 유엔 PKO 작전병력의 안전성 문제, 임무다각화에 따라 국제사회의 공동노력 결집을 강조하는 것이었다. 유엔 PKO의 실효성을 강화하기 위해 필요한 과제 중심으로 제시된 A4P는 8개 영역, 45개 이행약속으로 구성된 공동공약선언(Declaration of Shared Commitments)으로 2022년 1월 기준 한국을 비롯해 북한을 포함한 155개 유엔 회원국이 지지를 표명했다.

유엔이 새로운 A4P를 추진하게 된 배경은 최근 유엔 PKO가 직면하고 있는 도전과제를 효과적으로 극복하기 위한 것이었다. 즉, 다양한 원인으로 발생하고 있는 분쟁의 장기화, 복잡한 정치적 문제의 증가, 평화유지활동의 위험성 증가로 인한 안전성 확보 문제, 복잡하고 광범위한 위임명령(Mandate) 등 중대한 도전에 직면했기 때문이다. 특히

73 진성현, "한국 평화유지활동의 발전방향,"『PKO 저널』 제17호(2018), p. 14.

안전한 평화유지활동의 환경 구축 필요성이 대두된 상황에서 이를 효과적으로 해결하기 위해서는 유엔과 공여국, 주둔국, 지역기구 등의 공동노력이 필요하다는 인식에서 출발하였다. 2018년 출범한 A4P의 8대 영역별 주요 추진내용은 아래의 〈표 2-8〉에 제시된 바와 같다.

<표 2-8> 평화유지구상(A4P) 공동공약선언 주요 내용

구분	주 요 내 용
분쟁의 정치적 해결	· 분쟁의 정치적 해결이 우선되어야 한다는 인식 하, 정치적 해결 증진 위한 노력 강화
여성, 평화 및 안보	· 평화유지 · 구축 과정에 여성 참여 보장, 성인지적 관점 도입
민간인 보호임무 강화	· 모든 필요한 수단 활용해 민간인 보호(P2P) 임무 이행
평화유지요원의 안전강화	· 변화된 분쟁환경 하에서 임무단의 사상자 증가 문제에 효과적으로 대응하기 위해 PKO 요원을 대상으로 한 폭력 규탄, 요원의 안전 · 증진 등 노력 강화
성과 및 책임성 강화	· 장비 보급 · 훈련 강화 등 임무수행 효과성 증진 노력
평화구축, 지속적인 평화	· 이행기 지원, 법치제도 구축 지원 등 PKO가 평화구축 및 분쟁 예방에 기여토록 노력
파트너십 강화	· 여타 국제 · 지역기구와의 공조를 통해 평화유지활동의 효과 제고
행동규범 준수	· 성착취 · 폭력에 대한 무관용 원칙 적용 등 규율 · 복무규정을 엄격히 준수

* 출처: 외교부 보도자료, "정의용 장관, 「평화유지구상(A4P) 3주년 기념행사」기조연설,"(2021.3.29.)

2021년 3월, A4P 출범 이후 유엔은 3년간의 이행수준을 점검하고 성과 확대를 위해 '평화유지구상 플러스(A4P Plus: Priorities for 2021-2023)' 추진전략을 발표했다.[74] A4P Plus 추진전략의 7대 우선순위는 ① 일관된 정치전략, ② 파트너와의 전략적 및 작전적 통합, ③ 역량강화 및 사고의

74 UN Peacekeeping, "Action for Peacekeeping+," https://peacekeeping.un.org/en/action-for-peacekeeping-plus

전환, ④ 평화유지군 대상 폭력에 대한 책임성 강화, ⑤ 평화유지군의 책무, ⑥ 전략적 의사소통, ⑦ 수용국과의 협력이다. 또한 인간중심의 접근방식을 강화하고 여성의 완전하고 평등한 참여를 보장하여 포용적이고 지속 가능한 평화를 구축해 나아가야 한다는 점을 강조했다. 특히 기술기반 평화유지활동을 구현하기 위해 데이터 활용의 책임성 강화, 인프라 업그레이드, 데이터 기반의 혁신문화 구축 필요성을 강조하였다.

A4P+의 7대 우선순위들은 평화와 안보의 소중한 도구이자 국제사회의 연대와 참여를 강화해나가는 핵심전략이 될 것으로 유엔은 평가했다. 향후 평화유지국(Department of Peace Operations, 이하 DPO), 운영지원국(The Department of Operational Support, 이하 DOS), 유엔사무국 관리전략정책국(Department of Management Strategy, Policy and Compliance, 이하 DMSPC) 등 관련 조직과의 협력으로 A4P의 8대 영역과 의제들을 지원하고, A4P+의 우선순위 달성에 공동노력과 관심을 집중해 나갈 예정이다. 또한 유엔은 A4P 발표 이후 PKO의 실효성을 보장하기 위해 평화유지군의 역량 강화를 본격적으로 추진하고 있다.

2019년 3월, 제3차 유엔 평화유지 장관회의에서 45개 국가가 신속전개군(RDL) 창설, 교육훈련 및 역량 강화, 여성 평화유지요원의 참여 확대 등을 포함한 '특별능력(Specialized Capability) 공약'을 제안하였다. 2019년 5월 유엔 평화유지국(DPO)에서는 '현재 및 미래 평화유지군 및 경찰의 요구능력에 관한 보고서(Current and Emerging Uniformed Capability Requirements for United Nations Peacekeeping)'를 발표했다.[75] 이 보고서에는 PCRS에 다수의 공여국 부대들이 등록되어 있으나 임무수행 능력은 부족한 것으로 평가되어 있다. 이를 근거로 유엔 PKO 군 및 경찰부대 소요능력에 대해 제시하였다. 주요 부대는 ① 기동성과 융통성을 제공할 수 있는 신속전개부대 · 신속대응군(QRF) · 특수부대 · 경찰부대 · 공격헬기 등, ② 다목적 공병 · 수송 · 통신 · 항공 · 의무 · 정보작전부대 등, ③ 부대방호 역량 강화를 위한 EOD / IED 전투공병 및 지뢰방호차량 등, ④ 원격탐지 경보시스템 등 생존성 향상을 위한 첨단장비, ⑤ 프랑스어 사용이 가능한 군 및 경찰, 여성 평화유지활동 요원 등이다. 2022년 9월 기준으로 병력공여국 공약 상태는 아래의 〈표 2-9〉와 같다.

<표 2-9> PCRS 병력공여국 공약 현황(2022년 9월 기준)

부대 유형	Level 1	Level 2	Level 3	RDL
보병대대	12	10	1	-
보병중대/소대	3	-	-	-
수색중대	1	1	-	-
특수부대/단3	3	3	-	1
방호부대	8	3	1	-
신속대응부대	10	9	1	2
정보감시정찰부대	1	-	-	-
공병중대/소대	14	6	3	1
지뢰제거/폭발물 처리부대	8	2	-	-
병원/의료팀	10	6	2	1
다용도 헬기부대	5	4	-	-
공격/무장 헬기부대	-	2	-	-

75 UN DPO, "Current and Emerging Uniformed Capability Requirements for United Nations Peacekeeping,"(May 2019), pp. 1-9.

수송기	4	1	-	-
무인항공체계	3	2	1	-
헌병중대/팀	6	1	3	1
통신중대/소대	2	4	1	1
보급수송중대/부대	4	1	1	-
경찰편성부대	15	10	2	1
경찰경비부대	2	-	-	-
해군부대	5	1	-	-
공중보급	6			
교육훈련 공약	29			
Total	116	66	16	8

* 출처: UN DPO, "Current and Emerging Uniformed Capability Requirements for United Nations Peacekeeping,"(Sep 2022), p. 11.

※ Level 1은 공여국의 공약상태이며, Level 2는 평가자문단의 방문(Assessment & Advisory Visit)을 성공적으로 완료한 상태로 잠재적 배치 가능성을 나타낸다.

라. 국제평화활동의 패러다임 변화

초창기 유엔 평화유지요원은 강제할 수 있는 역량을 보유하지 못했다. 그러나 평화유지요원이 현장에 전개하게 되면 휴전협정과 같은 위반사항에 대해 예방할 수 있었다. 그 당시에는 군사력이 없어도 위임명령 수행이 가능하였다.[76] 하지만 냉전의 종식 후 복잡하고 다양한 원인으로 수많이 분쟁이 발생하게 되자 국제평화활동의 패러다임도 변화하게 되었다.

유엔 평화유지활동의 변화는 크게 3단계로 구분할 수 있다.[77] 초기 단계는 유엔의 창설 이후 냉전체제가 종식된 시점까지의 기간인 1948

76 임윤갑, 『국제분쟁과 평화유지』(성남: 북코리아, 2021), p, 279.

77 육군본부(2021), 전게서, pp. 19-22.

년부터 1988년까지이다. 이 시기에는 군사감시단 및 경무장 부대가 전통적인 임무인 정전감시와 교전단체 분리 등의 임무를 수행하였다. 또한 평화유지활동에서의 군사적 행위는 주로 분쟁의 효과적인 통제만을 위해 소극적으로 이루어졌으며 비위협적인 방식으로 수행되었다.[78] 특히 1956년 수에즈 운하 지역의 분쟁 발생시, 캐나다 정부가 단위부대 형태의 평화유지활동 창설을 제안하면서 유엔 긴급군이 투입되었고, 이를 시작으로 유엔 평화유지군(PKF)에 대한 역할모델이 정립되었다.

두 번째 단계는 냉전 이후부터 2011년까지이다. 냉전의 종식 후 인종, 종교, 국경, 자원 등 다양한 요인으로 인해 분쟁의 양상이 변화되었다. 이 시기에는 전통적 임무와 더불어 전후 재건사업 등 다차원적 평화유지활동으로 임무가 다양화되었고 임무단 운영지역도 급격히 확대되었다.[79] 이처럼 유엔 평화유지활동의 실효성을 보장하기 위해 평화유지활동 개념이 다차원적 임무단(Multi-Dimensional Mission) 형태로 패러다임이 전환되었다. 정전감시 등과 같은 전통적 임무에서 정부 통치기반 구축, 치안개혁, 인권감시, 전투원 무장해제 · 동원해제 · 재통합(DDR)[80] 등 다차원적인 임무 개념으로 확대되었다.[81] 특히 냉전의 종

---

78 조용만, "유엔 PKO 활동 분석과 한국 PKO의 전략적 실용화 방향," 『국제정치논총』 제50집 제1호(2010), p. 172.

79 이신화, "한국 국제평화활동의 양분화 고찰," 『아세아연구』 제56권 2호(2013), p. 195.

80 무장해제, 동원해제, 재통합(DDR: Disarmament, Demobilization & Rehabilitation): 무장해제는 전투원과 민간인이 보유하고 있는 탄약 등을 수거 및 처리하는 것이고, 동원해제는 군대를 축소 및 완전히 해산하는 과정이며, 재통합은 前 전투원을 시민사회에 경제 및 사회적으로 재통합시키기 위한 프로그램이다.

81 송재익, "중견국 한국의 유엔평화유지활동(PKO) 강화방안," 『한국군사학논총』 제5집 제1권(2016), pp. 231-256.

식 후인 1989년부터 1994년까지 분쟁이 급속도로 늘어나면서 평화유지활동 수요도 상대적으로 증가하여 20여 개의 임무단이 창설되었다. 또한 평화유지활동 참여인원도 11,000명에서 75,000명 수준으로 확대되었다. 그러나 1990년대 중반 이후 분쟁관리 미흡 등으로 민간인 사상자와 평화유지군의 피해가 증가하게 되자 평화유지활동에 대한 재평가가 이루어졌다. 평화유지활동 실패사례로는 보스니아, 르완다, 소말리아 임무단이 있으며, 유엔은 1999년 안보리결의안 제1257호에 의거 독립적인 조사단을 구성하여 후속조치를 단행하였다.[82]

세 번째 단계는 2011년 이후 현재까지로 이 시기에는 인도적 지원과 선거지원, 국가역량 지원, 민간인 보호(Protection of civilians, POC), 팬데믹에 대한 질병관리 등 평화유지활동의 임무가 더욱 확대 및 심화되었다. 이러한 임무수행을 위해 전투 병력에 추가하여 공병, 수송, 의무, 통신 등 다기능부대, 경찰인력, 민간전문가, 여성의 참여가 큰 폭으로 확대되었다. 특히 4차 산업혁명 기술의 확산으로 무인항공기(Unmanned aerial vehicle, UAV), 드론 등 첨단 과학기술의 지원요소가 증대되었다. 탈냉전기 이후 전통적 및 비전통적 요소로 인한 글로벌 안보위협이 증가하면서 분쟁 양상은 크게 변화하였고, 국제평화활동의 패러다임도 변화되었다.

다차원 임무는 유엔의 산하 기관, 지역기구, 파견부대, NGO(Non-Governmental Organization) 등에 속한 군인을 비롯한 경찰, 민간인, 자원봉사자 등 다양한 참여자들에 의해 수행된다. 이들이 수행하는 임무는

82 United Nations, "Security Council Report 1257," (1999.12.16.)

포괄적 평화협정 이행의 지원, 과도기 간 정부의 대체, 분쟁의 확산 방지, 인도주의적 지원 및 선거감시, 분쟁 후 재건 등이다. 따라서 대부분의 평화유지활동은 예방외교, 평화유지, 평화강제, 평화건설, 평화조성 등 두 개 이상의 임무가 복합적으로 수행되고 있다.[83] 이러한 다차원적 위임명령을 효과적이고 효율적으로 수행하기 위해서는 임무단의 단장 및 군사령관의 지휘통제하에 임무수행 간 장애요소를 제거해야 한다. 대표적인 사례는 국가별 제한사항(National Caveats)과 같은 위기상황 발생시 병력공여국(TCC)·자국의 작전능력·최초 부여받은 임무와 상이할 경우 등이다. 복잡하고 다양한 작전환경에서 보다 어려운 임무를 제한된 자원으로 수행해야 하기 때문에 최대한 임무수행에 제한을 주는 제약사항은 최소화되어야 할 필요가 있다.[84]

4차 산업혁명 시대에 디지털 기술은 사이버 영역에서 개인정보, 실시간 위치정보 등 노출의 새로운 위협요인으로 작용하고 있다. 그러나 평화유지활동 분야에서는 위험한 환경에서 다차원 임무수행의 효율성과 안전성을 개선할 수 있는 효과적인 수단이 되기도 한다. 정보를 수집·분석하기 위해 디지털 기술을 점점 더 많이 사용하고, 소셜미디어 및 휴대전화와 같은 디지털 기기를 통한 다양한 정보획득은 유엔 평화유지 작전환경에서 중요한 역할을 하고 있다.[85]

2018년 7월, 유엔 사무총장 주도로 디지털 기술 분야에서 국가, 민

83 송승종, 『유엔 평화유지활동의 이해』, (서울: 연경문화사, 2006), pp. 83-84.

84 정장수, "국가제한사항에 대한 UN PKO 정책 이해: National Caveats,"『PKO저널』 18권 (2019.6.), pp. 32-33.

85 Jane Esberg, Christoph Mikulaschek, "Digital Technologies, Peace and Security: Challenges and Opportunities for United Nations Peace Operations," UN (August 25, 2021), p. 19.

간, 시민사회, 국제기구, 정보통신업계, 교육기관 등 다양한 이해관계자 간 협력 촉진 방안을 도출하기 위해 디지털 협력에 관한 고위급 패널(UN Secretary-General's High-Level Panel on Digital Cooperation)을 구성했다. '빌&멜린다 게이츠 재단' 공동회장 멜린다 게이츠 및 '알리바바' 마윈 회장이 공동 의장이다. 고위급 패널에는 유례없는 다양한 분야 및 출신 국가, 성별 등 여러 가지 환경과 배경을 대표하는 20명의 전문가들이 개인 자격으로 참여하였다. 유엔은 2030년까지 지속가능한 발전(Sustainable Development Goals, SDGs) 달성을 위해 첨단 디지털 기술의 역할과 기여를 강조하고 있다. 2019년 6월, 고위급 패널은 글로벌 디지털 협력 증진을 골자로 하는 '디지털 상호의존의 시대(The Age of Digital Interdependence)'라는 보고서를 제출하였다. 이를 근거로 2020년 6월에는 '디지털 협력을 위한 로드맵'을 수립하였으며, 특히 유엔이 2030년까지 지속가능한 발전을 달성하기 위해 필요한 신기술 전략 등을 구체적으로 명시했다.[86] 2020년 디지털 협력 토론회에서는 "한 명의 낙오자 없는, 의미 있는 연결성을 이루기 위한 사람 중심 접근법(Leave No One Behind: A People-Centered Approach to Achieve Meaningful Connectivity)"의 공동성명서(Joint Statement)를 채택하였다.[87]

2021년 9월, 유엔 PKO의 '디지털 전환전략(Strategy for the Digital Transformation of UN Peacekeeping)'이 발표되었다. 이 전략은 효과적인 평화유지활동 임무수행 여건을 보장하기 위해 수립되었으며, 디지털 기술의 잠재력을

86 유엔, "디지털 협력을 위한 로드맵," 『유엔사무총장보고서』 (2020.6.), p. 4.

87 송태은, "최근 UN의 디지털 협력 주요 의제와 정책적 함의," 『IFANS FOCUS』IF 2021-08K(2021.5.), p. 2.

활용하여 위험은 완화하면서 평화유지군의 안전과 보안은 강화하는 동시에 평화유지활동의 지속가능한 발전에 기여하는 것을 목표로 한다.[88]

제2절 국제평화활동에 관한 분석틀

한국의 국제평화활동 개선전략 도출을 위한 사례연구는 주변국인 중국 및 일본과 한국군의 평화활동 추진현황을 고찰하였다. 중국은 유엔 상임이사국 중 가장 많은 병력을 파병하고 있으며, 국가 전략적 차원에서 국제평화활동 참여를 추진하고 있다. 이러한 적극적인 참여를 통해 국가 이미지를 제고하고 국제적 위상을 확립함과 동시에 자국의 이익도 추구하고 있는 중국의 사례를 분석하였다. 일본 사례에서는 헌법의 평화조항에 묶여 파병을 할 수 없었던 일본이 국제 안보환경 변화에 발맞춰 자위대 파병을 위해 관련 법을 제정하고 필요시 특별법을 제정하는 등 법적 제도화를 추진한 과정에 대해 중점적으로 분석하였다. 중국과 일본의 사례를 체계적으로 분석하기 위해 다차원 분석틀을 적용하였으며 제도적, 조직적, 기술적, 규범적 차원에서 주요 시사점을 도출하였다. 중국과 일본의 시사점을 바탕으로 한국군의 사례를 분석하여 주요 개선 방향을 도출하였다. SWOT 분석 및 계층

88 UN DPO · DSO · DMSPC, "Strategy for the Digital Transformation of UN Peacekeeping," (2021), p. 9.

적 분석기법(AHP)을 통해 다차원 개선전략을 도출하였다.

1. 사례연구

본 책에서는 한국군의 평화유지활동 개선전략을 도출하기 위해 국제평화활동을 국가전략의 일환으로 활용하여 적극적으로 참여하고 있는 중국의 사례와 관련 법률의 제·개정을 통해 국제평화활동의 참여 범위를 확대해 나가고 있는 일본의 사례를 비교·분석하였다. 이러한 연구수행을 위해 질적 연구방법 중 사례연구(Case Study) 기법을 적용하여 한국군의 국제평화활동 발전방향 및 개선전략을 도출하였다.

Stake(2005)는 사례연구를 방법론이 아닌, 시간과 장소에 의해 제한되고 경계지어진 체계 내의 사례이며, 연구대상의 선택이라고 설명하였다. 또한 연구 단위의 사례를 명확하게 하는 것이 중요하다고 강조했다.[89] Yin(2009, 2021)은 실험, 설문조사, 역사 등이 다른 방법론에는 포함되어야 하지만 사례연구는 이에 국한되지 않고 현재에 초점을 맞춰 실제 맥락 내에서 현재의 현상 및 환경을 연구하는 것이라 정의했다. 또한 다른 사회과학 연구방법과의 차이로 모든 방법에는 경계가 명확하지 않고 여러 면에서 중복되며 경계가 명확하지 않을 경우에는 실제 상황에서의 현상을 조사하는 것이라고 규정하였다. 또한 사례연구의 완전성을 위해 대안적 관점과 충분한 증거를 제시하는 것이 필

89 Robert E. Stake, "Qualitative case studies," in Norman K. Denzin & Yvonna. S. Lincoln (Eds.), *The Sage handbook of qualitative research, 3rd ed.,* (Thousand Oaks, CA: Sage Publications, 2005), pp. 443-466.

요하다는 점을 제시했다.[90] Merriam(2009)은 사례연구를 제한된 체계내에서의 단일 개체, 현상 등에 대한 심도있는 설명과 분석으로 정의하고 모든 연구에서와 마찬가지로 사례연구의 설계도 연구자가 알고자하는 것에 달려 있다고 설명하였다. 또한 특정 사례를 심도있게 파악할 수 있기 때문에 사례연구는 프로그램 평가, 정책제안 등에 특히 유용하다고 주장했다.[91] 한편 Gerring(2007)은 사례가 적고 집중적으로 연구할수록 사례 연구에 부합한 연구결과를 얻을 수 있다고 평가했다.[92] Flyvbjerg(2006)는 사례연구에 대한 5가지 오해를 다음과 같이 제시했다.[93] ① 일반적 · 이론적 지식은 구체적 · 실용적 지식보다 더 가치있다. ② 개별사례를 기준으로 일반화할 수 없으므로 사례연구는 과학적 발전에 기여할 수 없다. ③ 사례연구는 가설을 생성하는 첫 단계에는 유용하지만 가설검증 및 이론구축에는 적합하지 않다. ④ 사례연구 검증에 대한 선입견이 포함되어 있다. ⑤ 특정 사례연구를 통해 일반적인 명제와 이론을 개발하는 것은 어려운 일이다. 또한 Flyvbjerg는 사회과학은 좋은 사례연구를 통해 강화될 수 있다고 강조했다. 유기웅 등(2021)은 사례연구를 통해 발견한 주요 내용이 충분한 분석 및 서술을 동반한다면 비슷한 사례를 이해하는데 의미있는 시사점을 제

90 Robert K. Yin, *Case study research : design and methods 4th ed.,* (Thousand Oaks, CA: Sage Publications, 2009), p. 18.; Robert K. Yin, 신경식 · 송민채 · 신현섭 · 조수현 · 서이안 역, 『사례연구방법』 (서울: 한경사, 2021), pp. 41-73.

91 Sharan B. Merriam, *Qualitative Research: A Guide to Design and Implementation* (San Francisco: JosseyBass, 2009), pp. 40-51.

92 John Gerring, *Case Study Research: Principles and Practices* (New York: Cambridge University Press, 2007), p. 20.

93 Bent Flyvbjerg, "Five Misunderstandings About Case-Study Research," *Qualitative Inquiry* 12-2 (April 2006), pp. 219-221.

공해 줄 수 있다고 주장했다.[94]

길병옥(2012)은 군사학을 다양한 시각 및 이해를 바탕으로 이론적인 적용에서는 범학문적 · 문제지향적, 접근유형에 따라 가치기준은 규범 · 처방적, 기술 · 방법론적 측면에서는 종합적(synthetic)인 통섭(統攝)의 학문이라고 정의했다. 또한 다차원적 방법론을 추구한다는 점에서 정책결정 과정에서 많은 변수 및 사례의 고려가 요구된다고 평가했다. 특히 국제사회가 급변하고 있으므로 사회적이고 객관적인 분석틀보다 사례연구를 통한 문제해결, 정책제언 등이 활용될 수 있다고 강조했다.[95]

본 책에서는 중국과 일본 및 한국군의 국제평화활동 관련 참고문헌을 다양한 방식으로 수집하고 분석에 활용하였다. 사례연구를 통해 한반도의 핵심 주변국인 중국과 일본이 급변하는 글로벌 안보환경 속에서 전략적으로 국제평화활동에 참여하고 있는 접근방식을 고찰하였다. 특히 다차원 분석모형을 활용하여 중국과 일본이 추진하고 있는 국제평화활동을 체계적으로 분석하였고 제도적 · 조직적 · 기술적 · 규범적 차원에서 특정 사례의 역사적인 배경과 진행과정 등을 구체적으로 서술하였다. 이러한 사례연구를 위해 참고문헌은 국제평화활동 및 해외파병과 관련된 국내 · 외 박사학위 논문 및 학술지 논문(Journal Paper)을 수집하여 분석하였고, 최신 연구동향 및 관련 이슈 등을 확인하기 위해 각종 학술대회 발표자료(Conference Paper), 연구보고서,

94 유기웅,정종원,김영석,김한별,『질적 연구방법의 이해』(서울: 박영스토리, 2021). p. 56.

95 길병옥, "군사학(軍事學): 통섭(統攝)의 학문체계와 정상과학(正常科學)에 관한 논고,"『군사연구』 제133집(2012), pp. 258-261.

정책보고서 등을 추가적으로 활용하였다. 외국군 사례연구시 관련 기관의 공식 웹사이트를 검색하여 각종 지침(서), 발간물, 신문 등 다양한 참고자료를 수집하여 활용하였다. 유엔과 관련한 내용은 주로 유엔이 개설한 공식 인터넷 웹사이트에서 총회 및 안보리 결의안, 보고서 등을 수집하였다.

2. 다차원 분석모형

본 책에서는 Cooper, Fusarelli, & Randall(2004)이 교육정책에 대한 문제를 다양한 관점에서 효율적으로 이해하기 위해 제시한 다차원 정책분석 모형을 사용하여 한국의 PKO 발전방안을 다양한 관점에서 분석하고자 한다. Cooper 등이 제시한 네 가지 차원의 분석틀은 규범적 차원(Normative dimension), 구조적 차원(Structural dimension), 구성적 차원(Constituentive dimension), 기술적 차원(Technical dimension)이다.[96] Cooper 등이 제시한 다차원 분석틀은 교육정책 분석을 위한 것으로 한국군의 평화유지활동 정책과 관련된 체계적 분석을 위해 다음과 같이 분석의 범위를 적용했다. 먼저 제도적 차원은 국제평화활동의 법적 · 제도적 틀로서 해외파병 관련 법률안 제정, 파트너십 강화 등을 분석했다. 조직적 차원은 국제평화활동의 수행주체와 시스템에 중점을 두고 상비부대 편성 강화, 다기능 부대 편성 등을 분석하였다. 또한 기술적 차원

96 B. S. Cooper, L. D. Fusarelli & E. V. Randall, *Better policies, better schools: Theories and applications* (Boston: Pearson, 2004).; 정훈, "Cooper 등의 교육정책분석 이론 및 모형에 관한 연구," 『국가정책연구』 제24권 4호 (2010.12.), pp. 157-159.에서 재인용.

은 유엔과 기술협력 및 전문 의료지원 강화 등에 중점을 두었고, 규범적 차원에서는 해외파병부대의 생존성 강화 · 여성의 PKO 참여 확대 등을 분석하였다. 4장 사례연구에서는 Cooper 등이 제시한 다차원 정책모형의 제도적, 조직적 차원 및 기술적, 규범적 차원을 조합하여 국내 · 외 국제평화활동 사례를 분석하였다. 정책분석모형은 각각의 모형들이 배타적인 것이 아니라 상호보완적으로 작용하는 것이다. 유엔 평화유지 임무단의 작전지역이 아프리카와 같은 열악한 환경이고 지역분쟁에 따른 위험성이 상존하고 있기 때문에 국제평화활동의 발전 방안을 도출하기 위해서는 상호보완적인 분석틀을 활용할 필요성이 있다.

<표 2-10> 다차원 사례연구의 주요 내용

구분		주요내용
제도적 차원	적용분야	· 해외파병의 법적 기반 및 근거 · 국제평화활동의 실효성 보장
	분석사례	· 관련 법률안 제정, 유엔 패러다임에 적합한 파병전략 수립, 파트너십 강화, 전문인력 참여 확대
조직적 차원	적용분야	· 해외파병 부대의 구조 및 편성 · 평화유지군 임무수행 능력 보장
	분석사례	· 상비부대편성강화, 다기능부대, 교육훈련, 지속지원 능력 강화
기술적 차원	적용분야	· 국제평화활동과 기술분야의 연계성 강화 · 유엔 디지털 전환전략 구현
	분석사례	· 유엔과의 기술협력, 첨단 군수품 공여, 디지털 협력, 전문 의료기술 지원
규범적 차원	적용분야	· 국제평화활동의 책임성 강화 · 유엔 평화유지구상(A4P)의 가치 구현
	분석사례	· 파병부대 생존성, 여성의 PKO 참여, 전략적 소통, · 민간인 보호

3. SWOT 분석 및 계층적 분석기법(AHP)

가. SWOT 분석

SWOT (Strengths, Weaknesses, Opportunities and Threats) 분석은 조직이 도전과제를 극복하고 비즈니스 결정을 내리는 과정에서 내부적인 강 · 약점, 대외적인 기회 · 위협의 모든 요소를 분석하고 전략적 대안을 도출하는 방법론이다.

SWOT(강점-약점-기회-위협)분석은 4가지 유형의 전략을 개발하는 데 도움이 되는 중요한 매칭인 SO(강점-기회) 전략, WO(약점-기회) 전략, ST(강점-위협) 전략 및 WT(약점-위협) 전략으로 구성된다. SO 전략은 외부 기회 활용을 위해 내부 강점을 사용하고, SO 전략을 적용할 수 있는 상황에 도달하기 위해 WO, ST 또는 WT 전략을 추구한다. WO 전략은 외부의 이점을 활용하여 내부의 약점을 개선하는 것을 목표로 하며, ST 전략은 외부 위협의 영향을 피하거나 줄이기 위해 회사의 강점을 사용한다. WT 전략은 내부 약점을 줄이고 외부 위협을 피하기 위한 일종의 방어전술이다.[97]

SWOT 분석의 장점은 내 · 외부환경의 변화를 한 번에 파악할 수 있으며 내부환경을 분석하여 강점과 약점을 찾아내고, 외부환경 분석을 통해 기회와 위협요인을 찾아내는 것이다. 외부로부터의 기회는 최대한 이용하고 위협은 회피하되, 강점은 최대한 활용하며 약점은 보완한다는 논리에 기초를 두고 있으며 방법론적으로 간결하며 응용범위

97 Fred R. David, *Strategic Management: CONCEPTS AND CASES 13th ed.*, (Upper Saddle River, NJ: Pearson, 2011), pp. 178-179.

가 넓다.[98] 또한 최종상태 및 목표를 정의하는 것으로 시작하며 전략계획모델에 사용될 수 있어 많은 연구의 분석방법으로 쓰인다.[99] 따라서 본 연구는 한국군의 국제평화활동 개선소요를 식별하고 개선전략을 도출하는 것이 목적이기 때문에 SWOT 분석이 적합한 방법이라고 판단된다.

나. 계층적 분석기법(AHP)

1970년대 펜실베니아 주립대 사티(Thomas L. Saaty) 교수에 의해 고안된 계층적 분석기법(Analytical Hierarchy Process, 이하 AHP)은 미국 국무부의 의사결정에 대한 비능률성의 개선을 위해 개발된 의사결정방법론이다.[100] 다양한 평가요인이 존재하는 복잡한 의사 결정 과정에서 여러 항목 간의 우선순위를 도출하여 문제를 구조적으로 접근한다. AHP 기법은 정성적 · 정량적 요소 및 객관적 · 주관적 요소를 평가하고 측정함으로써 여러 대안들의 상대적 중요도와 가중치 및 우선순위를 도출할 수 있다. 일반적으로 계층적 분석기법은 먼저 의사 결정 요소들 계층화 구조로 모델링하고 요소들 간 쌍대비교를 통해 상대적 중요도 산출한 후 최적의 대안을 선정하는 3단계로 진행된다.[101]

계층화구조의 요소별 쌍대비교행렬은 A = (aij)(i, j=1,2,3...N)와 같이 구

98 KDI 경제정보센터 시사용어사전, "SWOT," https://eiec.kdi.re.kr/material/wordDic.do?stype=all&skey=SWOT%EB%B6%84%EC%84%9D (검색일: 2022.9.15.)

99 Kim Moniz, *Principles and Techniques of Marketing Management* (New York: College Publishing House, 2016), pp. 37-38.

100 Thomas L. Saaty, "A scaling method for priorities in hierarchical structures," *Journal of Mathematical Psychology,* Vol. 15, No. 3 (1977), pp. 234-281.

101 최원상 · 신진, "정부 비상대비정책 우선순위 도출에 관한 연구," 『융합보안논문지』 제20권 제3호 (2020), p. 94.

성된다. aij는 I에 대한 j의 상대적 중요도를 나타낸다. Saaty가 제안한 9점 척도를 이용하여 중요도를 평가하며 9점을 가장 높은 수치로 하고 1점은 가장 낮은 수치로 하였다.[102] 쌍대비교행렬의 평가값을 구한 후 각 열의 평균으로 해당열의 값을 나누고 정규화시키게 되면 각 행의 평균이 각 구성요소의 가중치가 된다.[103] 계층적 분석기법은 의사결정 요소들의 쌍대비교(Pair-wise comparison)를 통한 상대적 중요도를 산출하여 최선의 대안을 선정하는 것이다. 쌍대비교는 두 항목을 선택하여 우선순위를 도출하는 중간단계이다.[104]

<표 2-11> AHP 기법의 일관성비율

구 분	개념 및 산출식
일관성비율 (CR)	· 산출식 : $CR=\frac{CI}{RI}$ ($CI=\frac{\lambda_{max}-n}{n-1}$, n은 요소수, λ_{max}는 최대고유치) · 임의지수(RI)는 행렬의 크기, 즉 구성요소의 개수에 따라 0.58~1.49 값을 가짐

* 출처: 이강경 · 김금률 · 윤상돈 · 설현주, "무기체계 운용시험평가 개선전략 도출 및 우선순위 결정,"『융합보안논문지』제21권 제1호(2021), p. 179.

계층적 분석기법 적용시 유의해야 할 사항은 전문가 집단의 설문조사간 응답의 일관성을 확보하는 것으로 AHP 분석기법에서 일관성의 문제는 신뢰성과 직결되는 사안으로 개별 응답자의 판단상의 오차

102 Thomas L. Saaty, *The Analytic Hierarchy Process: Planning, Priority Setting, Resource Allocation* (New York: McGraw-Hill, 1980), pp. 14-20.

103 한승조 · 박준형, "전술적 고려요소(METT+TC)의 세분화 및 우선순위 결정에 관한 연구," 『디지털융합학회지』 제14권 제10호(2016), p. 175.

104 Thomas L. Saaty, "That is not the analytic hierarchy process: what the AHP is and what it is not," *Journal of Multi-Criteria Decision Analysis* 6 (1997), p. 325.

를 측정한 일관성비율(Consistency Ratio, CR)을 활용한다.[105] Saaty는 쌍대비교 행렬에서 일관성 비율이 10% 이하시 합리적인 일관성을 확보하며, 20%까지는 허용할 수 있으나 20% 이상일 경우에는 일관성이 없는 것으로 판단하여 쌍대비교 행렬의 수정이 필요하다고 제안했다.[106]

SWOT-AHP 분석기법[107]은 AHP의 장점인 질적·양적 속성을 모두 측정하게 만드는 정량적 가치 도출 방법에 부가하여, SWOT 분석이 갖는 정량적 속성의 부족함, 부정확성의 한계를 극복하고 유용성을 향상하기 위해 Kurttila 등(2000)이 도입한 방법이다. 이 방법은 먼저 SWOT 분석을 통해 각 SWOT 그룹 내 SWOT 요인 간의 쌍대비교를 실시하고, 4개의 SWOT 그룹 간의 쌍대비교 후, AHP 상대적 중요도 및 우선순위 도출 결과로부터 전략을 수립하는 단계로 진행된다.

SWOT 분석이 관련 요인들을 확인할 수 있다면, AHP 분석을 통해 상대적 중요도를 판단하고 우선 순위를 도출할 수 있기 때문에 두 가지 분석 기법을 활용하여 분석하였다. 따라서 본 책에서는 한국에 적합한 국제평화활동 발전전략 도출을 위해 SWOT-AHP 분석기법을 적용했다. 국제평화활동 추진동향에 대한 중국과 일본, 한국의 사례연구에서 개선소요를 식별하였고 SWOT 분석을 통해 제도적, 조직적, 기술적, 규범적 차원에서의 개선전략을 도출하였다. 마지막으로 계층적 분석기법(AHP)를 통해 상대적 중요도 및 우선순위를 선정하였다.

---

105 권오정, 『다기준 의사결정 방법론: 이론과 실제』 (서울: 북스힐, 2018), pp. 245-246.

106 이강경 · 김금률 · 윤상돈 · 설현주(2021), 전게 논문, p. 179.

107 Kurttila, M., Pesonen, M., Kanga, J. and Kajanus, M., "Utilizing the analytic hierarchy process (AHP) in SWOT analysis: a hybrid method and its application to a forest-certification case," *Forecast Policyand Economics* vol.1 (2000), pp. 44-45.

03

한 · 중 · 일 3국의 국제평화활동 현황

03 한 · 중 · 일 3국의 국제평화활동 현황

제1절 주변국의 국제평화활동 추진동향

본 절에서는 주변국 중국과 일본의 국제평화활동 사례를 통해 개선소요 및 시사점을 도출하였다. 중국과 일본은 1992년 유엔 캄보디아 과도기구(United Nations Transitional Authority in Cambodia, UNTAC)에 공병부대 파병을 시작으로 유엔 평화유지활동에 적극 참여했다. 중국은 지난 30년 동안 평화유지활동 참여를 적극적으로 추진하여 5개 상임이사국 중 가장 많은 병력파견을 하고 있으며 현재 세계 10위의 기여국가이다. 일본은 2017년 남수단 평화유지군 철수 후 부대 파병은 없으나 미국과 중국에 이어 3번째 재정 기여국이며, 유엔 삼각협력 프로젝트 등을 통해 국제평화활동에 적극 참여하고 있다.

<그림 3-1> 2020-21년 유엔 평화유지활동 재정 기여 상위 국가

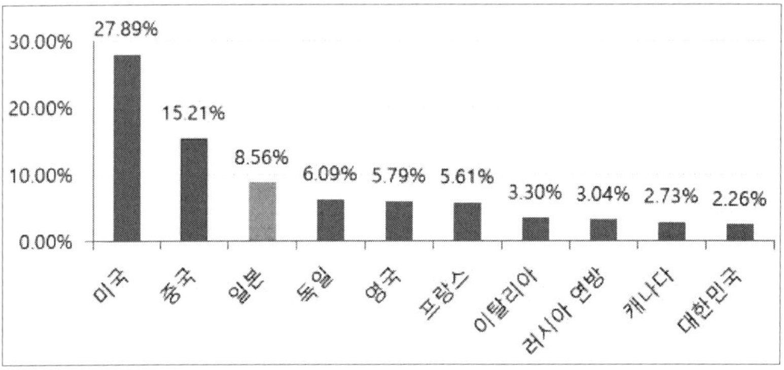

* 출처: UN Peacekeeping,"HOW WE ARE FUNDED,"https://peacekeeping.un.org/en/how-we-are-funded 내용을 직접 편집

유엔 평화유지군이 활동하는 지역은 다양하고 복잡한 분쟁상황으로 인해 정전감시 등 전통적인 임무 외에도 강력한 치안활동 및 군사작전에 개입해야 하고 안정화 작전, 민간인 보호 등 보다 포괄적인 형태로 제시되는 위임명령을 수행해야 한다. 평화유지활동 작전환경의 변화로 인해 유엔은 지속적으로 개혁을 추진하고 있다. 이러한 변화에 발맞춰 중국의 시진핑(習近平) 주석은 2015년 유엔창립 70주년 기념식에서 유엔 평화유지활동 지원을 위한 상비부대 8,000명 창설 등 6대 공약을 발표하고 시행에 들어갔다. 1990년 평화유지활동에 첫 발을 내디딘 이후 중국은 5만 명 이상의 병력을 약 30개 임무단에 파견하였고 현재도 평화유지 8개 임무단에 병력 2천여 명 이상을 파병하

고 있다.

한편 일본은 헌법에 의해 자위대의 파병이 엄격한 제한을 받아 왔으나 1992년 국제평화협력법 제정을 계기로 평화유지활동에 적극적으로 참여하기 시작했다. 일본은 자위대의 해외파병을 위해 세 차례에 걸쳐 국제평화협력법을 개정하였으며 그 외 한시법 등을 제정하는 등 법과 제도의 정비를 통해 국제평화활동에 적극 참여해 왔다. 일본은 2017년 파병부대의 철수 전까지 1만 명 이상의 평화유지군을 파견하였다. 남수단 내전시 평화유지군에 대한 위험이 크게 증가하고 한빛부대 탄약지원 논란으로 자위대의 무기사용에 대한 야당의 반발 및 여론이 악화되자 2017년 남수단에서 철수하였다. 이후 일본의 부대파병은 없으나 개인파견 및 삼각협력을 통해 참여하고 있으며, 특히 유엔의 파트너십 구축의 일환인 삼각협력에 공병, 의무부대 등이 다방면에서 참여하고 있다.

한 · 중 · 일 3국은 비슷한 시기에 유엔 평화유지활동을 시작하였으나 중국은 국가차원의 적극적인 참여 정책을 통해 강대국으로서 위상을 강화하고 있다. 동시에 책임있는 대국의 모습으로 국가이미지를 제고하며 유엔에서의 입지를 강화하고 있다. 제2차 세계대전 패전 후 해외파병을 금지했던 일본은 1992년 국제평화협력법 제정을 통해 평화유지활동에 적극적으로 참여하여 패전국의 이미지를 평화적 이미지로 탈바꿈했으며, 국제적 영향력 향상과 더불어 중국과 마찬가지로 유엔에서의 입지를 강화하고자 노력하였다. 평화유지활동 지역이 점점 더 복잡하고 위험한 상황에 놓이게 되면서 무력사용 문제, 국가주권 침해 등의 여러 가지 우려에도 불구하고 중국의 지속적인 참여가

예상되며 일본의 경우 재참여 가능성은 있으나 국내법의 제·개정이 필요하다.[1]

한국도 1993년 첫 파병 이후 30년 동안 계속 전개되고 있으나 첫 파병 때와 크게 다르지 않은 모습을 유지하고 있다. 이제는 유엔이 추진하고 있는 패러다임 변화에 부합하는 방향으로 정책적 전환이 필요한 시점이다. 따라서 본 책에서는 유엔의 개혁에 발맞춰 국가전략으로 평화유지활동에 참여하며 국익을 추구하고 있는 중국의 사례와 법·제도적 정비, 파트너십 강화를 추진하고 있는 일본의 사례를 고찰하여 한국군의 개선소요를 제시하고자 한다.

1. 중국의 국제평화활동 현황

가. 중국의 국제평화활동 참여 과정

중국은 1971년 10월 25일 개최된 유엔 총회에서 찬성 76표, 반대 35표, 기권 17표로 결의안 제2758호가 통과되면서 중화민국(中華民國)을 대신하여 하나의 중국을 대표하는 국가로 유엔에 공식 가입했다. 유엔 가입 이전까지 중국은 유엔이 주도하는 평화유지활동에 반대하는 입장을 고수하였다. 1971년 중국이 유엔에 가입하고 정식 국가로 인정받은 이후 1986년 유엔의 특별초청으로 유엔 휴전감독기구(UNTSO)[2]

---

1 THE DIPLOMAT,"China, Japan, and the Future of UN Peacekeeping"(21 July 2017), https://thediplomat.com/2017/07/china-japan-and-the-future-of-un-peacekeeping/

2 UN, "UNTSO FACT SHEET," https://peacekeeping.un.org/en/mission/untso 1948년 5월 팔레스타인 지역의 정전감시를 위해 설립된 유엔휴전감독기구(UNTSO)는 UN이 설립한 최초의 평화유지활동이었다. 그 이후로 UNTSO 군사 참관인은 휴전 감시, 정전협정 감독 등의 임무를 수행하고 예루살렘에 위치하고 있다. 2022년 6월 기준 민간요원 등 377명이 임무수행 중이며 UNIFIL 등 이 지역

에 3명을 파견한 것이 유엔 평화유지활동의 시작이었다.

중국군의 평화유지활동 참여과정을 살펴보면 다음과 같다.[3] 1988년 중국은 공식적으로 34번째 회원으로 유엔 평화유지활동 특별위원회에 가입하였으며 1990년 4월, 5명의 군사 참관인을 유엔 평화유지활동 중동 휴전감독을 위해 파견하면서 중국 인민해방군(People's Liberation Army, PLA)의 유엔 평화유지군 활동 참여의 장을 열게 되었다.[4] 1992년 4월에는 400명의 공병대를 캄보디아에 파견하였고, 이러한 중국군의 평화유지활동 관련 업무를 조정 및 관리하기 위해 2001년 12월 국방부 산하에 평화유지사무국을 설립하였다. 2002년 2월, 중국은 1단계 유엔 상비군체제(UN Standby Arrangement System, UNSAS)에 공식 등록하여 유엔 평화유지활동 지원체제를 구축했다. 군대와 관련한 평화유지활동은 중앙군사위원회의 통합된 지휘체계 아래에서 사령부는 기획을 담당하고 군구와 군부는 구체적인 책임을 진다. 공안부는 평화유지경찰의 업무를 책임지고 있으며, 외교부는 전반적인 PKO 전략을 추진하고 국방부[5]와 공안부가 군과 민간의 관리와 조정을 담당한다.

중국의 유엔 평화유지군 참여정책은 다음과 같이 완전한 반대에서

의 다른 UN 평화유지활동 지원을 위해 중동에 남아있다.

3 中國人民共和國國務院新聞辦公室,『中國軍隊參加聯合國維和行動30年』(北京: 人民出版社, 2020年 9月), pp. 31-36.

4 尙昌儀 ,『中國軍隊与I聯合國維和行動』(北京: 五洲轉播出版社, 2016年), pp. 1-2.

5 외교부,『2020 중국개황』(서울: 외교부, 2021), p. 157. 중국의 국방부는 국무원 예하 조직으로 국방외교 등 대외 국방업무를 담당하고 있다. 1954년 9월 중국 제1기 전인대에서 국무원 산하의 국방관련 업무 담당 기구로 발족하였으나 1971년 9월 13일 제2대 국방부장인 린뱌오(林彪)의 쿠데타 미수 사건 이후 실제 국방업무는 중앙군사위 및 예하 직능부문으로 전환되었으며 국방부는 대외 국방외교 업무를 주로 처리하고 있다. 현재 국제군사합작판공실 편성, 국방외교 업무 및 대외홍보 업무를 수행하고 있으며, 중앙군사위원회 예하 국제군사합작판공실과 실질적으로 동일한 단일 조직(一個部門,兩個牌子)이다.

적극적 참여의 5가지 발전단계로 추진되었다.[6] 첫째, 중국의 유엔 가입 전인 1971년 이전의 시기로 완강한 보수적인 입장을 취하는 단계이다. 중화인민공화국 건국으로부터 유엔 가입 전까지 중국은 이념적인 이유로 미국이 주도하는 서구 열강에 적대적이었으며 유엔 평화유지활동을 완강히 반대하였다. 평화유지활동은 혜택을 받고 있는 국가의 주권을 침해하고 분쟁을 근본적으로 해결할 수 없으며 단지 완충적인 역할에 머물 수 밖에 없다고 여겼다. 둘째, 1971년부터 1980년까지의 시기로 미 · 중 관계가 점차 회복되면서 이 시기 중국은 안보리 회의에 불참하여 기권하는 방식으로 소극적인 반대 입장을 취하였다.[7] 셋째, 1981년부터 1987년까지의 시기로 중국은 유엔 평화활동에 대해 새로운 인식을 갖기 시작하였다. 특히 1979년 1월, 미국과의 공식 수교로 인해 중국의 국제적 지위가 향상되면서 1982년 중국공산당 제12차 전국대표회의에서 자주적인 평화외교정책(獨立自主的和平外交政策)이 제안되어 중국은 글로벌 다자기구인 유엔과의 관계를 협력적으로 전환하고 유엔 평화유지활동과 관련된 정책을 조정하게 되었다. 넷째, 1988년에서 1998년까지의 시기로 중간 수준의 참여단계로 볼 수 있다. 1988년 11월, 중국은 유엔 평화유지활동 특별위원회에 가입하였고, 2년 후 UNTSO에 5명의 군사 참관인을 파견하였다. 당시 유엔은 냉전 종식 후 유엔 평화유지활동의 첫 번째 전환점을 맞이하고 있었으며, 총 36개의 새로운 평화유지활동을 개시하였고 그중 일

---

6 楊中秋, 『藍盔戰士:中國首次派軍參加聯合國維和行動』 (北京: 藍天出版社, 2016), p. 6.

7 ISDP(Institute for Security and Development Policy), "China's Role in UN Peacekeeping" (March 2018), p. 2. https://www.isdp.eu/publication/chinas-role-un-peacekeeping/

부는 대규모의 다차원 유엔 평화유지군 활동이었다. 중국은 1992년~1993년 2차례에 걸쳐 캄보디아 유엔 과도행정국(United Nations Transitional Authority in Cambodia, 이하 UNTAC)[8]에 공병 800명을 파견하였고, 437명의 군사 참관인을 5개 유엔 평화유지군에 파견하였다. UNTAC는 유엔이 캄보디아 정부 회복 관련 국방, 외교, 재정 등 모든 방면의 임무와 무장세력의 무장 해제, 난민 귀환 등의 임무를 동시에 수행한 첫 번째 사례로 유엔 평화유지 역사의 새로운 장을 열었다고 평가받았다. 45개국에서 15,900여 명의 군인과 3,400여 명의 경찰, 2,000여 명의 민간인, 450여 명의 유엔 자원봉사자들이 참여한 대규모 임무단이었다. 특히 캄보디아 임무단 참여는 중국이 처음으로 정치적 이해 관계가 있는 나라에 파병한 사례였다. 중국의 공병부대는 UNTAC 공병부대의 약 20%를 차지하였으며 도로정비, 부지런하고 친절한 모습 등으로 캄보디아 현지인들에게 좋은 평판을 얻었다.[9] 또한 1995년 중국 외교부장은 제50회 유엔 총회에 참석하여 평화유지활동에 지지를 표명하고 1997년 5월 유엔 상비군체제 참가에 동의하였다. 그러나 이 시기는 1989년 천안문사태로 빚어진 중국에 대한 부정적 이미지를 개선하고 국제적인 고립에서 벗어남과 동시에 군의 현대화를 위한 차원에서 유엔 평화유지활동에 적극적으로 참여한 것으로 평가되고 있다.[10] 다섯

---

8 20여 년 동안 수백 만 명의 사상자를 낸 캄보디아 내전 종식을 위해 1992년 2월 유엔 안전보장이사회는 유엔캄보디아 과도행정기구(UNTAC) 설립을 승인하였다. 같은 해 3월 15일 아카시 야스시(Akashi Yasushi) UNTAC 사무총장 특별대표와 존 샌더슨(John Sanderson) 군사령관이 수도 프놈펜에 도착하면서 캄보디아 평화유지활동이 공식 개시되었다. 1993년 9월 24일 임무 종료시까지 100여 개국에서 약 21,000명 이상이 파견되어 임무를 수행했다.

9 Christoph Zürcher, "30 Years of Chinese Peacekeeping," *CIPS(Centre for International Policy Studies) report* (January 2019), pp. 22-23.

10 유동원, "중국의 유엔평화유지활동 정책: 배경, 특징과 제약요인," 『중국연구』 제43권(2008), pp. 593-594.

째, 1999년 이후 현재까지의 시기로 적극적인 참여 단계이다.

2009년 9월, 장쩌민(江澤民) 중국 주석은 유엔의 새천년 정상회의 연설에서 유엔에 대한 중국의 역할 확대를 시사했다.[11] 2001년 12월 국방부에 평화유지사무국을 신설했으며 2002년 유엔 상비체제에 가입하여 90일 이내 파견지역에 배치할 수 있는 공병대대, 수송중대 등을 지정했다. 이후 중국은 평화유지군에 적극적으로 파견하였으며 2010년 2월 파병인력은 2,137명으로 급격한 증가를 보였고, 군사 참관인을 비롯하여 경찰, 진압군, 공병대, 수송대, 지뢰제거반, 의료진 등 다기능 부대를 파병하기 시작했다. 중국은 유엔 제6장에서 승인한 전통적인 평화유지 및 평화구축과 함께 다차원적 평화유지활동에 참여했으며, 이러한 작전에 참여하는 인원은 무장을 하고 임무에 따라 무력을 사용할 수 있었다. 유엔 아이티 안정화임무단(MINUSTAH)[12]의 중국 평화유지 경찰진압팀은 상황에 따라 무력을 사용하여 아이티 경찰을 지원하였다. 중국은 평화유지군에 많은 인원을 파견하면서 평화유지군 기금에도 적극적으로 동참하였으며 적극적으로 평화유지군 훈련시설을 건설하였다.[13]

11 CCTV, "江澤民在聯合國千年首腦會議上發表講話(全文)"(2000年9月6日), http://ent.cctv.com/news/special/zt1/qingnian/61.html

12 UN Peacekeeing, "MINUSTAH FACT SHEET,"https://peacekeeping.un.org/en/mission/minustah 유엔 아이티 안정화 임무단(MINUSTAH)은 2004년 6월 1일 안보리 결의안 제1542호에 의거 설립되었으며, 유엔임무단은 2004년 2월 베르트랑 아리스티드 대통령이 아이티 전역의 여러 도시에 퍼진 무력충돌의 여파로 망명을 위해 아이티를 떠난 후 안전보장이사회가 승인한 다국적 임시군(MIF)을 계승했다. 2010년 1월 12일 아이티 정부의 발표에 따르면 96명의 유엔 평화 유지군을 포함하여 220,000명 이상의 사망자를 낸 지진으로 이미 불안정한 국가 경제와 기반 시설에 심각한 타격을 받았고, 안전보장이사회는 2010년 1월 19일 결의 1908을 통해 MINUSTAH의 전체 전력 수준을 증가시켜 국가의 즉각적인 복구, 재건 및 안정 노력을 지원하라는 사무총장의 권고를 승인했다. 2017년 4월, 안보리는 결의안 2350호를 통해 MINUSTAH의 임무를 2017년 10월 15일 부로 종료하였다.

13 何銀 ,『大國崛起与國際和: 平聯合國維和建和研究文集』(北京: 時事出版社, 2018), pp. 3-7.

최근까지 중국은 유엔 평화유지활동에 지속적으로 기여하고 있으며 관련 지원을 강화하고 있다. 1990년 캄보디아에 최초로 부대를 파병한 이후 약 30여 개에 달하는 유엔 평화유지군 임무에 5만 명 이상의 평화유지군을 파견하였다. 현재 중국의 평화유지군 파견 수는 세계 10위로 5개 상임이사국 중 가장 많은 수의 평화유지군을 파견하고 있다.

2021년 7월 1일부터 2022년 6월 30일까지 회계연도에 승인된 유엔 평화유지군 활동 예산은 63억 8,000만 달러이며 중국은 유엔 평화유지 활동에 미국에 이어 두 번째로 많은 자금을 지원하고 있다. 2021년 12월 24일 2022년~2024년 유엔 정규예산 및 평화유지활동 분담률 확정[14] 비율에 따르면, 중국은 2019~2021년 12%에서 15.25%로 3.25% 상승하였다. 이는 2002년 1.55%에 비해 20년 만에 약 9.9배 상승한 것이며 분담률 순위도 13위에서 2위로 11위 상승하였고, 2019년부터 미국에 이어 2위를 계속해서 유지하고 있다.

14 분담률은 3년마다 재검토되고 있으며 2022년 분담률 순위는 미국(22%), 중국(15.254%), 일본(8.033%), 독일(6.111%), 영국(4.375%), 프랑스(4.318%), 이탈리아(3.189%), 캐나다(2.628%) 순이며 한국(2.574%)이 9위, 10위는 스페인(2.134%)이다.

<그림 3-2> 2002-2022년 중국 유엔 정규예산 및 평화유지활동 분담률 현황

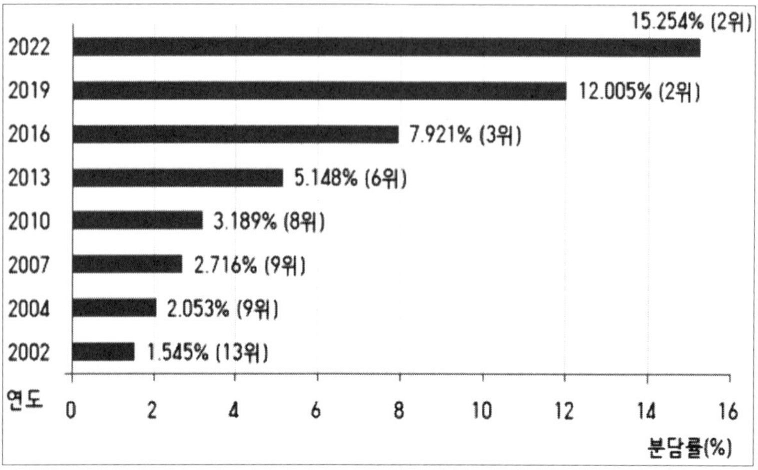

* 출처: UN Peacekeeping, "HOW WE ARE FUNDED," https://peacekeeping.un.org/en/how-we-are-funded; UN,"Approving $3.12 Billion Programme Budget, General Assembly Adopts 26 Resolutions, 2 Decisions, as Main Part of Seventy-Sixth Session Concludes,"https://press.un.org/en/2021/ga12398.doc.htm 내용을 직접 편집

2005년 9월, 유엔 창립 60주년 기념 정상회의에서 후진타오(胡錦濤) 주석은 '지속적 평화와 공동 번영의 조화로운 세계 건설을 위한 노력(努力建設持久和平 共同繁榮的和諧世界)'이라는 주제로 연설하였다. 후주석은 "유엔은 지속적인 평화와 보편적 안보를 달성하기 위한 공동체로 평화적 수단으로 분쟁을 해결하고 지역 및 세계 안보를 공동으로 수호하기 위해 효과적인 집단 조치를 취하는 것이 유엔의 설립 의도"라고 강조했다.[15] 10년 후 2015년 9월, 시진핑(習近平) 주석은 제70차 유엔 총회에서 '협력과 상생의 새로운 파트너십을 구축하고 한마음으로 인

15 中國人民共和國外交部, "胡錦濤在聯合國成立60周年首腦會議上的講話," (2005年9月15日), https://www.fmprc.gov.cn/chn/pds/ziliao/zyjh/t212365.htm,

류 운명공동체 건설(攜手構建合作共贏新夥伴 同心打造人類命運共同體)'이라는 주제로 연설하고 "평화, 발전, 공평, 정의, 민주, 자유는 전 인류의 공동가치이며 유엔의 숭고한 목표"라고 강조했다.[16] 또한 시진핑주석은 유엔 평화유지 활동 지원을 위한 상비부대 창설 등 6대 공약을 발표했다.[17] 시진핑 주석의 공약 실천을 위해 2017년 유엔의 요청에 3개월 이내에 파병할 수 있는 300명 규모의 평화유지 상비 경찰부대를 포함하여 8,000여 명 규모의 상비부대를 유엔에 등록 완료했다. 상비부대는 보병, 공병, 의료, 경비, 헬리콥터, 드론 등 관련 28개 대대로 이루어져 있다. 2018년 13개 대대는 유엔이 주관하는 검사 및 평가를 통과하여 2단계 대기대로 승격하였고, 2020년 6대대가 2단계에서 3단계 대기대로 승격하였다. 평화유지활동 참여국의 훈련 수준을 높이고 복잡한 환경에 대처하는 능력 향상을 위해 평화유지군 교관, 여성 평화유지군 장교 등을 양성했다. 약 20회에 걸쳐 60여 국가의 평화유지 인력 1,500여 명을 교육하였다. 아프리카연합(AU)에 1억 달러의 무상 군사원조를 제공하여 아프리카연합 상비군과 위기 신속대응부대 창설을 지원했다. 수단 다르푸르 임무단에 140명으로 구성된 최초의 평화유지군 헬기부대를 파견하여 수색 및 구조대피, 병력 수송 등에 중요한 지원을 하였다. 유엔 평화유지활동 지원을 위한 '중국-유엔 평화개발기금'을 설립하여 2019년까지 3,362만 달러의 기금을 집행했다. 이를 통해 평화안보 분야에서 총 52건의 프로젝트를 수행했으며, 그중 23

16 新華网, "習近平在聯合國發展峰會上的講話," (2015年9月27日), http://www.xinhuanet.com/world/2015-09/27/c_1116687809.htm

17 新華网, "習近平在第七十屆聯合國大會一般性辯論時的講話," (2015年9月29日), http://www.xinhuanet.com/world/2015-09/29/c_1116703645.htm

개 과제는 유엔 평화유지활동 지원과 관련되어 약 1,038만 달러를 사용했다.[18] 2018년 유엔은 평화유지를 위한 중국의 적극적이고 중요한 기여에 감사하기 위해 유엔 홈페이지에 특별 동영상과 사진을 공개하기도 했다.

중국이 이처럼 유엔 평화유지군에 적극적으로 참여하는 동기는 다음과 같다.[19] 첫째, 유엔의 평화유지활동에 적극적으로 참여하여 국제 평화활동을 지원하는 것이 중국의 평화적 성장을 위해 안정적인 환경을 조성하고, 평화유지군으로 국제적으로 위상을 높여 책임 있는 대국으로서의 이미지를 조성을 위한 기회 활용이다. 둘째, 1989년 천안문 사태 이후 국제적 고립에서 벗어나기 위해 다자주의인 유엔의 집단안보체제 강화에 관심을 가지고 유엔 평화유지활동에 대한 기여를 확대한 것이다. 주로 개발도상국에서 이루어지는 평화유지활동을 통해 중국의 이미지를 개선하고, 제국주의 유산이 없는 책임감 있는 평화유지군으로 인식되어 개발도상국들 사이에서 중국에 대한 지지를 확보함과 동시에 유엔에서의 중국의 영향력을 강화하려는 목적이었다. 셋째, 평화유지군에 참여함으로써 중국군은 연합작전 등에 참여하여 새로운 교리와 무기체계를 시험 평가할 수 있어 군의 현대화를 앞당길 수 있는 길이었다. 넷째, 중국의 평화유지군 80%가 아프리카에서 임무수행 중에 있다. 아프리카의 평화와 안정은 중국의 투자를 보호하고 무역을 촉진하며 중국인들 보호할 수 있기 때문에 평화유지활동 참여는 궁극적으로 중국의 국익에 도움이 되는 전략이었다. 그

18 中國人民共和國國務院新聞辦公室(2020), op. cit., pp. 16-19.

19 Christoph Zürcher(January 2019), op. cit., pp. 5-6.

리하여 중국은 지난 10년 동안 미국을 제치고 아프리카의 가장 큰 투자자로 부상했으며, 한 해 평균 18,000여 개의 일자리를 창출했다는 점이 그 증거라고 할 수 있다.[20]

Swiss-African Business Circle의 보고서에 따르면, 중국은 지난 10년 동안 아프리카에 대한 가장 큰 투자국이며 미국과 프랑스가 그 뒤를 이어가고 있다. 지난 10년 동안 아프리카에 더 많은 투자를 한 일본과 아랍에미리트(UAE)는 빠르게 입지를 잃어가고 있다. 중국의 신규 일자리 수는 평균 18,562개로 지난 10년간 아프리카에서 가장 큰 투자자로서의 위치를 유지했으며, 매년 신규 일자리는 점차 큰 폭으로 증가하고 있다. 중국은 지난 10년 동안 아프리카에 평균 27%를 투자한 최대 투자국이며, 미국이 2위, 프랑스와 터키가 각각 3위와 4위를 차지했다.

중국은 2020년에 중국군 유엔 평화유지군 참여 30년 주년 기념 백서를 출간했다.[21] 이 백서에 따르면 중국은 내정 불간섭의 원칙을 고수하고 있으며 유엔 평화유지군으로 등록된 부대 수가 가장 많고 가장 완벽한 형태의 부대를 보유하고 있는 것으로 평가했다. 또한 평화유지활동에 참여한 이후 약 30년 동안 25개 유엔 평화유지 임무에 참여하

---

20 Business Insider Africa, "China ranks ahead of America as the largest investor in Africa since 2010" (February 20, 2022), https://africa. businessinsider.com/local/markets/china-ranks-ahead-ofamerica-as-the-largest-investor-in-africa-since-2010/62532rh; SABC (Swiss Africa Business Circle), "CHINA, THE LARGEST INVESTOR IN AFRICA,"https://sabc.ch/china-ranks-ahead-of- america-as-the-largest-investor-in-africa-since-2010/

21 中華人民共和國國防部, "中國軍隊參加聯合國維和行動30年白皮書新聞發布會" (2020年9月18日), http://www.mod.gov.cn/topnews/2020-09/18/content_4871417.htm 중국 국무원 공보실은 2020년 9월 18일 '중국군 유엔 평화유지활동 30년 참여'라는 백서를 발간하였다. 유엔 창설 75주년, 시진핑 주석의 유엔 평화유지 정상회의 참석 5주년 및 중국군 유엔 평화유지 활동 참여 30주년이 되는 해로 백서는 중국군이 유엔 평화유지군 활동에 참여한 역사, 실천 및 공헌을 종합적으로 검토하고 시진핑 주석이 발표한 공약 이행 등 중국군의 중요한 성과를 종합적 보여주고 있다. 유엔 평화유지 관련한 중국 최초의 백서이며 전체 텍스트는 약 14,000단어와 서론, 본론, 결론, 부록의 4개 부분으로 구성되어 있다.

였고, 약 40,000명 이상의 평화유지군을 파견했다. 중국의 평화유지군은 17,000km가 넘는 도로와 300개 이상의 교량을 건설 · 정비했으며 18,000개 이상의 지뢰와 다양한 유형의 불발탄을 제거하였다. 또한 120만 톤 이상의 물자를 수송하였고, 운송 마일리지는 총 1,300만km 이상이었으며, 의료진은 250,000명 이상의 환자를 치료하였다. 1,600대 이상의 헬리콥터가 약 2,000시간 동안 비행하였고, 4,900명 이상이 무장 순찰 및 경호 임무를 수행했다. 2022년 5월 기준 중국 평화유지군 2,179명이 8개 임무단에 참여하고 있다.

<표 3-1> 파병 중인 유엔 평화유지활동의 임무완료 현황(2018년 12월 기준)

시작시기	임무지역 (유엔임무단)	부대유형	임무완료현황
2014년 1월	말리 (MINUSMA)	경비분대 170명 공병분대 155명 의료분대 70명	· 2,900m 도로 건설 · 40만㎡ 면적 평준화 · 667채 조립식 주택 건설 · 2,710회 무장 순찰과 경비임무 · 8,120여명 환자 치료
2012년 1월	남수단 (UNMISS)	보병대대 700명 공병분대 268명 의료분대 63명	· 5,365km의 도로 건설 및 유지 · 7개의 다리 수리 · 72개의 조립식 주택건설 · 21,000여명 환자 치료 · 63회 장단기 무장 순찰 · 216회 무장 호위 · 42회 난민캠프 수색 · 임무수행 이동거리 102만km
2007년 11월	수단, 다르푸르 (UNAMID)	공병분대 225명 헬리콥터분대 140명	· 89km 도로 건설 · 400채 이상의 조립식 주택 건설 · 우물 14개 건설 · 헬기 약 800여회 출격 · 1,150시간 비행 · 인원 5,500여명 및 · 물자 230여톤 수송

2006년 4월	레바논 (UNIFIL)	다기능공병분대 180명 건설공병분대 200명 의료분대 30명	· 10,342개 지뢰 및 불발탄 제거 · 다수의 막사, 장비 등 유지보수 · 78,900여명 환자 치료
2003년 4월	콩고민주공화국 (MONUSCO)	공병분대 175명 의료분대 43명	· 4,650km 도로 건설 · 214개 다리 건설 · 35,000여명 환자 치료

* 출처: 中國人民共和國國務院新聞辦公室,『新時代的中國國防』白皮書, (北京: 人民出版社, 2019年 7月), p. 64.

<표 3-2> 중국군 평화유지활동 참여 현황

구분	유엔 평화유지 임무단	중국군 참가 시기
1	United Nations Truce Supervision Organization(UNTSO)	1990년 4월~현재
2	United Nations Iraq-Kwait Observation Mission(UNIKOM)	1991년 4월~2003년 1월
3	United Nations Mission for the Referendum in Western Sahara(MINURSO)	1991년 9월~현재
4	United Nations Advance Mission in Cambodia(UNAMIC)	1991년 12월~1992년 3월
5	United Nations Transitional Authority in Cambodia(UNTAC)	1992년 3월~1993년 9월
6	United Nations Operation in Mozambique(ONUMOZ)	1993년 6월~1994년 12월
7	United Nations Observer Mission in Liberia(UNOMIL)	1993년 11월~1997년 9월
8	United Nations Observer Mission in Sierra Leone(UNOSIL)	1998년 8월~1999년 10월
9	United Nations Mission in Sierra Leone(UNAMSIL)	1999년 10월~2005년 12월
10	United Nations Mission in Ethiopia and Eritrea(UNMEE)	2000년 10월~2008년 8월
11	United Nations Organization Mission in the Democratic Republic of the Congo(MONUC)	2001년 4월~2010년 6월
12	United Nations Mission in Liberia(UNMIL)	2003년 10월~2017년 12월
13	United Nations Operation in Côte d'Ivoire(UNOCI)	2004년 4월~2017년 2월
14	United Nations Operation in Burundi(ONUB)	2004년 6월~2006년 9월
15	United Nations Mission in Sudan(UNMIS)	2005년 4월~2011년 7월

16	United Nations Interim Force in Lebanon(UNIFIL)	2006년 3월~현재
17	United Nations Integrated Mission in Timor-Leste(UNMIT)	2006년 10월~2012년 11월
18	African Union-United Nations Hybrid Operation in Darfur(UNAMID)	2007년 11월~2020년 12월
19	United Nations Organization Mission in the Democratic Republic of the Congo(MONUSCO)	2010년 7월~현재
20	United Nations Peacekeeping Force in Cyprus(UNFICYP)	2011년 2월~2014년 8월
21	United Nations Mission in South Sudan (UNMISS)	2011년 7월~현재
22	United Nations Interim Security Force for Abyei (UNISFA)	2011년 7월~2011년 10월/ 2021년 10월~현재
23	United Nations Supervision Mission in Syria (UNSMIS)	2012년 4월~2012년 8월
24	United Nations Multidimensional Integrated Stabilization Mission in Mali (MINUSMA)	2013년 10월~현재
25	United Nations Multidimensional Integrated Stabilization Mission in the Central African Republic (MINUSCA)	2020년 1월~현재

* 출처: 中國人民共和國國務院新聞辦公室, 『中國軍隊參加聯合國維和行動30年』(北京: 人民出版社, 2020年 9月), p. 37. 내용을 재구성

나. 제도적 차원

1) 신속 파병 여건 보장을 위한 법률안 제정

중국군이 초기 유엔 평화유지활동에 참여할 수 있는 법적 근거는 주로 중화인민공화국 국방법(中華人民共和國國防法), 유엔 헌장 및 관련 유엔 평화유지 결의안이었다. 2012년 후진타오(胡錦濤) 중앙군사위원회 위원장은 중국 인민해방군 유엔 평화유지군 참여에 관한 규정(中國人民解放軍參加聯合國維持和平行動條例)을 공포하는 명령에 서명했다. 2012년 5월 1일부로 시행된 이 규정에서는 중국군의 유엔 참가에 대해 기본원칙,

임무, 파견 및 철수, 교육 및 훈련, 관리 및 보안, 보상 및 처벌 등을 포함한 유엔 평화유지활동에 대해 체계적으로 규정하고 있다. 유엔 평화유지군 작전 참여에 있어 중국군이 수행하는 임무를 정의하고 본부 기관, 군사 지역 및 군대 간의 책임영역을 명확히 규정하였다. 또한 평화유지군과 전문인력의 파견 · 철수 승인 절차, 각종 인력의 교육훈련 조직 · 시행 · 검사 · 평가 등에 대한 세부 규정과 보장 · 포상 · 처벌이 명시되어 있어 평화유지활동이 원활하고 효율적으로 진행될 수 있게 되었다.[22]

2015년 7월, 중국은 평화유지군을 해외에 파병할 수 있는 법적 근거를 마련하기 위해 신국가안전법(新國家安全法)을 통과시켰다. 새로운 국가안전법은 중국의 국가안전보장과 관련되는 핵심적인 기본 법률로서 2015년 7월 1일 제12기 전국인민대표대회 상무위원회 제15차 회의에서 채택되었다. 중국에서는 안전(安全)의 의미와 안보(安保)의 개념적 차이가 크지 않고, 냉전 시대의 전통적 안보관을 탈피하여 총체적인 국가관을 유지하기 위해 국가안전법에서는 안보가 아닌 안전이란 용어를 사용했다. 국가안전법은 처음으로 제정된 중국의 국가안전에 관한 기본법이며, 모두 7장 84조로 구성되어 있다.[23]

22 中華人民共和國人民政府, "我軍參加聯合國維持和平行動條例(試行)5月起施行," (2012年3月22日), http://www.gov.cn/ldhd/2012-03/22/content_2097910.htm

23 김준영, "중국 국가안전법제의 체계 연구,"『중국법연구』 제32집(2017), pp. 2-14. 국가안전법은 2015년 1월 시진핑 주석이 발표한 국가안전전략요강(國家安全戰略綱要)을 뒷받침하는 법률적 조치로 입법되었다. 국가안전전략요강은 국가안전의 범위를 정치, 국토, 군사, 경제, 문화, 사회, 과학기술, 정보, 생태, 자원, 핵 등을 포괄하는 국가안전 개념과 각 안전은 서로 밀접한 관련이 있으며 서로 영향을 미친다고 강조하고 있다. 국가안전법은 중국 공산당 체제 강화 및 핵심이익 보호를 위해 관련 제도 관리를 강화하고자 하는 목적으로 제정된 법률이다. 1993년 시행되었던 '구(旧) 국가안전법'의 방첩 등에 관련한 핵심내용은 '반간첩법(反間諜法)'으로 이양되었다.

국가안전법 중 해외파병과 관련된 조항을 살펴보면 다음과 같다.[24] 제1장 총칙(總則)의 제10조는 "국가안보를 유지하기 위해 우리는 상호 신뢰, 호혜, 평등, 협력을 견지하고 외국 정부 및 국제기구와 안보 교류 및 협력을 적극적으로 수행하며 국제안보 의무를 이행하며 공동의 안전을 증진하고 세계평화를 수호한다."라고 규정하고 있다. 제2장 국가안전보호의 임무(維護國家安全的任務) 18조는 "국가는 군대의 혁명화, 현대화, 정규화를 강화하고 국가안보와 발전이익을 수호하는 요구에 부합하도록 군대를 건설한다. 적극방어의 군사전략 및 정책을 관철하되 침략을 대비하고 저항하며 무장전복과 분열을 제지한다. 국제 군사 및 안보 협력을 수행하고 유엔 평화유지활동, 국제구조, 해상 호위 및 군사작전을 실시하여 국가의 해외 이익을 수호하고 국가주권, 안보, 영토보전, 개발이익 및 세계 평화를 수호한다"라고 규정하고 있다.

2022년 6월 13일, 중국은 총 6장 59조로 이루어진 '군대의 전쟁이외의 군사행동 요강(軍隊非戰爭軍事行動綱要)'에 서명하고 시행에 들어갔다. 요강의 구체적인 내용은 공개되지 않았으나, 주로 전쟁 이외의 군사작전 기본원칙, 조직과 지휘, 작전유형, 작전지원, 정치업무 등을 체계적으로 규정하였다. 그리하여 평시에도 군대를 동원할 수 있는 법적 근거를 제공하며 비상사태 대응, 인민의 생명과 재산 보호, 국가의 주

24 中華人民共和國中央人民政府, "中華人民共和國國家安全法,"(2015年7月1日第十二屆全國人民代表大會常務委員會第十五次會議通過) http://www.gov.cn/zhengce/2015- 07/01/content_2893902.htm 국가안전법의 해외파병 관련 원문은 아래와 같다. "第一章 總則 第十條 維護國家安全 ,應▨堅持互信,互利,平等,協作 ,積极同外國政府和國際組織開展安全交流合作 ,履行國際安全義務 ,促進共同安全 維護世界和平. 第二章 維護國家安全的任務 第十八條 國家加强武裝力量革命化,現代化,正規化建設 ,建設与保衛國家安全和發展利益需要相适應的武裝力量; 實施積极防御軍事戰略方針 ,防備和抵御侵略 ,制止武裝顚覆和分裂; 開展國際軍事安全合作 ,實施聯合國維和,國際救援,海上護航和維護國家海外利益的軍事行動 維護國家主權,安全,領土完整,發展利益和世界和平."

권과 개발이익의 보호, 세계평화 및 지역안정의 수호, 군사력 운용방식의 혁신, 전쟁 이외의 군사행동 규범화, 신시대 군의 사명과 임무를 효과적으로 수행하는데 있어 큰 의미가 있다고 중국 국방부는 밝혔다.[25]

그동안 중국군 관영 해방군보(解放軍報)[26]는 중국군의 해외파병 참여 증가에도 불구하고 그에 대해 뒷받침할만한 규정이 미비하였고, 전쟁 이외의 군사행동을 위한 법률적 근거 마련을 서둘러야 한다고 주장했었다. '전쟁 이외의 군사행동'에는 국제 평화활동, 재난 구조활동, 대테러 등이 포함되어 있다. 중국은 전쟁 이외의 군사행동 요강을 통해 재난 구호 및 평화 유지 관련 법령을 마련하였고, 이를 계기로 향후 해외파병을 더욱 확대할 것으로 예상된다.

<표 3-3> 중국의 해외파병 관련 법적 근거

1990~2011년	2012년 5월	2015년 7월	2022년 6월
·중국인민공화국 국방법 ·유엔헌장 ·관련 유엔 평화유지 결의안	·중국 인민해방군 유엔 평화유지군 참여에 관한 규정 *평화유지활동을 제도적으로 표준화하여 강력한 법적 근거를 마련	·신국가안전법 *군사안전(안보)에 대한 국가위상에에 적합한 평화조성 등 군사안전 범위를 확대	·군대의 비전쟁 군사행동 요강 *재해 등 비전쟁 파병에 대한 근거 마련

* 관련 내용을 표로 작성

25 中國人民共和國國防部國防部, "國防部介紹《軍隊非戰爭軍事行動綱要 試行 》目的意義," (2022年6月30日), http://www.mod.gov.cn/jzhzt/2022-06/30/content_ 4914395.htm

26 1956년 1월 1일에 공식 출범하였으며 중국 군사위원회 승인을 받은 중국 인민해방군 공식 일간지이다. 중국 공산당에서 보유 및 관리하고 중국 인민해방군이 보유하며, 중국공산당 중앙 언론 중에서 유일하게 당 중앙위가 아닌 중국 공산당 중앙군사위원회 정치공작부에서 발행하고 있다. 해방군보(解放軍報)의 공식 홈페이지는 '中國軍网, http://www.81.cn/' 이다.

2) UN 패러다임 전환과 연계된 맞춤형 파병전략 수립

2021년 유엔 평화유지군 연합현장 훈련인 '共同命運-2021(Common Destiny-2021)'[27]이 중국 중부지역인 허난성(河南省)에 소재한 육군 췌산(确山) 훈련기지에서 전개되었다. 이 훈련에는 중국 · 몽골 · 파키스탄 · 태국군 1천여 명 이상이 참가하였으며, 각 분야별 훈련과 4개 참가국 전원이 혼성훈련군으로 참여하는 합동훈련, 훈련시연 및 참관 등 3단계로 진행되었다. 이번 훈련은 중국군이 주관한 최초의 다자간 유엔 평화유지군 현장훈련이었으며 평화유지군 건설의 성과를 검증하기 위한 최초의 합동훈련이었다. 다국적 평화유지군 합동작전을 목표로 실시된 훈련에서 중국은 유엔의 평화유지구상(A4P) 추진과 연계하여 회원국간 실질적인 협력을 도모하고 평화유지군의 임무수행 능력을 실질적으로 제고하는데 주안을 두었다. 특히 이번 훈련은 유엔의 패러다임 전환과 연계된 중국군의 맞춤형 파병전략을 엿볼 수 있는 사례로서 한국군의 국제평화활동 개선방향을 모색하는 과정에서 군사적 함의가 크다고 판단된다.

'공동운명-21'은 다국적 평화유지군 합동작전을 주제로 유엔의 평화유지구상 이니셔티브와 연계하고, 주둔국 간 실질적인 협력을 도모하며 평화유지 상비군의 임무수행능력을 제고하기 위한 훈련이었다. 유엔 표준작전절차(Standard Operating Procedures, 이하 SOP), 교전규칙 및 실제 전투기준에 따라 참가국의 지휘관으로 구성된 합동사령부를 구성했다.

27 新華网, "國防部:'共同命運-2021'國際維和實兵演習有四个特点," (2021年9月30日), http://www.news.cn/2021-09/30/c_1127922737.htm; 放軍報, "UN peacekeeping exercise Shared Destiny-2021 kicks off," (2021年9月6日), http://www.81.cn/jwywpd/2021-09/06/content_10087028.htm

참가 장교와 장병들이 혼합 편대, 합동 지휘, 통합 작전을 수행하였으며 주요 훈련 항목은 전장 감시정찰, 경계 및 순찰, 무장 호위, 폭력 및 테러 공격에 대한 대응, 임시 작전기지 구축, 민간인 보호, 전장 구조 및 전염병 통제를 포함하며 현재 유엔 평화유지 임무의 주요 작전을 수행했다.

전염병 대응을 위해 훈련장에서는 각종 무인 · 지능형 장비를 투입하였으며, 전장 감시정찰시에는 드론이 탐지기를 사용하여 공중에서 불발된 금속을 스캔하여 식별하였다. 또한 임시 작전기지 구축간에는 폭발물처리(Explosive Ordnance Disposal, 이하 EOD) 로봇이 전파를 사용하여 의심되는 폭발물을 폭파했다. 검사 및 전투를 위한 통합 무인차량은 위험하고 복잡한 지역에서 수색 · 정찰 임무를 수행했다. 이와 같이 드론 및 EOD 로봇 등과 같은 장비를 활용한 훈련은 향후 평화유지 활동에서 무인 및 지능형 군수품의 실제 적용을 더욱 확장하고 표준화하는데 도움이 될 것이다. 특히 더욱 위험해지고 있는 평화유지 작전환경에서 평화유지군의 안전을 보장하고 더 나아가 평화유지활동 발전에 기여하게 될 것으로 판단된다. 또한 이번 훈련 간 중국은 친환경 및 저탄소 개념 구현을 위해 전투차량의 하차 시에 에어컨 전원을 끄고, 훈련장 쓰레기 분리수거 등 주요 활동을 전개하였다. 에너지 절약을 위한 작은 행동부터 훈련에 사용된 컨테이너, 울타리 등은 재활용할 수 있도록 설계하였다. 유엔이 추진하고 있는 친환경 전략을 구현하여 새로운 평화유지구상에 부응하기 위한 실천적 활동 모습을 보여주었다.

중국은 평화유지구상(A4P) 이니셔티브의 일환으로 평화유지군의 안전성 확보 및 보안 대책을 고려하여 COVID-19 예방 접종백신을 지원했다.[28] 평화유지군의 건강은 안전한 임무수행을 위해 가장 중요한 요소이기 때문에 중국은 백신 제공과 관련하여 유엔 사무국과 협력하여 약 30만 회 투여할 수 있는 코로나19 백신을 아프리카에서 임무수행 중인 유엔 평화유지군에게 조기 제공했다.

3) 파트너십 강화

2022년 7월 3일 유엔 주재 중국 상임대표부는 유엔 평화유지활동에서의 전략적 소통에 대한 공개 연설을 통해 4가지 측면의 전략적 소통 중요성을 강조했다. 그중 하나가 보다 강력한 파트너십 구축이다. 유엔은 정보 공유, 일관된 목표 및 조정된 임무 등을 달성하기 위해 관련 국가와 군대 및 경찰 지원국, 지역기구와의 의사소통이 필요하며 유엔은 관련 국가들과의 의사소통을 지속적으로 강화해야 한다고 주장했다.[29]

중국은 일대일로(一帶一路)[30] 프로젝트를 통해 인프라 건설, 유엔 평화

---

28 中華人民共和國外交部, "2021年3月16日外交部發言人趙立堅主持例行記者會," (2021年3月16日), https://www.fmprc.gov.cn/web/fyrbt_673021/jzhsl_673025/202103/t20210316_9604782.shtml

29 新華网, "中國常駐聯合國代表强調從四个方面加强維和行動戰略溝通," (2022年7月13日), http://m.news.cn/2022-07/13/c_1128826356.htm

30 양평섭 · 박영호 · 이철원 · 정재완 · 김진오 · 나수엽 · 이효진 · 조영관, 『신흥국의 대중국 경제협력 전략: 일대일로 이니셔티브 대응을 중심으로』(세종: KIEP 대외경제정책연구원, 2018), pp. 36-37. 2013년 9~10월, 카자흐스탄과 인도네시아 순방 시 시진핑 주석이 처음 제시한 일대일로는 중국 정부가 적극적으로 추진하고 있는 신(新) 대외전략이며 육로를 연결하는 '실크로드 경제벨트(一帶)'와 '21세기 해상 실크로드(一路)'를 의미한다. 동부 연해지역 위주의 대외개방 전략으로부터 벗어나 유라시아대륙 국가들과 육상 및 해상 네트워크를 구축하여 지역을 통합하는 것이 목표이다. 즉, 일대일로 전략은 육상 및 해상 실크로드 연결을 통해 중국, 중앙아시아, 남아시아, 동남아시아, 오세아니아, 유럽, 아프리카, 유럽을 포괄하는 거대 경제 네트워크를 구축하는 프로젝트이다. 이와 같이 연결되는 지역은 세계 GDP의 40% 및 인구의 60%를 차지하고 투자규모는 약 9,000억 달러에 달할 것으로 추정되고 있다.

유지, 해적 및 테러 방지, 디지털 분야 등에서 지원 프로젝트의 시행을 촉진하고 있다. 또한 아프리카 국가의 안보 지원을 위해 아프리카 군인들에 대한 훈련도 지원하고 있다. 일대일로와 발맞춰 중국 평화유지군의 아프리카 주둔 규모를 계속 확대하였으며, 현재 중국의 평화유지군 약 80%는 아프리카에 주둔하고 있어 아프리카에서의 인프라 건설 사업 확장과 자국민 보호 조치 목적이라는 불편한 시선도 있다. 하지만 유엔 평화유지활동 참여 초기부터 주둔국의 국가 주권을 존중하고 내정불간섭 원칙을 견지하고 있는 중국은 정치적인 조건 등을 요구하지 않아 아프리카 지도자들에게 큰 지지를 얻고 있는 것으로 나타났다.[31]

코로나19 팬데믹 기간 동안 중국과 EU, 아프리카는 COVID-19 백신과 치료제를 공공재로 만들기로 협력하고 에볼라 전염병 대처의 경험을 기반으로 신속하게 대응하였다. 중국 · EU · 아프리카는 의료 분야를 비롯하여 평화안보, 경제발전 등 관련해서 전략적 협력을 추진 중이다. 특히 안보와 관련하여 아프리카에서의 무기 및 탄약 전용 방지를 위한 3자 대화를 개최하였다. 그리하여 이러한 3자 안보체제를 기반으로 한 일대일로 이니셔티브 틀에서의 평화 안보협력을 확대할 필요성이 대두되었다.[32]

중국은 아프리카의 국가들과 삼각협력 프로젝트를 진행하고 있다. 특히 기후변화에 따른 폭염과 가뭄에 대응할 수 있도록 중국의 전문

31 孟文婷, "中國参与聯合國維和行動的研究述評,"『國際政治研究』第 4 期 (2017), p. 96.

32 Jacques Delors Centre,"An EU Trilateral Cooperation Agenda with Africa and China for a Post-COVID-19 World," *Jacques Delors Centre*(April 15, 2021), pp. 8-24.

가 및 기술자들은 지역파트너와 협력하여, 관련된 25가지 기술과 새로운 품종 17가지 등을 이전하여 아프리카 날씨에 적응할 수 있도록 하였다. 또한 재생에너지 기술 이전을 통해 아프리카 농촌 전기 지원을 위한 삼각협력을 덴마크의 재정지원과 함께 진행하고 있다.[33]

중국은 아프리카의 자주적인 평화유지 능력을 강화하기 위해 다음과 같이 아프리카연합(AU)과 같은 지역조직을 지원하고 있다.[34] 2018년 중국 · 아프리카 협력포럼 베이징 정상회의에서 시 주석은 '8대 행동'[35] 이행을 제안한 후 아프리카 연합의 위기대응 차원에서 상비군 및 신속대응군 창설을 위해 1억 달러의 무상 군사지원을 하였다. '중국 · 아프리카 평화 및 안보협력 기금'의 실행을 촉진하고 50개의 안보 지원 프로젝트를 이행하였으며, 아프리카의 평화와 안정을 유지하려는 노력의 일환으로 장비 · 물자를 비롯하여 관련 훈련을 지원하고 있다. 지속적으로 아프리카군과의 교류를 유지하고 군사 전문기술 전수와 협력을 추진하였다. 대학, 병원 및 기타 인프라 건설지원은 물론 군사 전문가를 파견하여 아프리카 국가들의 국력 강화를 지원했으며, 다양한 수단을 통해 자율적 평화유지 능력 증진에 기여하고 있다.

2022년 9월 약 2천 명 이상의 중국 평화유지군이 아프리카에서 임무

33 Moritz Weigel, Alexander Demissie, "A new climate trilateralism? Opportunities for cooperation between the EU, China and African countries on addressing climate change," *DIE(Deutsches Institut für Entwicklungspolitik)* (August 2017), pp. 10-11.

34 中國人民共和國國防部, "爲非洲和平安全積极貢獻力量," (2022年8月22日), http:// www.mod.gov.cn/jmsd/2022-08/22/content_4918979.htm

35 中國日報, "八大行動'新擧措繪就中非合作新藍圖," (2018年9月6日), http://china. chinadaily.com.cn/2018-09/06/content_36876045.htm 2018년 중국-아프리카 협력포럼 베이징 정상회의에서 시진핑 주석은 산업진흥(産業促進), 시설연결(設施聯通), 무역촉진(貿易便利), 녹색개발(綠色發展), 역량강화(能力建設), 보건위생(健康衛生), 인적교류(人文交流), 평화안보(和平安全) "8대 행동(八大行動)" 이행을 제안하였다.

를 수행하고 있다. 또한 중국 해군은 2008년부터 정기적으로 아덴만에 선박을 파견해 호위 임무를 수행하고 있다. 총 41개의 경호부대를 파견해 1,500회 이상 출항하여 7,000여 척의 중국 및 외국 선박의 안전을 보호했다. 코로나19 발생 후에는 아프리카 53개국과 아프리카 연합에 120개 관련 의료물자를 제공하고, 전염병 예방 및 통제 경험을 공유하기 위해 전염병 의료 전문가팀 및 단기 의료팀을 아프리카 17개국에 파견했다. 최근 몇 년 동안 중국은 유엔 안전보장이사회의 순회 의장국으로 재임하면서 기니만의 해적행위, 아프리카의 평화와 안보 역량 강화 등에 대한 공개 토론회를 제안하였고, 아프리카에서의 평화유지활동을 통해 아프리카에 대한 국제사회의 관심과 지원을 촉구했다. 2022년 1월 중국은 아프리카 뿔의 평화적 발전 개념을 제안하였으며, 6월에는 에티오피아에서 개최된 제1차 '중국-아프리카 뿔 평화 회의'를 추진하여 아프리카 지역 국가들로부터 긍정적인 반응과 지지를 받았다.

2000년에 출범한 중국 · 아프리카 협력포럼(Forum on China-Africa Cooperation, 이하 FOCAC)은 중국과 아프리카 국가들과의 장관급 협의체로 3년 단위로 개최되고 있으며, 2021년 11월 제8차 협력포럼이 세네갈(Senegal)에서 개최되었다. 아프리카 53개국 외무장관 등이 참석한 포럼에서 중국은 코로나19 백신 10억 회분 추가제공, 아프리카 대륙 자유무역지대 건설지원, 디지털 경제 프로젝트 시행, 아프리카 연합에 군사원조 및 중국 · 아프리카 연합훈련 실시 등 '중국-아프리카 협력 비전 2035'

의 9개 프로젝트 시행을 공동 추진하기로 합의했다.[36] 2000년 FOCAC 출범 이후 중국과 아프리카 교역은 약 20배 수준으로 증가하였으며, 2019년의 교역규모는 2,000억 달러를 넘어섰다.[37]

4) 전문인력 참여 확대

2000년 8월, 중국은 경찰병력 파병을 위해 인민경찰대학(中國人民警察大學) 산하에 중국평화유지 경찰훈련센터(中國維和警察培訓中心)[38]를 설립했다. 평화유지 경찰훈련센터에는 평화유지 이론 및 정책교육 연구, 평화유지 전술교육, 사격교육, 특별운전 교육 등을 위한 6개 부서가 있다.

2015년에 완공된 센터는 유엔 계획서의 요구사항에 따라 과학적인 훈련시스템을 구축하고, 중국에서는 처음으로 평화유지 대학원 교육을 진행하고 있다. 또한 60개 이상의 과정(특별주제)을 실시하며, 30개 이상의 교과서를 출판하였다. 2012년 12월, 아시아 최초이자 세계 9번째로 센터의 전 교육과정이 유엔 인증을 통과하였으며, 2017년에 유엔 인증을 다시 한번 갱신했다. 센터는 교육훈련, 학술 연구 및 국제교류를 통합하는 포괄적이고 현대적인 다기능 훈련기지이며 중국 평화유지 경찰협회 평화유지전문위원회, 평화유지 경찰연구센터를 포함한 3개의 비독립연구기관을 보유하고 있다. 평화유지 학술연구센터, 외국어대학 등 유명대학 및 연구기관과 파트너십을 구축하고 있

36 人民网, "中非合作論壇第八屆部長級會議取得圓滿成功," (2021年12月2日), http:// finance.people.com.cn/n1/2021/1202/c1004-32297183.html

37 人民网, "中非合作論壇爲非洲帶來繁榮 ,而不是"債務陷阱," (2021年11月25日) http://world.people.com.cn/n1/2021/1125/c1002-32291440.html

38 中國維和警察培訓中心, "中心介紹," http://www.arkcorner.com/pages/overview/ about.html

다. 2020년 10월 기준으로 35개의 평화유지 경찰교육과정, 13개의 평화유지 경찰진압대 훈련과정, 3개의 경찰연락관 훈련과정, 88개의 외국경찰 훈련과정 등 총 139개의 교육과정을 운영하였으며 5,025명이 교육을 받았다. 중국은 유엔 평화유지군 활동의 확대를 위해 2016년 12월 공안부(公安部)에 300여 명의 유엔 상비체제 평화유지 경찰부대(維和警隊)를 운영하고 있다. 중국의 평화유지 경찰의 참여는 세계화 시대 국제범죄 등에 대응할 수 있는 국제법 집행력 및 외사 업무 경험을 갖춘 인력의 확보 측면에서 공안부 자체의 발전에도 크게 기여하고 있다.[39]

다. 조직적 차원

1) 상비부대 편성강화

전술한 바와 같이 2015년 유엔창립 70주년 기념식에서 시진핑 주석이 상비부대 창설 등 6대 공약을 발표한 이후, 2017년 9월 경찰인력 등을 포함한 보병, 공병, 수송, 의료, 경비, 신속대응, 헬리콥터, 수송기, 드론, 수상함 등 총 10가지 직군별 28개 부대, 8,000명의 유엔 평화유지군 등록을 완료했다. 중국은 경찰을 포함한 상비부대 8,000여 명을 다기능부대로 편성하여 운용하고 있다.[40]

중국군 상비부대 구성을 살펴보면 평화유지 경찰병력 300명 규모를

39 박태희, “중국의 유엔평화유지경찰 참여,” 『치안정책리뷰』 제60호(2018.6.), p. 17.

40 中國人民共和國國防部, “爲聯合國維和行動貢獻中國力量,” (2021年11月2日), http://www.mod.gov.cn/action/2021-11/02/content_4898311.htm.

포함하여 보병 6개 대대, 공병 3개 중대, 수송 2개 중대, 2급 병원 4개, 경비 4개 중대, 신속대응 3개 중대, 중형 다목적 헬리콥터 2개 분대, 수송기 2개 분대, 무인기(드론) 1개 분대 및 수상함 1개 분대 등으로 구성되어 있다.

2002년 중국은 공식적으로 유엔 1단계 상비부대 체계에 가입했으며, 세부 상비체계는 다음과 같이 3단계로 구분된다. 1단계 대기체계는 파견된 평화유지군과 장비가 90일 이내에 배치되어야 하며, 2단계 대기체계는 배치 시한을 60일 이내, 3단계는 30일 이내로 설정되어 있다. 평화유지 상비부대는 기본적인 군사적 자질에 대한 요구사항과 함께 여러 군이 협력하여 임무를 수행해야 하기 때문에 관련 유엔법, 주둔지의 언어, 문화 등을 학습할 필요가 있다. 그러나 무엇보다도 평화유지군 임무 파견 전 전문 훈련을 받은 부대가 짧은 시간에 임무 지역으로 이동할 수 있어야 한다.

2018년 10월에는 13개의 평화유지군이 유엔이 주관하는 검사 및 평가를 통과하여 2단계 대기대로 승격되었으며, 2019년부터 2020년까지 평화유지군 6개 대대가 2단계에서 3단계로 승격됐다. 중국의 평화유지군은 유엔 기준에 따라 엄격하게 훈련되어 항상 필요한 대기 상태를 유지하고 있다. 이로써 중국군은 잘 훈련되고 능력이 갖춰진 전문부대라는 것이 입증된 것이다. 최근 중국은 가장 완벽한 형태의 다양한 평화유지부대를 보유한 국가가 되었다. 2016년 6월 중국 공안부는 세계 최초로 평화유지 경찰병력을 창설하고, 2019년 10월 가장 높

은 단계인 신속 배치 수준(RDL)으로 승격되었다.[41]

2000년 중국 평화유지경찰훈련센터(中國維和警察培訓中心)와 2009년 국방부 평화유지센터(國防部維和中心)가 각각 설립되었다. 평화유지활동 파병을 위한 군과 경찰 인력을 양성하기 위한 전문팀이 신설되어 있어 평화유지 임무단 요구 및 조건에 따라 표적 훈련을 실시하고 있다.

중국은 유엔 국제평화활동 참여 성과와 경험을 종합하여 유엔과의 소통을 강화하고 유엔 평화유지군이 필요로 하는 병력과 시스템 구축에 중점을 두어 중국군의 평화유지군을 과학적으로 계획하였다. 국방부 평화유지센터장 뤄웨이(羅爲) 소장은 '중국군 유엔 평화유지군 참전 30년' 백서 발간 기자간담회에서 중국 평화유지군은 유엔의 파견 요청에 언제나 대응할 수 있는 임무수행을 위해 잘 훈련된 전문군이라고 평가했다.[42]

2) 다기능 부대 편성

중국은 2003년 콩고민주공화국 유엔임무단에 처음으로 의료진 파견을 시작하여 지속적으로 의료진을 파병하고 있으며, 같은 해 라이베리아에는 의료진을 포함한 수송부대를 함께 파병하였다. 이후 2007년 레바논에는 의료분대와 공병부대를 추가로 파병하였다. 2013년 유엔 국제평화유지군으로 의료, 공병, 경비부대를 비롯한 전투부대를 처음으로 말리에 파병했다. 전투부대는 위험한 상황에 노출될 가능성이

41 中國人民共和國國務院新聞辦公室(2019), op. cit., pp. 16-17.

42 中國人民共和國國防部, "中國軍隊參加聯合國維和行動30年白皮書新聞發布會," (2020年9月18日), http://www.mod.gov.cn/topnews/2020-09/18/content_4871417.htm

크기 때문에 전 세계 평화유지군에서 발생한 공격, 납치, 무력충돌, 테러위협 등 11개 상황을 108종의 시나리오로 분류하여 긴급대응작전에 필요한 군사기술을 교육한 후 파병되었다.[43] 2015년 1월 중국군은 700명의 보병대대를 남수단 유엔임무단(UNMISS)에 파견했다. 또한 지난 5년 동안 중국군은 남수단에 6개 평화유지활동을 위한 보병대대를 파견했다.

2017년 8월 중국군은 아프리카 연합-유엔 다르푸르의 연합작전(UNAMID)에 140명으로 구성된 최초의 헬리콥터 부대를 파견했으며, 주로 병력 수송 및 작전을 담당하는 중형 다목적 헬리콥터 4대를 배치했다. 중국 평화유지군 헬기분대는 낯설고 복잡한 작전환경에서 인원 수색 및 구조 대피, 물류 공급 등의 고위험 임무를 완수하며 UNAMID의 중요한 항공부대가 되었으며 수단 다르푸르 지역에서 유엔 평화유지활동에 중요한 지원을 제공했다.

공병, 수송, 의료 등 작전지속부대는 평화유지활동의 중요한 지원군으로 임무수행 여건을 효과적으로 향상시킬 뿐만 아니라 전후 재건 및 주둔국의 환경개선에 중요한 역할을 담당한다. 중국군은 평화유지군에 지원부대를 함께 파견하는 전통을 가지고 있다. 2015년 유엔 평화유지장관회의 이후 유엔 평화유지군 작전의 공병 지원, 치료 등의 요구에 적극 대응해 왔으며, 25개 배치의 평화유지군 공병부대와 의료진을 파견하였고 총 7,000여 명의 인력이 참여하였다. 콩고(DRC), 남수단, 수단에서 군사임무를 수행하였고, 레바논과 말리, 다르푸르에서

43 尙昌儀(2016), op. cit., p. 164.

평화유지 활동을 전개했다. 2020년 8월, 중국군은 유엔 평화유지 임무에 6개의 공병부대와 1,188명의 인력, 4개의 의료부대와 199명의 병력을 배치했다. 그들은 도로와 다리를 건설하고 지뢰와 폭발물 제거, 부상자 구조, 위험한 환경에서 재건을 지원했다. 또한 수색 · 정찰은 유엔 임무단의 시설 및 병력의 안전을 확보하기 위한 차원에서 매우 중요한 임무이며, 중국은 이를 지원하기 위해 수색 · 정찰부대를 적극 파견하고 있다.

2013년 12월, 중국군은 170명으로 구성된 경호부대를 유엔 말리 다단계 통합 안정화 임무단(MINUSMA)에 파견하여 MINUSMA 동부 전구 사령부의 보안 경비 및 주요 인사의 호위 임무를 수행하였다. 말리는 자살 폭탄 및 기타 테러 공격이 자주 발생하는 가장 위험한 유엔 평화유지 임무 지역 중 하나로 중국군은 지난 7년 동안 8개 부대의 경비대와 1,440명의 병력을 말리 임무지역에 순차적으로 파견했다.

3) 해외파병부대 교육훈련 강화

중국은 평화유지활동의 급속한 증가 추세에 따라 2001년 12월 국방부 산하에 평화유지사무국(中國國防部維和事務辦公室)을 신설했다. 평화유지사무국은 유엔 평화유지활동에서 중국군의 참여를 조정 및 관리하는 책임기관으로 2009년 6월에 베이징 화이러우(怀柔)에 국방부 산하 평화유지센터(中國國防部維和中心)를 설치했다. 평화유지센터는 중국 최초의 평화유지군 전문훈련 및 국제교류 기관으로 중국군의 평화유지 훈련, 이론연구, 국제협력 및 학술교류업무, 국제 평화유지 세미나 개최 등을 담당하고 있으며 군사감시단, 참모장교, 교관 등을 대상으로 20개 이상의 국제 훈련과정을 진행하였다. 또한 호주, 독일, 네덜란드, 스위스, 태국, 베트남 등의 평화유지 훈련기관에 교관을 파견하여 훈련하고 있다.[44] 2018년 6월에는 중국 국방부 평화유지사무국이 중국 국방부 평화유지사무센터(中國國防部維和事務中心), 국방부 평화유지센터는 국방부 평화유지사무센터 훈련기지(中國國防部維和事務中心培訓基地)로 개편되었다. 평화유지사무센터 훈련기지는 유엔이 인정한 국제 평화유지군 훈련소이며, 국제 평화유지군 훈련과정 및 평화유지군 교관 양성과정 등을 교육하고 있다.[45]

중국은 평화유지군 선발을 매우 중시하고 있으며, 평화유지군 파견 전 엄격한 훈련을 통해 단기간에 평화유지군 자질을 향상시켜 평화유지 임무에 부응할 수 있도록 관리하고 있다. 특히 중국은 평화유지 관련 다음과 같이 국제교류 및 공동 평화유지 훈련을 지속적으로 강화해 왔다.[46] 첫째, 국방부는 국제평화유지활동 및 관련 참관을 위해 관련 인력을 파견하고 있으며 남아프리카 공화국, 인도네시아, 방글라데시, 헝가리 등의 평화유지군이 주관하는 전문 훈련과정을 비롯하여 영국, 인도, 태국 등이 주관하는 참관 활동에 장교를 파견했다. 둘째, 외국의 군사 관련 평화유지 전문가를 초청하여 보안대책, 지뢰 및 폭발물 관련 기술, 협상기술 등을 포함하여 평화유지활동과 관련된 과제를 교육하고 있다. 셋째, 국제 평화유지 세미나 및 국제 훈련과정을 개최하는 것이다. 2011년 3월 중국 국방부와 유엔 평화유지군이 공동

44 中國人民共和國國防部, "30年, 中國藍盔鑄丰碑," (2020.4.23.), http://mod.gov. cn/action/2 020-04/23/content_4864015_2.htm

45 中國人民共和國國務院新聞辦公室(2019), op. cit., pp. 23-24.

46 劉丹, 『聯合國維和行動的困境及前景』(北京: 時事出版社, 2015年), pp. 131-133.

주최한 유엔 평화유지군 국제 훈련과정이 중국 국방부 평화유지센터에서 개최되었다. 또한 평화유지활동에 파견되는 고위급 영관장교 육성을 위한 훈련과정과 군사 참관인을 위한 국제 훈련과정도 개설되었다. 2014년 10월에는 중국군의 남수단 파병을 지원하기 위한 평화활동도전포럼(和平行動挑戰論壇)[47] 국제 평화유지 연례회의를 개최했다. 넷째, 다른 참여 국가와 공동으로 평화유지 훈련을 실시하는 것이다. 2009년 중국은 몽골과 'Peacekeeping Mission-2009' 합동 평화유지군 훈련을 실시하였으며, 이 훈련은 중국군이 처음으로 외국군과 평화유지를 목표로 진행된 훈련이었다.[48]

중국은 유엔이 주도하는 평화유지활동을 포함하여 국제평화활동에 적극적으로 참여함으로써 국제사회의 신형대국으로서 위상을 정립하고자 한다. 이를 위해 중국은 향후 유엔이 요구하는 평화유지군을 육성하기 위해 교육훈련을 더욱 강화해나갈 전망이다.

4) 효과적인 지속지원 능력 확보

2017년 7월 11일, 중국은 중요한 원유 수송로인 아프리카 홍해와 아덴만을 잇는 전략적 요충지에 해외 군수기지를 건립했다. 지부티

47 人民网, "'和平行動挑戰論壇' 在北京召開　中國將向南蘇丹派出維和步兵營," (2014年10月14日), http://military.people.com.cn/n/2014/1014/c172467-25833953.html 1997년 스웨덴이 발족한 '평화행동도전포럼'은 유엔 개혁, 발전동향, 유엔 평화유지군이 직면한 도전과제 등을 주로 연구하고 있으며, 중국은 2004년 '평화행동도전포럼'을 개최했다. 유엔 및 19개국 대표들이 참가해 3일 동안 진행된 이 포럼은 중국 국방부 산하의 평화유지사무국, 중국국제전략연구소, 스웨덴 베르나르 연구소가 공동으로 주최하였으며, 중국은 이 포럼에서 다음과 같은 세 가지 제안사항을 발표했다. ① 평화유지 능력 구축에서 유엔의 주도적 역할, ② 평화유지 능력 구축에서 병력제공 국가의 주요 역할 강화, ③ 지역 조직의 협력 역할 강화 등이다.

48 劉丹(2015), op. cit., pp. 131-133.

(Djibouti)[49] 군사보급 기지는 미국의 군사기지에서 약 15㎞ 떨어진 위치에 있으며, 약 36만 4천㎡ 규모이다. 지부티에 있는 중국의 군수기지는 중국 인민해방군의 첫 번째 해외기지로 지부티 공화국의 수도인 지부티에 위치하고 있다. 이 기지는 주로 아프리카와 서아시아에서 호위, 평화유지, 인도적 구호 등의 효과적인 지원임무를 수행하고 있다. 또한 중국인 교민 보호, 합동훈련, 대피 및 보호, 긴급 구조 및 기타 해외 임무를 수행하고 있으며, 주로 아덴만의 해군 호위함대와 아프리카 평화유지군에 대한 군수지원을 제공한다.

중국은 6,300척 이상의 중국 및 외국 선박을 호위하기 위해 25개의 호위함대를 파견했다. 그중 절반은 외국 및 유엔 식량계획 관련 선박으로 유엔의 요청에 따라 남수단, 말리, 콩고(DRC)와 같은 활동지역에 분포된 아프리카에서 평화유지활동에 참여하고 있는 2천 명 이상의 중국군의 군수지원을 하고 있다. 기지에 있는 부대는 호위함대의 선박에 대한 보급, 남수단, 콩고킨샤사, 말리 및 기타 유엔 평화유지군 임무 지역으로 가는 중국군에 대한 지원 및 대응, 재외국민 보호 등과 동시에 기지 자체의 보안 유지 등을 담당한다. 종합지원대대의 주요 임무는 아프리카에서 중국의 평화유지군 보호 및 유지를 위해 특수 장비 및 기술 인력을 지원하고 장비 등을 유지 관리하는 것이다.[50] 또한 100여 명의 장교와 장병들에게 의료지원 서비스를 제공하고, 외국

49 지부티 공화국(Republic of Djibouti)은 아프리카 대륙 북동쪽에 위치한 면적 23,200㎢(한반도의 1/10), 인구 약 110만 명의 작은 나라이나 세계적으로 가장 중요한 해상 무역통로를 연결하는 곳으로 미국, 중국, 일본, 프랑스 등 7개국이 군사기지를 두고 있다.

50 人民网, "中國人民解放軍駐吉布提保障基地成立,"(2017年7月12日), http://military.people.com.cn/n1/2017/0712/c1011-29398709.html; 新浪网, "我外交部回應駐吉布提保障基地成立: 履行國際義務,"(2017年7月11日), https://news.sina.com.cn/c/2017-07-12/doc-ifyiaewh 8851170.shtml

군과 합동 의료구조훈련 등을 수행하였으며 지역 학교에 600여 개의 교육 장비를 기증했다.[51]

라. 기술적 차원

1) UN과 기술협력 강화 및 디지털 협력 강화

시진핑 주석은 2021년 1월 다보스포럼에서 세기의 대변화(世界百年未有之大變局)를 언급하였다. 이는 기술혁신을 기반으로 한 경제성장과 개발도상국들의 부상, 서구 선진국들의 쇠퇴를 의미한다. 중국은 2049년 세계일류강국으로의 도약을 추진하고 있으며, 그 기반으로 첨단기술분야를 중시하고 있다. 이러한 핵심기술의 발전이 미국의 패권에 도전할 수 있는 핵심요소라 강조하고 있다. 중국이 국가전략화하고 있는 핵심기술은 인공지능과 우주기술이며 2030년까지 인공지능 분야의 세계 최고의 기술을 보유하기 위해 핵심분야로 육성하고 있다. 또한 우주기술은 2045년까지 우주장비와 기술을 세계 일류로 부상시키는 것을 목표로 연구개발 중이다.[52]

2017년 제1차 일대일로 국제협력 고위급포럼에서 시진핑 주석은 일대일로를 성공적으로 추진하기 위해 혁신을 강조하며 디지털 경제, 나노기술, 인공지능 등의 첨단 분야 분야와 빅데이터, 스마트 시티 건설 등의 연결을 통한 21세기 디지털 실크로드(21世紀的數字絲綢之路) 구축

51 中國人民共和國國務院新聞辦公室(2019), op. cit., p. 20.

52 차정미, “국제질서 리더십 변화의 장주기론과 중국의 강대국화 전략,” 『한국정치학회보』 55집 5/6호(2021), pp. 146-159.

방안을 제시하였다.[53] 디지털 실크로드는 중국의 첨단기술을 중심으로 중국의 브랜드와 표준을 확산시키는 핵심전략이다. 디지털 상호의존성의 제3세계 국가들과 기술연대 등을 확대하는 기반이 되고 있다.[54]

2019년 7월 발표된 중국의 신시대국방백서(新時代的中國國防)에는 4차 산업혁명으로 인공지능, 빅데이터, 클라우드 컴퓨팅 등 첨단기술이 군사분야에 빠르게 적용되고 있다고 평가했다. 또한 정보기술을 중심으로 군사분야 경쟁의 방법도 스텔스, 무인기, 장거리 정밀 타격 무기 등 지능형 양상으로 변화하고 있다고 강조했다. 또한 중국은 과학기술을 중심으로 군의 현대화를 전면적으로 추진하여 2035년까지 세계적인 수준의 군대건설을 목표로 하고 있다는 점을 분명히 밝혔다.[55]

중국의 스마트 도시는 국영기업인 화웨이가 해외에 제공하는 프로젝트 중 하나로 실시간 안면인식, 모니터링, 감시 카메라 등의 기술을 포함하여 국가안전, 테러 방지, 범죄 예방 등으로 영역이 확대된다. 중국은 이러한 감시 및 공안 기술을 사우디아라비아, 세르비아, 케냐 등에 공급하는 계약을 체결하여 향후 유엔에 접목될 가능성이 있다고 판단된다.[56]

중국은 인민해방군의 혁신역량을 강화하기 위해 민간부문과의 협력을 강화하는 방향으로 조직을 개편했다. 특히 2015년부터 4차 산업혁명 기술이 적용된 미래전에 대비하여 전략지원부대를 신설하였으

53 中國共産党新聞网, "習近平在'一帶一路' 國際合作高峰論壇開幕式上的演講," (2017年5月15日), http://cpc.people.com.cn/n1/2017/0515/c64094-29274601.html

54 차정미(2021), 전게 논문, p. 158.

55 中國人民共和國國務院新聞辦公室(2019), op. cit., pp. 6-12.

56 NBR(The National Bureau of Asian Research), "중국의 디지털 야망," 『NBR특별 보고서』 #97 (2022.3), pp. 28-31.

며 우주, 사이버, 전자전 등을 통합하고 군사지능화를 통한 군수기술 발전체계를 군민융합(Civil-Military Intergration, CMI) 방식으로 추진하고 있다. 중국은 핵심기술 및 주요 산업을 군민융합을 통해 추진하고 강화할 계획이며 군인들의 민간교육 등도 추진할 계획이다.[57]

유엔은 다차원 임무단의 효율성 및 안전을 보장하기 위해 디지털 전환기술의 도입이 시급하다고 판단하여 2020년 6월 디지털 협력을 위한 로드맵을 수립하였다. 2021년에는 유엔 평화유지활동의 디지털 전환전략을 발표하였다. 아직 디지털 전환전략과 연계된 중국의 전략이 구체적으로 제시되지는 않았지만 일대일로의 연장선인 디지털 실크로드와 연계하여 추진할 것으로 전망된다. 중국 평화유지활동의 80%가 아프리카에서 수행되고 있기 때문에 평화유지활동과 연계 가능성은 충분하다.

2) 첨단 군수품 공여 확대

중국은 국제평화유지 실제훈련인 '공동운명(Common Destiny) 2021'에서 정찰 드론, EOD 로봇 및 기타 신기술을 이용한 장비를 활용했다. 무인항공기를 투입하여 전염병 예방을 위한 전면적인 소독을 실시했다. 그 과정에서 독극물 및 소독제와 밀접하게 접촉하지 않고 늪지대 및 지뢰밭 등과 같이 차량이 진입할 수 없는 구역에 진입하여 소독을 실시하여 평화유지군을 보호할 수 있었다. EOD 로봇은 위험지역으로 들어가 폭발물을 구별하고 정찰팀을 대신하여 폭발물을 옮기는 등 평

57 김상배 외 11명, 『4차 산업혁명과 신흥 군사안보』(서울: 한울, 2020), pp. 198-203.

화유지군이 폭발물과 접촉하는 기회를 줄일 수 있어 폭발 위험으로부터 안전성을 보장했다. 중국은 첨단기술과 군수품을 훈련 간 시범 운용 후 평화유지군에 적용을 확대해나갈 예정이다.[58]

유엔 평화활동국(DPO) 사무차장인 라크로아(Jean-Pierre Lacroix)는 중국과의 인터뷰에서 "평화유지를 위한 여러 임무단에 중국군이 파견되어 있으며 그중 하나는 수단과 남수단 지역간 분쟁이 있는 아비에이(Abyei) 지역의 임무이다. 유엔은 그곳에 중국의 헬리콥터를 배치하였으며 말리 임무단에는 지상 상황에 대해 파악할 수 있는 중요한 수단인 중국의 UAV를 배치하고 있다. 유엔은 많은 분야에서 중국과 협력 중이고, 앞으로 더 많은 협력을 추진할 것이라고 확신한다"라고 밝혔다.[59]

3) 전문 의료지원 강화

2022년 6월 19일, 육군 의과대학에서 20일간의 평화유지군 의료분대의 사전 배치훈련이 실시되었다.[60] 이번 훈련은 처음으로 평화유지군 전체가 실전과 동일한 파병지역의 작전환경을 기반으로 이를 표준화시킨 국제화된 전문훈련을 실시한 것으로 평가된다. 중국군은 유엔 평화유지군 작전에 참여한 32년 동안 100여 개 의료팀을 파견하였다. 35만 명 이상의 부상자와 환자를 치료하였다. 이러한 경험을 바탕으로 최근 몇 년 동안 임무 중 발생한 문제들을 기반으로 설계된 현장 시

---

58 CCTV, "[軍事報道] '共同命運-2021' 國際維和實兵演習 多种无人化智能化裝備亮相演習場," (2021年9月9日), https://tv.cctv.com/2021/09/09/VIDEFijPkQWyd43 IMCKhUebI210909.shtml

59 解放軍報, "聯合國副秘書長: 中國部隊在維和行動中起關鍵作用," (2022年9月27日), http://www.81.cn/vh/2022-09/27/content_10187662.htm

60 解放軍報, "全軍維和医療分隊首次擧行部署前基地化訓練,"(2022年6月19日), http://www.81.cn/vh/2022-06/20/content_10164658.htm

뮬레이션을 통해 평화유지활동의 정책 및 규정, 평화유지 의료 서비스의 조직 및 명령체계를 보완했다. 또한 평화유지군 임무지역 관련 정보, 혈액 긴급지원, 의무장비 점검, 정신건강 유지, 전염병 예방 및 통제, 대규모 사상자 치료, 비상 대응, 임무 지역의 심각한 외상에 대한 치료 등의 교육과 훈련을 진행하였다. 특히 평화유지 관련 지식의 체계적 습득과 평화유지군 및 민간인 등의 생명과 직결되는 의료지원 능력을 향상시켜 평화유지 임무를 효과적으로 수행할 수 있는 훈련이었다.

콩고 주재 중국 평화유지군 의료팀(DRC)은 중국에서 개발한 말라리아 기생충 인공지능 진단 시스템을 이용해 유엔에서 파견된 다수의 말라리아 의심 환자를 신속하게 진단하여 효과적인 치료를 제공하고 있다. 새로 개발한 말라리아 기생충 인공지능 진단 시스템은 환자의 혈액에서 말라리아 기생충을 신속하게 검출하여 후속 정밀 치료를 위한 과학적 기반 제공 및 적시에 정확한 진단을 받을 수 있어 말라리아 확산을 방지하고 평화유지군의 의료지원 여건을 향상시켰다.[61]

마. 규범적 차원

1) 해외파병부대의 생존성 강화

2021년 4월 27일, 중국이 주도하고 공동 의장을 맡은 유엔 평화유지군 안전을 위한 유엔 평화유지군 안전 및 안보 우호그룹(聯合國維和人員安

61 解放軍報, "医療新技術助力我維和衛勤保障工作," (2021年12月11日), http://www.81.cn/jfjbmap/content/2021-12/11/content_304972.htm

全之友小組, Group of Friends on the Safety and Security of UN Peacekeepers)이 유엔본부에서 출범했다.[62] 49개 국가 및 지역조직과 공동으로 그룹을 설립하였으며 플랫폼 구축, 정보 커뮤니케이션 강화, 정책 조정 촉진, 역량 강화 등을 목표로 하고 있으며, 평화유지군의 안전성 증대를 위한 의제를 추진하고 있다. 중국, 브라질, 인도네시아, 르완다가 공동 의장국으로 현재 54명의 조직원으로 구성되어 있다. 주요 병력지원 국가, 경찰지원 국가, 자금지원 국가 및 평화유지활동을 위한 주둔국을 포함한다. PKO는 분쟁지역의 수많은 사람들에게 평화와 안정을 보장하는 유엔의 핵심활동이다. 그러나 동시에 평화유지군이 직면한 안보위협도 크게 증가하고 있는 상황이다. 2021년 12월 10일 개최된 유엔 평화유지군 안전 및 안보 우호그룹 회의에는 유엔 평화평화활동국 사무차장, 그룹 공동 의장국인 브라질, 인도네시아, 르완다, 파키스탄, 이집트, 네팔, 모로코, 러시아, 미국, 독일, 아일랜드, 네덜란드 및 기타 그룹 구성원 등이 회의에 참석하였다. 평화유지활동 특별위원회(C-34)의 틀 아래에서 의료 문제, 주둔국과 임무단의 협력 강화, 캠프 보안 및 비상 대응능력 등의 신기술 적용, 급조폭발물(IED) 위협에 대응하는 임무수행 능력 향상 등 4가지 측면에 초점을 맞춰 조정과 상호작용을 지

62 UN, "Opening ceremony of 'Group of Friends on the Safety and Security of UN Peacekeepers'," (2021.4.27.), https://media.un.org/en/asset/ k1p/k1pqkbiyu5 지난 20년 동안 분쟁이 복잡해지고 강도가 높아짐에 따라 유엔 평화유지군은 현장에서 안전과 안보에 대한 여러 도전에 직면해 있으며 불법 무장단체 등의 공격, 전염병 등 전통적 및 비전통적 원인으로 인해 평화유지군의 생명과 안전에 심각한 위협이 되고 있다. 2013년 이후 250명 이상의 유엔 평화유지군이 표적 공격으로 사망하였을 뿐만 아니라 질병, 교통사고 등으로 인한 인명피해도 지속적으로 발생하고 있다. 또한 COVID-19로 인해 평화유지 임무의 수행은 더욱 어려워지고 유엔 평화유지군의 안전과 안보에도 부정적인 영향을 미치게 되었다. 이러한 배경에서 중국, 브라질, 인도네시아, 르완다가 함께 모여 유엔 평화유지군 안전과 안보를 논의하고 개선하기 위한 비공식기구로 '유엔 평화유지군 안전과 안보에 관한 우호단체'를 결성하였다. 49개국 회원이 가입되어 있으며 유엔 평화유지군의 안전과 안보를 더욱 강화하여 평화유지군 활동 개선에 기여하는 것을 목표로 하고 있다.

속적으로 강화하는 방안이 제안되었다.[63]

국방기술대학교 국제관계학부 리우치앙(劉强) 교수는 제19회 유엔 세계평화유지군의 날을 맞아 평화유지군 안전에 관한 공개토론에서 다음과 같은 의제를 제안했다.[64] 첫째, 효율적인 정보 수집, 분석 · 공유 등 정보 활동을 강화한다. 그리하여 위협 요소를 보다 효과적으로 식별하고 표적화하여 예방적 조치를 취한다. 다양한 분쟁으로 인한 불법 무장세력 공격으로 인한 사상자, 각종 전염병 관련 건강 악화, 열악한 교통 여건으로 인한 교통사고 증가 등 다양한 요인으로 평화유지군의 안전이 위협받고 있다. 따라서 위협의 원인 분석을 통해 예방대책을 개선하여 다양한 위험요인을 최소화해야 한다는 것이다. 둘째, 비무장 평화유지군의 조사 업무 등을 수행할 때 제도적 장치를 보완하여 보안 및 경호를 강화하여 인명피해의 가능성을 줄인다. 셋째, 전염병 등에 대처하기 위해 2차 병원의 방역역량을 강화하고, 관련 인력의 임무수행 역량을 강화할 수 있는 물자보급과 훈련을 정기적으로 실시 및 교통체계의 표준화를 강화를 통한 차량사고 발생 감소이다. 상하이정법대학교 국제법학부 셩홍셩(盛紅生) 교수는 중국 평화유지군의 안전한 임무수행 여건 보장을 위해 다차원 임무특성에 맞는 교전규칙 수립의 시급함을 주장했다.[65]

63 中華人民共和國常駐聯合國代表團, "中國持續推動維和人員安全議題走深走實," (2021年12月10日), http://un.china-mission.gov.cn/chn/hyyfy/202112/t20211211_10466895.htm

64 中國人民共和國國防部, "國際維和人員日 | 增進維和人員安全 推進維和事業發展," (2021年5月29日), http://www.mod.gov.cn/action/2021-05/29/content_ 4886367.htm

65 盛紅生, "中國參与聯合國維持和平行動交戰規則問題研究," 『觀察与思考』 第7期, 2017年, p. 44.

2) 여성의 PKO 참여 확대

중국은 유엔 평화유지군 활동의 주요 기여국 중 하나이자 유엔 안전보장이사회에서 가장 많은 병력을 공여한 국가로, 약 30년 동안 1,000명 이상의 여성이 유엔 평화유지군 작전에 참여했다.

중국 평화유지군 참여 이래 여성 최초로 파견된 지휘관인 마오핑(毛屏)은 2015년 11월 레바논 정부로부터 뛰어난 여성 평화유지군에게 수여하는 '우수여성상(Outstanding Women Award)'을 수상했다.[66] 2020년 5월 29일 유엔이 세계 평화유지군의 날에 레바논 UNIFIL에 임무수행 중인 신위안(Xin Yuan) 소령은 '군 성평등 수호자상' 명예증서를 수여받았다. 신위안 소령은 2019년 10월 유엔 레바논 잠정군 사령부 전투공병실 지뢰제거 참모로 예정보다 34일 앞당겨 총 1,500㎡가 넘는 지뢰지대 처리를 완료하였다. 2021년 8월 배치된 레바논에 주둔한 중국군 20차 평화유지군 장교와 군인 400여 명 가운데 여군은 16명이 포함된 것으로 알려졌다. 여성 지뢰제거 요원들은 100개 이상의 지뢰를 성공적으로 제거하였으며 여성 의료진은 여러 차례 인도적 의료지원을 통해 우호적인 부대 이미지를 만들었다. 또한 여군들의 뛰어난 전투력과 친화력으로 중국에 대한 좋은 인상을 심어주고 있으며 현지인들에게 높은 평가를 받고 있다.[67] 중국은 이미 다수의 여군 의료진을 평화유지군에 파견하였으며, 남수단 및 말리의 중국 평화유지군 보병대대는 여군으로 구성된 전투부대를 운영하고 있다.

---

66 中華人民共和國國務院新聞辦公室,『平等 發展 共享: 新中國70年婦女事業的發展与進步』白皮書, (北京: 人民出版社, 2019年9月), pp. 12-15.

67 人民网, "聯黎部隊軍事性別顧問高度贊揚中國維和女軍人,"(2022年4月14日), http:// military.people.com.cn/n1/2022/0414/c1011-32398962.html

중국의 여성 평화유지군은 평화유지활동에서 점점 더 중요한 역할을 하고 있다. 분쟁예방 및 해결, 평화와 발전의 구축 등 모든 분야와 직위에서 활약하고 양성평등 증진, 여성의 권리 보호에 있어 중요한 임무를 수행하고 있다. 중국은 유엔의 '여성, 평화, 안보' 의제를 확고히 지지하고 분쟁지역의 여성을 성폭력으로부터 보호하기 위한 유엔 안보리 결의안 제1325호를 이행하기 위해 여성인력을 파견하여 의료, 연락 및 조정, 지뢰제거, 순찰 및 관찰, 성평등 증진, 여성과 어린이 보호에 참여했다.[68] 2022년 5월 기준, 평화유지 임무를 수행하는 여성은 85명으로 의료, 지뢰제거 분야 등에 참여하고 있다.

3) 국제평화활동에 대한 전략적 소통(SC) 강화

중국에서는 정부가 추진하는 정책에 대한 일반인 설문조사가 매우 제한적이다. 그러나 평화유지활동 관련 중국의 2개 국제대학에서 대학생 297명을 대상으로 한 설문결과를 살펴보면 다음과 같다. 유엔 평화유지활동이 다른 국가에 혜택을 주고 세계에 기여하고 있다는 의견이 92%, 중국의 국제적인 이미지에 긍적적 영향을 준다는 의견이 94%, 임무단에 더 많은 파병을 해야한다는 의견이 40%를 차지했다. 또한 중국이 유엔 평화유지활동을 참여하는 이유가 올바른 일이기 때문이라는 의견이 26%, 참여를 통해 올바른 일과 이익추구 의견이 65%를 차지했다. 또한 참여 여부 결정 시 중국 정부가 얻을 수 있는 혜택을 고려해야 한다는 의견이 81%로 압도적인 비율을 차지했다. '파병

68 中國人民共和國國務院新聞辦公室(2019), op. cit., pp. 14-15.

과 관련된 한국 드라마(태양의 후예)를 보았느냐'라는 질문에 46%가 보았다고 답했으며, '이 드라마 시청 후 유엔 평화유지활동에 긍정적인 견해를 가지게 되었냐'라는 질문에 72%가 그렇다고 답했다.

<그림 3-3> 파병 관련 TV드라마 시청 후 유엔 PKO에 대한 견해

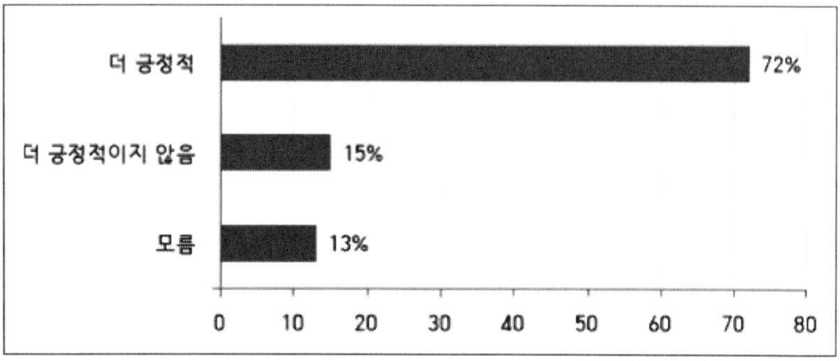

* 출처: Christopher B. Primiano,"Should China Spend on UNPKOs? Findings from a Survey," CHINA REPORT 55-1 (2019), p. 53. 설문결과를 차트로 작성.

유엔 평화유지활동과 관련된 TV 드라마 시청을 통해 국제평화활동에 더 긍정적인 인식을 갖게 되었다는 견해는 72% 수준이었다. 이는 국민들의 국제평화활동에 대한 관심과 지지를 확보하기 위해서는 전략적 소통의 방법을 다변화할 필요가 있음을 보여준다. 물론 중국에서 실시한 설문이지만 한국에서도 '태양의 후예' 방영 후 군에 대한 긍정적인 이미지를 제고하였고, 해외파병에 대해 많은 관심을 불러일으켰다.

국내의 전략적 소통을 통한 관심과 지지도 중요하지만, 주둔국에서의 평화유지군과 주민들과의 전략적 소통을 통해 평화유지군에 대한 좋은 이미지를 형성하고 우호적인 여론을 조성하는 것도 매우 중요하다. 이러한 전략적 소통의 대표적인 사례를 살펴보면, 중국은 콩고에 파병된 의료팀(DRC)이 부카부(Bukavu)시의 SOS 어린이 마을(SOS Children's Village)과 짝을 이뤄 부모가 없는 아이들의 학업과 생활을 도우며 구호품과 무료의료서비스 등을 제공하는 등 12년 이상 지속적인 도움을 주고 있다.[69] 또한 이스라엘 국경 근처의 레바논 남부 마을에 의료진을 파견해 10년 이상 무료 진료활동을 펼치고 있다. 의료 장비를 운반하고 마을 의원에 내과, 외과, 정형외과, 치과 등을 설치하여 지역 노인, 여성 및 어린이에게 무료 신체검사, 진단 및 치료를 제공하고 의약품을 배포했다. 10년 이상 마을에는 중국 평화유지군 의료진을 위한 고정 무료 진료소가 설치되었으며 많은 마을 사람들이 통역 없이도 진단과 치료에 협력할 수 있게 되었다. 중국 레바논 평화유지군은 각종 평화유지 임무를 성공적으로 수행하면서 무료 진료, 기부 등 다양한 방법으로 현지 주민들에게 인도적 지원을 적극적으로 제공하여 큰 호평을 받고 있다.[70]

4) 지역공동체와 연계된 민간인 보호활동 강화

유엔 평화유지활동이 주로 이루어지고 있는 곳은 아프리카 지역이다. 중국은 2015년 시진핑 주석의 유엔 총회시 공약에 따라 아프리카 방식으로 평화와 안정을 유지하고 문제를 해결하는 능력을 향상시킬

---

69 China Daily, "Chinese peacekeepers bring joy, solace to DRC orphans at SOS village," (November 21, 2017), http://global.chinadaily. com.cn/a/ 201711/21/WS5a27682da3107865316d3520_2.html

70 人民网, "'感謝中國維和軍人无私的帮助' 一記中國第20批赴黎巴嫩維和部隊開展義診活動," (2022年06月19日), http://military.people.com.cn/n1/2022/ 0619/c1011-32450165.html

수 있도록 지원하고 있다. 이를 위해 아프리카연합(AU)에 1억 달러의 무료 군사 지원을 시행하고 아프리카군뿐만 아니라 위기대응을 위한 신속대응군 창설을 지원했다. 중국군은 아프리카연합에 1차 군사원조장비와 물자를 제공하고, 아프리카 요원의 훈련을 위해 군사 전문가팀을 파견했다. 또한 아프리카연합과 다음 단계의 군사원조 합의를 추진했다. 2018년부터 중국은 아프리카 국가 2,000명 이상의 법 집행관을 교육하고 경찰 물품도 제공하고 있다. 유엔 평화유지군을 파견뿐만 아니라 인터폴 체제하에서 아프리카 국가들과 사건협력, 정보교류, 경험공유, 공동작전 등을 추진하여 초국가적 범죄 및 민간인 보호 등에 공동으로 대처하고 있다.

2021년 11월 베이징에서 개최된 제8차 중국-아프리카 협력포럼에서 '중국-아프리카 협력 비전 2035(China-Africa Cooperation Vision 2035)'의 첫 번째 3개년 계획으로 의료, 빈곤감소, 무역 및 투자 촉진, 디지털 혁신, 녹색개발, 문화교류, 평화 및 안보 등 9개 프로젝트를 공동으로 시행할 것을 제안하였다. 3개년 계획으로 추진하는 9개 프로젝트는 경제 및 사회 발전의 모든 측면을 포괄하고 있는 것으로 중국은 아프리카와의 공동체 건설 추진 의지를 밝혔으며, 아프리카 참가국들도 적극적인 지지를 표명했다.[71]

71 新華网, "新華社評論員: 携手构建新時代中非命運共同体," (2021年11月30日), http://www.news.cn/world/2021-11/30/c_1128117741.htm

바. 향후 중국 평화유지활동 전망

구테흐스 유엔 사무총장은 "일대일로는 세계 문제를 해결하기 위한 연대와 국제협력에 중요한 기여하고 있으며 지속 가능한 발전을 위한 2030 제도에 도움이 된다"라고 말했다.[72] 중국은 유엔의 평화유지 활동에 일대일로 이니셔티브를 접목하여 적극적으로 참여하고 있다. 급변하는 국제질서에서 책임있는 강대국의 이미지를 심어주며 국익을 추구하고 있다. 중국이 국가전략으로 평화유지활동을 추진하는 이유는 ① 경제 안보 이익, ② 책임 있는 강국으로의 명성, ③ 연합작전 참가 등의 군사적 경험 확장, ④ 하나의 중국 정책 홍보 등이며 가장 큰 이유는 경제적 안보 이익이다.[73] 실질적으로 중국의 평화유지활동은 석유와 같은 천연자원 획득과 이해관계가 있는 아프리카 지역에서 80%가 수행되고 있으며, 이는 중국의 해외 이익 보호는 물론 군사훈련에도 도움이 되는 것으로 볼 수 있다. 또한 중국이 평화유지활동에서 주둔국의 국가주권과 내정 불간섭 원칙을 고수하며 아프리카에서의 적극적 활동에 대해 스스로 정당성을 불어 넣고 이를 통해 많은 실질적 이익을 얻고 있다.[74] 그러나 평화유지 파병은 임무의 성공을 위해 잠재적으로 참여 인력의 생명을 담보할 수도 있는 중요한 국가적 정책으로 완전히 자발적인 사안임을 감안해야 한다.[75] 그러므로 중국

---

72 何銀(2018), op. cit., p. 224.

73 Dongkeun Lee, "Beijing's UNPKO Troop Deployment: In Pursuit of Economic-Security Interests from the Six Cases," 『한국군사학논집』 제76호 제3호(2020.10.), p. 248-249.

74 이동률, "중국의 유엔 평화유지활동과 주권 원칙의 딜레마: 아프리카 평화유지활동을 중심으로," 『군사연구』 제60호(2014), p. 312.

75 Courtney J. Fung, "What explains China's deployment to UN peacekeeping operations?", *International Relations of the Asia-Pacific,* Volume 16 (2016), p. 410.

의 유엔 PKO 정책은 국제적인 영향력의 확대를 위한 국가전략의 차원으로 이해할 필요가 있다. 미국 중심의 세계질서에 적극적인 다자안보 체제에 참여함으로써 미국을 견제하고 중국은 국제적 이미지 제고, 실전경험 획득 등의 군사 이익, 군사위협론 불식 등의 이유로 유엔 평화유지활동에 적극 참여할 것으로 예상된다. 동시에 자국의 경제건설에 유리한 국제 안보환경 조성과 대만의 고립을 위한 방법 등으로 삼을 것이다.[76]

중국의 안보정책은 유엔 임무에 참여하고 군대를 파병하려는 의지에 중대하고 긍정적인 영향을 미치고 있으나 반면 높은 무역량을 가지고 있는 주둔국에 더 많은 수의 중국 평화유지군을 보내고 있는 것도 사실이다. 책임있는 대국의 모습을 보여주기 위해 평화유지군 병력은 증강시키나 치명적인 분쟁에 평화유지군의 파견 의지가 감소될 수 있을 것으로 예상된다.[77] 중국은 유엔 임무단 창설 지역에 병참 지원군, 전투부대를 편성하여 장애물 제거 및 폭동 방지 작전 등을 수행할 수 있는 다양한 평화유지군을 파견하고 있다. 특히 중대급 지원부대에서 대대급 전투부대로 파병규모가 확대됨에 따라 다양한 임무 수행이 가능하게 되었다. 하드웨어 지원도 일반 장비 지원에서 중국에서 만들어진(all made in China) 보병 전투차량, 장갑차, 대전차로켓, 무인항공기, 박격포, 중기관총 등 특수작전 장비지원을 포함하도록 방침을 변경하였다. 그러나 아직까지는 언어 및 의사소통의 기술 부족 문제

76 김순수, "중국 군사외교 이론과 실천," 『한국군사학논집』 제70집 1호(2014.2.), pp. 18-19.

77 Hang Zhou, "Dragon under the Blue Helmet: a quantitative analysis of China's motivation for participation in UN peacekeeping operations," *African East-Asian Affairs* No. 3 (2013.9.), pp. 51-52.

와 같은 도전에 직면해 있다.[78] 또한 국제사회의 핵심국가로 유엔에 인적·물적 기여를 보다 강화하고 PKO 분야의 주도적 역할을 위한 지원체계 구축도 필요하다.[79] 중국은 이미지 제고와 경제 및 안보 이익 추구를 위해 지속적으로 국제 평화유지를 지원하고, 적극적으로 평화활동에 참여하는 국가정책을 유지할 것으로 전망된다.

사. 중국 사례연구의 시사점과 함의

본 장에서는 중국의 유엔 평화유지활동 참여 사례를 제도적, 조직적, 기술적, 규범적 차원에서 고찰하였다. 제도적 차원에서 중국은 유엔 평화유지활동 참여의 법률적 근거 마련과 체계적인 규정을 위해 2012년 중국인민해방군의 유엔 평화유지군 참여에 관한 규정 등을 제정하고, 2015년 신(新)국가안전법 제정, 2022년 군대의 전쟁 이외의 군사행동 요강 시행에 이르기까지 지속적으로 관련 근거를 마련하고 있다. 또한 경찰병력 파병을 위해 중국 평화유지 경찰훈련센터를 설립하여 전문적인 교육과 훈련을 시행하고 있는 현황을 구체적으로 고찰하였다.

조직적 차원에서는 경찰병력 300명과 보병, 공병, 수송, 다목적 헬리콥터 분대 등 8,000명으로 구성된 10가지 직군별 28개 부대 상비부대 등록을 완료한 현황 등을 고찰했다. 중국은 경비부대 및 의료, 공병, 수송 등 다기능 부대를 파병하고 있으며, 국방부 평화유지사무센

78 Danish Defence, *UN Peacekeeping: The Role and Contribution of China and Denmark*, (Copenhagen: Royal Danish Defence College Publishing House, 2015), pp. 38-39.

79 何銀, "中國的維和外交: 基于國家身份視角的分析,"『西亞非洲』第 4 期, 2019年, pp. 47-48.

터 훈련기지 운용으로 평화유지군에 대한 전문적인 교육훈련을 시행하고 있다. 특히 중국은 기술 인력을 지원하고, 군수품을 유지 · 관리할 수 있는 지부티 군수지원 기지를 통해 지속지원 능력을 확보하고 있다.

기술적 차원의 분석에서는 2021년 국제평화유지 실제훈련에서 사용한 정찰 드론, EOD 로봇 등 첨단 군수품과 말라리아 기생충 인공지능 진단기 등 첨단 의료 시스템 도입을 통해 의료지원을 추진하는 현황을 살펴보았다. 마지막으로 규범적 차원에서는 2021년 유엔 평화유지군의 안전을 목표로 49개 국가들이 참여하고 있는 유엔 평화유지군 안전 및 보안 우호그룹의 출범 관련 현황을 고찰했다. 중국은 평화유지군에 여성 지휘관을 최초로 파병한 나라이자 양성평등 증진, 여성의 권리 보호를 위해 임무를 수행하고 있는 중국의 여성 평화유지군 참여 현황을 살펴보았다. 중국의 국제평화활동 사례 연구결과에 다차원 모형을 적용하여 주요 시사점을 제시하면 아래의 〈표 3-4〉와 같다.

<표 3-4> 중국의 사례연구 결과 주요 시사점

구 분	주 요 시 사 점
제도적 차 원	· 신속한 해외파병 여건 보장을 위한 법적 기반 구축 - 2012년 중국인민해방군의 유엔 평화유지군 참여에 관한 규정(中國人民解放軍參加聯合國維持和平行動條例) 공포 * 중국군의 유엔 평화유지활동 참여 절차 등을 체계적으로 규정 - 2015년 신국가안전법(新國家安全法) 채택 * 중국 평화유지군을 해외에 파병할 수 있는 법적 근거 추진 - 2022년 전쟁이외의 군사행동 요강(軍隊非戰爭軍事行動綱要) 시행 · 유엔의 패러다임 전환과 연계된 맞춤형 파병전략 수립 * 예) 'Common Destiny(共同命運)-2021' 연합훈련 · 지역기구와의 파트너십 강화 * 아프리카 연합(AU)과 협력 강화, 아프리카 국가들과의 군사교류협력 등 · 전문인력 참여 확대 : 평화유지 경찰훈련 센터(中國維和警察培訓中心) 설치
조직적 차 원	· 상비부대 편성 강화 : 10개 직군, 28개 부대(8,000명 규모) * 보병·공병·수송·의무부대, 다목적 헬기부대 등 · 다기능 부대 편성 * 경비부대 및 의무, 공병, 수송 등 다기능 부대 편성 · 해외파병부대에 대한 교육훈련 강화 * 국방부 평화유지사무센터 훈련기지 운용 · 효과적인 지속지원 능력 확보 : 지부티 군수지원 기지 운영 * 특수장비, 기술인력 지원 및 군수품 유지·관리 여건 보장
기술적 차 원	· 유엔과 기술 및 디지털 협력 강화 * 디지털 실크로드와 유엔 디지털 전환전략 연계 전망 · 첨단 군수품 활용 및 공여 확대 * 2021년 국제평화유지 훈련 시 정찰 드론, EOD 로봇 등 운용 · 첨단 의료 시스템 도입으로 의료지원 능력 및 전문성 향상 * 예) 말라리아 기생충 인공지능 진단 시스템 도입
규범적 차 원	· 해외파병부대의 생존성 강화 - '21년 유엔 평화유지군 안전·안보 우호그룹(聯合國維和人員安全之友小組) 출범 - 유엔 평화유지군의 안전 및 생존성 강화 대책 강구 · 여성의 유엔 PKO 참여 확대 * 양성평등 증진, 여성의 권리 보호 관련 임무 수행 · 지역기구와 연계된 민간인 보호활동 강화 · 국제평화활동에 대한 전략적 소통(SC) 강화

2. 일본의 국제평화활동 현황

가. 일본의 국제평화활동 참여 변천과정

2006년 처음으로 집권한 아베 내각은 보수적 이념의 제도화를 통해 대내적으로는 헌법개정을, 대외적으로는 미국과의 동맹 강화 그리고 자위대(Self-Defense Forces, 이하 SDF)[80]의 항구적인 해외파병 및 무력사용 가능을 위한 법적 · 제도적 정비를 통해 '강한 일본'건설을 추구하였다.[81] 2012년 12월에 제2차 아베 내각 출범 이후 '적극적 평화주의(Proactive Contribution to Peace)와 평화안보법제(Japanese Peace and Security Preservation Legislation)'를 바탕으로 자위대의 역할 확대를 추진하였다. 2013년 9월 유엔 총회 연설에서 아베 신조(安倍晋三) 前 총리가 제시한 개념인 적극적 평화주의는 일본의 안전보장, 아시아-태평양 지역 및 국제사회의 평화와 안정, 번영을 위해 일본은 적극적인 역할을 수행해야 한다는 안보정책 개념이다. 또한 2016년 3월 발효된 평화안보법제는 자위대법, 중요영향사태법, 국제평화협력법 등 10개의 정비법안과 신설된 국제평화지원법안으로 구성되어 있으며 일본은 이러한 법안 정비를 통해 집단적 자위권 행사를 용인함은 물론 자위대의 활동범위를 전 세계로 확대했다.[82]

---

80 정회주 · 방준영, "일본 자위대의 재해파견 활동과 그 역할의 변용," 『한일군사문화연구』 제33권(2021), pp. 5-6. 일본의 자위대는 제2차 세계대전의 패전국으로서 군대가 해체되었으나, 1950년 8월 주일미군의 한반도 전개로 경찰예비대를 설치하였으며, 10월 경찰예비대를 보안대로 변경하였다. 1954년 7월 보안청이 방위청으로 개편되고 보안대는 육상자위대, 해상경비대는 해상자위대로 변경되었고 항공자위대가 신설되었다.

81 조양현, 『아베 내각의 국가전략과 한 · 일 관계: '탈(脫)전후체제론'을 중심으로』 (서울: 국립외교원 외교안보연구소, 2019), p. 6.

82 이강경 · 설현주, "한일 GSOMIA의 군사적 함의 고찰," 『국방연구』 제63권 제1호(2020), p. 63.

일본은 1956년 유엔에 80번째로 가입하였으나 2차 대전의 전범국을 의미하는 유엔의 적국조항(enemy-state clauses, 敵國條項)[83]에서 자유로울 수 없었다. 1947년 시행된 일본헌법 제9조에서 '전쟁의 포기, 전력 및 교전권 부인(戰争の放棄, 戰力及び交戰權の否認)'을 구성하고 있어 일명 '평화조항'으로 불리고 있다. 일본은 "국제분쟁을 해결하는 수단으로써 국권이 발동되는 전쟁과 무력에 의한 위협 또는 무력 행사를 영구히 포기한다"라는 조항과 "육 · 해 · 공군, 그 밖의 전력을 보유하지 않는다"라는 조항을 근거로 1954년 자위대 창설 후에도 해외파병을 엄격히 금지하였다. 그리하여 유엔 가입 후 평화유지활동에 거의 참여하지 않았다. 그러나 1992년 6월, '국제연합 평화유지활동 등에 대한 협력에 관한 법률(國際連合平和維持活動等に對する協力に關する法律), 이하 국제평화협력법(國際平和協力法)' 제정으로 이 법률에 근거해 1992년부터 2017년까지 일본은 적극적인 파병 참여 정책에 기반하여 대규모의 병력을 유엔 평화유지군에 파견하였다.

일본의 유엔 평화유지활동 정책변화는 다음과 같다.[84] 첫 번째 단계

---

83 UN, "United Nations Charter," https://www.un.org/en/about-us/un-charter 제53조 1항 안전보장이사회는 그 권위 하에 취하여지는 강제조치를 위해 적절한 경우에는 그러한 지역적 약정 또는 지역적 기관을 이용한다. 다만, 안전보장이사회의 허가 없이는 어떠한 강제조치도 지역적 약정 또는 지역적 기관에 의하여 취하여져서는 아니된다. 그러나 이 조 제2항에 규정된 어떠한 적국에 대한 조치이든지 제107조에 따라 규정된 것 또는 적국에 의한 침략 정책의 재현에 대비한 지역적 약정에 규정된 것은, 관계정부의 요청에 따라 기구가 그 적국에 의한 새로운 침략을 방지할 책임을 질 때까지는 예외로 한다. 2항 2조 제1항에서 사용된 적국이라는 용어는 제2차 세계대전 중에 이 헌장 서명국의 적국이었던 어떠한 국가에도 적용된다. 제107조 이 헌장의 어떠한 규정도 제2차 세계대전 중 이 헌장에 서명한 국가의 적대국가와 관련하여 전쟁 결과에 책임을 지는 정부가 취하거나 승인한 조치를 무효화하거나 배제하지 않는다. 제2차 세계대전을 일으킨 일본, 독일, 이탈리아 등 연합국의 적국이었던 나라들이나 제53조 2항에서처럼 국가의 이름은 구체적으로 제시되어 있지 않다. 적국에 해당되는 국가들이 다시 침략행위를 할 경우 안보리의 결의가 없이도 무력행사를 가할 수 있는 조치로 일본은 적국조항 개정을 추진하였으나 아직 안보리 승인이 나지 않아 여전히 유효하다.

84 Nagafumi Nakamura, "Unresolved and Unexplored Questions of Dispatching the Japan Self Defense Forces in A Profile of Japan's International Cooperation," *Hitotsubashi University JICA(Japan International Cooperation Agency)*, 2018, p. 28.

는 유엔 가입 시기부터 걸프전 이전까지의 기간으로 일본 국회에서는 유엔에 가입하게 되면 유엔군의 한국전쟁 파견과 같은 임무에 일본군을 파병할 수 있는지와 평화유지군 파병을 하지 못한다면 회원국의 자격을 충족할 수 있는지에 대한 문제가 논쟁이 되었다. 그러나 1954년 6월 참의원(參議院)은 결국 자위대의 해외파병을 금지하는 결의안을 승인했다. 1958년 제2대 유엔 사무총장 함마르셸드(Dag Hammarskjold)는 레바논의 UNOGIL(United Nations Observation Group in Lebanon)[85] 군사 참관인 임무에 관련 인력의 파견을 요청하고 적극적인 일본의 참여를 요구하였다. 그러나 이러한 외압(外壓)에도 불구하고 일본 정부는 적대적인 국내 여론과 유엔 평화유지활동에 대한 일본인 파견이 법적 조항의 근거가 부족하다는 이유로 거부했다.[86] 그러나 1987년 당선된 다케시타 노보루(竹下登) 총리는 국내외 압력으로 유엔 평화유지활동의 참여를 결정하였다. 이에 따라 일본은 1989년 11월 나미비아 선거감시단(UNTAG)에 파견하고 이어 1990년 2월 니카라과 선거감시단에 6명의 민간인을 파견하여 유엔 평화유지활동 협력을 강화하였다. 1990년 6월에는 '캄보디아 문제에 관한 도쿄회의'를 개최하며 캄보디아 문제 해결을 위해 적극적인 참여 의사를 밝혔다.[87]

일본은 헌법 9조가 '국제분쟁해결 수단으로서의 전쟁과 무력의 위

85 UN Peacekeeping, "UNOGIL," https://peacekeeping.un.org/sites/default/ files/past/unogil.htm UNOGIL은 레바논 국경을 넘어 인력이나 무기 또는 기타 물자의 불법적인 침투가 없도록 하기 위해 1958년 6월에 창설되었으며, 갈등이 해결되면서 긴장이 완화된 이후 철수 6개월차인 1958년 12월에 철수했다.

86 Hugo Dobson, *Japan and UN Peacekeeping: New Pressures and New Responses* (New York: RoutledgeCurzon, 2003), pp. 50-51.

87 외교부, 『외교백서 1991』(서울: 외교부, 1991), p. 159. https://www.mofa.go.kr/www/brd/m_4105/list.do

협 및 무력행사'를 금지하고 있어 무력 행사와 관련된 작전에 참여하지 않았다. 냉전 시대에 일본은 평화헌법을 근거로 유엔 평화유지활동에 참여하지 않았고 자위대는 일본만을 방어하기 위한 부대였다. 그러나 1990년 이라크의 쿠웨이트 침공으로 1991년 이라크와 다국적군 사이의 전쟁인 걸프전이 발발하게 되자 자위대의 해외파병에 대한 논쟁이 다시금 벌어졌다. 걸프전 당시 자위대가 일부 연합군과 평화유지활동에 참가하기 위한 목적으로 1990년에 제정된 유엔 평화협력법안은 결국 일본 국회를 통과하지 못했다. 한국도 비전투부대인 의료진 등을 파병하였으나 일본은 헌법상의 제약을 이유로 자위대 병력파병을 거절하였다. 대신 130억 달러라는 막대한 재정적 지원을 하였으나, '수표외교(checkbook diplomacy)[88]'라는 국제적인 비난에 직면하게 되었으며 일본 내 여론도 악화되었다. 이후 일본 내 여론은 자위대의 해외파병을 지지하는 쪽으로 흘러갔으며, 이로 인해 1992년 6월 국제평화협력법이 국회를 통과할 수 있었다. 일본은 이러한 외교 정책의 비난을 계기로 국제평화협력법을 제정하고 이후 자위대는 유엔 캄보디아 과도행정기구(UNTC) 등을 시작으로 유엔 평화유지활동에 본격적으로 참여할 수 있게 되었다. 1992년 제정된 국제평화협력법으로 인해 일본 헌법상 금지된 것으로 여겨졌던 자위대의 해외파병이 시작되었

88 이승주, "중국의 부상과 일본의 21세기 외교전략:보통국가의 다차원화," 『동아시아연구원 연구보고서』 NSP Report 64(2014), p. 2. 오자와 이치로 (小澤一朗)는 당시 걸프전에서 막대한 자금을 투입하고도 해외 비난을 받게 되자 '일본의 보통국가론'을 제시하면서 탈냉전 시대 외교정책의 문제점에 대한 구체적 실행 방안인 국제평화협력법(國際 連合平和維持活動等に對する協力に關する法律)을 법제화시켰다. 이를 계기로 일본은 2001년 테러대책특별조치법(テロ對策特別措置法), 2003년 이라크부흥지원특별조치법(イラクにおける人道復興支援活動及び安全確保支援 活動の實施に關する特別措置法), 2008년 보급지원특조법(テロ對策海上阻止活動に對する補給支援活動の實施に關する特別措置法) 등의 제정을 통해 국제적 공헌을 위한 평화유지활동 등에 자위대 참여를 위한 법적 근거를 마련했다.

으며 이는 일본 외교 · 안보정책의 큰 전환기라 평가할 수 있다.[89]

국제평화협력법을 근거로 시작된 일본의 유엔 평화유지활동 참여 현황은 다음과 같다.[90] 1992년 국제평화협력법 시행 이래 2017년 6월 기준 27건의 국제평화활동에 12,000여 명의 인원을 파견했다. 자위대 인력은 캄보디아, 모잠비크, 골란고원, 동티모르, 수단, 아이티, 남수단 등과 경찰 인력은 캄보디아와 동티모르에 파견되었다. 또한 자위대는 5개 국제 인도적 지원활동 및 르완다 난민, 동티모르 난민, 아프간 난민, 이라크 난민을 위한 지원활동에도 파견되었다. 1992년 9월 제2차 유엔 앙골라 감시단(UNAVEM II)에 선거 감시 요원이 파견되었으며, 선거감시단의 감시하에 국회의원 선거와 대통령 선거가 행해졌다. 일본은 3명(민간인 1명, 공무원 2명)의 선거 감시 요원을 파견했으며, 이는 국제평화협력법, 이른바 'PKO법'이라 불리는 법률에 근거하는 최초의 국제평화활동 임무였다.

일본은 1992년 9월 유엔 캄보디아 잠정기구(UNTAC)에 제1차 육상 자위대 시설 부대 600여 명, 정전감시 요원 8명을 파견하였으며, 같은 해 10월에는 75명의 경찰 요원을 파견하였다. 정전감시 요원은 타국의 요원과 함께 무장 해제를 위해 무기의 보관, 상황감시 및 정전감시 임무를 수행했다. 자위대 공병부대는 내전으로 무너진 도로나 교량의 복구 및 UNTAC 연합 부대에 대한 급유 · 급수, 의료 · 숙박 시설의 제공, 물자 등의 수송 · 보관 등 다양한 임무를 수행했다. 캄보디아 헌법

89 박명희, "일본의 국제공헌과 여론: 자위대 해외파견을 중심으로," 『국방연구』 제63권 제4호(2020), p. 101.

90 内閣府, 國際平和協力本部事務局(PKO), https://www.cao.go.jp/pko/pko_j/; 防衛省 統合幕僚監部, "國際平和協力活動," https://www. mod.go.jp/js/activity/overseas.html

제정의회 선거 홍보 · 교육을 위한 UNTAC에 비디오 · 라디오 · 소형 발전기 세트 등의 시청각 물자를 제공하였으며 이는 국제평화협력법에 근거하는 최초의 물자 지원이었다. 같은 해 10월에는 75명의 경찰 파견 요원 중 1명이 사망하는 사건이 발생하였으나 현지 경찰 활동의 공정 · 중립적 여부 조사 및 감시하고 현지 경찰에 대한 수사 방법 등을 지도하는 등의 임무를 실시했다.

1996년 2월 골란고원의 유엔 병력 철수감시대(UN Disengagement Observer Force, UNDOF)에 사령부 요원과 자위대 수송부대를 파견하였다. 유엔은 제4차 중동전쟁 이후 1974년에 시리아 및 이스라엘 양국이 병력 철거 협정에 합의한 것에 정전감시 및 양군의 병력 철수 상황 등을 감시하는 유엔 병력 철수감시대를 창설하였다. 유엔 병력 철수감시대는 이스라엘과 시리아 사이의 평화 협상에서 핵심적인 문제 지역인 시리아 남서부의 골란고원에 전개해 현재도 임무수행 중이다.[91] 일본은 1996년 2월부터 2012년 12월까지 유엔 병력 철수감시대에 사령부 요원 및 육상 자위대 수송부대를 파견하고, 활동에 필요한 식료품 등 물자의 수송 및 보관, 도로의 보수 등 후방지원 업무를 수행했다.

1998년 6월, 국제평화협력법은 그동안의 해외파병 경험을 바탕으로 법률을 검토하여 일본의 인력파견제도를 개선하기 위해 1차 개정되었다. 이 개정으로 유엔 평화유지활동과 유엔 외의 선거 감시도 가능해졌다. 또한 다른 국제기구에 의해 실시되는 인도적인 국제구호활동을 위한 물자협력에 대해 정전합의가 존재하지 않는 경우에도 참여할

91 UN Peacekeeping, "UNDOF,"https://peacekeeping.un.org/en/mission/undof

수 있게 되었다. 더불어 부대 지휘관으로 참가한 자위대의 무기 사용에 대해서는 원칙적으로 상관의 명령으로 가능하게 되었다.[92] 이후 일본은 1998년 9월 보스니아 헤르체고비나 대통령 평의회 구성원 등의 선거 실시에 유럽안보 · 협력기구(OSCE)의 요청을 받아 개정 후 처음으로 국제적인 선거감시 활동으로 선거 감시 요원 5명과 선거 관리 요원 25명을 파견했다. 1999년 7월 유엔 동티모르 임무단(UNAMET)에 경찰요원 3명을 파견하여 현지 경찰에 대해 관련 교육을 실시하였다. 또한 콩고, 네팔, 수단 등 9개 국제선거감시단에 인원을 파견했다. 개정 전 일본은 앙골라, 캄보디아, 모잠비크, 엘살바도르 등 4개 작전에 국제 선거참관활동 인원을 파견했었다. 또한 일본은 유엔 평화유지군뿐만 아니라 유엔난민기구(UN Refugee Agency)라고 불리는 유엔난민고등판무관실(United Nations High Commissioner for Refugees, UNHCR), 유엔 국제이주기구(International Organization for Migration, IOM), 유엔 팔레스타인 난민구호기구(United Nations Relief and Works Agency for Palestine Refugees in the Near East, UNRWA)에 28건의 인도적 물자 지원을 하였다.

2001년 12월, 일본은 국제평화협력법의 2차 개정 법률안을 공포하였다. 이 개정에서는 1992년의 국제평화협력법안 공포 이후 PKO 참여로 동결되어 있던 자위대의 임무 참여확대로 평화유지군(PKF)의 임무수행이 가능하게 되었다. 또한 국제평화협력업무에 종사하는 자위대 지휘관이 본인의 관리하에 들어간 자의 생명 또는 신체의 방위 및

---

92 内閣府, 國際平和協力本部事務局(PKO), "國際平和協力法の一部改正 (平成10年6月)について," https://www.cao.go.jp/pko/pko_j/data/law/law_data03.html

자위대 무기 등의 방호를 위해 무기를 사용할 수 있게 되었다.[93] 2005년 4월에는 국제평화협력 연구원제도를 만들었다. 유엔을 중심으로 개최되는 국제평화활동에 전문 민간인 역할이 증대되고 있는 상황 속에서 2002년 12월에 공표된 국제평화협력 간담회의 제언을 근거로 국제평화협력 연구원제도가 시작되었다. 이 제도는 국제기관 등에서 이미 실무경험을 가지고 있거나, 앞으로 국제평화협력 분야에서 경쟁력을 갖고 임무를 수행할 수 있는 인재 육성을 목적으로 하고 있다. 이 제도를 통해 연구원들은 퇴직 후 유엔이나 국제기구 등 국제평화협력의 분야에서 폭넓게 활약하고 있다.

2010년 1월 12일, 아이티에서 7.0 규모의 대지진이 발생하여 수십만 명의 사람들이 사망하는 큰 피해가 발생하였다. 지진 직후 현지를 시찰한 반기문 유엔 사무총장은 유엔 아이티 안정화 임무(MINUSTAH) 수행을 권고하였고 같은 달 19일, 유엔 안보리는 MINUSTAH의 증원을 결정했다. 이에 따라 일본은 유엔의 요청에 부응하여 같은 해 2월부터 2013년 1월까지 사령부 요원 및 육상 자위대 공병부대를 파견했다. 자위대 공병부대는 NGO 등의 민간단체와 협력하여 현지 주민의 요구에 따라 주택 및 도로 보수, 간이시설 건설 등의 임무를 수행했다. 자위대 공병부대는 2012년 말 아이티에서 철수하였으며, 사령부 파견요원은 2013년 2월 말에 귀국했다. 2010년 9월에는 유엔 동티모르 통합임무(UNMIT)에 군사 연락 요원을 파견하였다. 치안유지 · 회복, 대통령 선거 · 국민의회 선거 실시 등을 목적으로 2006년 8월에 창설되었다.

93 内閣府, 國際平和協力本部事務局(PKO), "國際平和協力法の一部改正(平成13年12月)について," https://www.cao.go.jp/pko/pko_j/data/law/law_data04.html

군사 연락 요원으로 2명의 자위대 요원을 파견하고 담당 지역 내의 마을을 방문하여 현지 수장이나 경찰관 등에서 치안 정세 등에 관한 정보를 수집하여 본부에 보고하는 업무를 담당하였다. 2011년 3월에는 개인파병 자격으로는 처음으로 여성 자위대 인원을 군사 연락 요원으로 파견하였다. 2011년 11월 유엔 남수단 임무단(UNMISS)에 사령부 요원을 파견하였고, 2012년 1월 UNMISS에 공병부대를 파병하였다. 수도인 주바와 그 주변에서 도로 등의 인프라 정비 등의 임무를 수행하고 2017년 5월 철수하였으며 남수단 임무단을 끝으로 일본 자위대 부대 파병은 중단되었다. 2011년 파견을 시작한 사령부 요원은 현재까지 지속적으로 파견을 유지하고 있다.[94]

2016년 3월, 일본은 국제평화협력법의 일부를 3차 개정했으며 주요 내용은 다음과 같다. 첫째, 유엔이 총괄하지 않는 사안에 대해서도 국제적인 평화협력활동 즉, 국제사회와 연계된 평화안전활동에의 협력이 가능하고 협력에 있어서는 5가지 원칙을 동일하게 판단하여 참여한다. 둘째, 수행임무는 정전감시, 재해 구조 등 이른바 안전확보, 경호업무, 사령부 업무 등에 통치조직의 설립 · 재건 원조의 확충 등으로 확대되었다. 셋째, 무기 사용 권한이 재검토됨에 따라 안전을 확보하기 위해 경호임무 수행 과정에서 무기의 사용을 인정한다는 점이다. 넷째, 국회 승인으로 자위대의 부대 등이 실시하는 정전감시 업무, 안전확보 업무에 대해서는 사전 국회의 승인이 기본적으로 필요하며 폐회 중 또는 중의원이 해산되고 있는 경우에는 사후 승인 가능도 가

94 外務省, "國連平和維持活動," https://www.mofa.go.jp/mofaj/gaiko/peace_b/ genba/pko.html

능하다고 명시하였다. 다섯째, 부대원의 안전 확보를 위한 안전 규정으로 업무의 중단 및 위험을 회피하기 위한 일시적 중단 및 그 외 부대원의 안전을 확보하기 위한 조치에 대한 시행조항을 규정했다. 그 외에도 자위관(사령관 등)의 유엔 파견 등을 세부적으로 규정했다.

자위대의 마지막 부대 파병이었던 남수단 임무단의 경우 2013년 남수단 정부군과 반군의 교전이 격화되자 자위대의 무기사용 등에 대한 명확한 법적 근거가 다시 문제시되었다. 그해 12월 남수단 내전의 발생으로 평화유지군에 대한 위험이 크게 증가하였으며, 한국군 한빛부대에 대한 탄약지원 논란 등으로 자위대의 무기사용에 대한 야당의 반발 및 여론이 악화되었다. 이에 따라 2015년 개정으로 국제평화협력법의 많은 부분들이 상당히 완화되었음에도 불구하고 일본 자위대는 결국 2017년 남수단 임무단에서 철수하였다.

2022년 일본은 미국, 중국에 이어 3번째로 큰 평화유지활동의 재정 기여국이다. 2017년 5월, 남수단으로부터 부대 철수 후 평화유지활동은 제한적으로 이루어지고 있다. 그러나 2011년 11월부터 남수단 임무단(UNMISS)에 사령부 요원을 파견하였으며, 2022년 9월 4명의 사령부 요원이 수도 주바의 UNMISS 사령부에서 군수, 정보, 시설, 항공 운용의 각 업무에 관한 기획 · 조정 등을 실시하고 있다. 또한 유엔 본부에 2명의 직원을 파견하고 유엔 임무단은 아니지만 2015년 3차 개정된 국제평화협력법을 근거로 시나이 정전감시단(Multinational Force & Observers, MFO)[95]

95 외교부 보도자료, "「데이빗 새터필드」 시나이정전감시단 사무총장 방한," (2015.4.15.) 시나이정전감시단(MFO)은 이집트와 이스라엘간 체결된 평화협정(1979년)의 이행을 감독하기 위해 1981년 설립된 독립적인 국제기구이며 12개국 출신 1,600여 명의 병력이 시나이반도에서 평화유지 및 이집트·이스라엘 양국 군사조직간 대화 중재 등 임무를 수행 중이다.

에 2명을 파견하고 있다.[96]

일본은 병력파견 대신 직접 현지 평화활동에 참가하는 것은 아니지만, 평화유지 요원 파견국의 능력 구축 지원을 위해 2013년부터 캄보디아, 몽골, 태국 등에 대해 공병 분야를 중심으로 한 유엔 삼각협력 프로그램(Triangular Partnership Programme, TPP)의 지원이나, 아프리카 평화유지활동 센터로의 교관 파견 등은 적극적으로 추진하고 있다. 유엔 삼각협력 파트너십은 유엔 운영지원국(Department of Operational Support, DOS)을 중심으로 일본 등의 지원 제공국과 요원 파견 예정국의 3자 협력으로 이루어지는 프로젝트이다. 2015년 아프리카 시설 분야 지원을 개시한 후 2018년에는 아시아로 지원을 확대하였으며 2019년부터는 의료 분야도 대상에 추가하는 등 적극적으로 참여하고 있다. 또한 1992년 캄보디아 파견 경험을 살려 유엔 평화유지활동 공병부대 매뉴얼(manual) 작성 및 의장국으로서 주도권을 발휘하는 등 지적 공헌도 하고 있다. 그 외 유엔이 추진하는 국제평화활동은 아니지만 국제활동으로 해적대처를 위해 함정 1척, 항공기 2기의 파견을 계속하고 있으며, 지부티에 항공기 거점 운영 요원 등 400여 명이 파견되어 있다.[97]

일본 평화유지활동 관련 업무는 다른 국가들과는 다른 방식으로 이루어져 있다. 방위청 주관이 아닌 내각부 및 외무성이 중심이 되어 정책업무를 수행하고 있어 다른 부서와의 업무 협조가 수월하게 추진된다. 참여 관련 정책 수립과 집행, 관련 법 제정 추진, 국제 평화활동 정

96 防衛省 · 自衛隊, "國際平和協力活動への取組," https://www.mod.go.jp/j/approach/ kokusai_heiwa/index.html

97 國際平和協力センター, "國際平和と安全シンポジウム 2021 議事錄,"(2021), p. 51.

책 연구 등은 내각부에서 담당하고 있으며 외무성은 평화유지군 활동과 일본 국제협력단(Japan International Cooperation Agengy, JICA), 비정부기구(Non-Governmental Organization, NGO) 등과의 활동 연계를 담당하고 방위성은 해외파병 관련 업무, 통합막료감부(統合幕僚監部)는 파병부대에 대한 지휘통제, 교육훈련 등을 관련 지침을 하달한다.[98] 국제평화협력본부는 국제 평화협력업무와 물자지원 및 협력에 관련된 업무를 다루는 조직으로서 국제평화협력과제 및 기타 활동을 수행하기 위해 각 시행계획별로 지정된 일정에 국제평화협력단을 창설하였다. 국제평화협력본부는 내각부의 특별기관으로 자리잡고 있으며 본부장은 내각총리대신으로 그 아래에 부본부장(내각관방장관)과 관계 행정기관의 장 등으로 구성되어 있다. 또 다른 기관으로 방위성 내 통합막무학교 예속으로 국제평화협력센터(Japan Peacekeeping Training & Research Center, JPC)가 있다. 국제평화협력센터는 인재육성 및 교육 분야에서 국제평화협력활동에 대한 대응능력을 강화하기 위한 조직으로 센터장 아래 수석연구원, 행정실, 교육 · 연구실이 편성되고 있으며 센터장은 육군 대령(1等陸佐[99])이다.

일본은 2017년 남수단 평화유지활동 임무(UNMISS)를 마지막으로 부대 철수 후 부대(Contingent Troops) 단위의 파병은 없는 상태이며 개인파병 위주로 평화유지활동에 참여하고 있다. 그러나 A4P에서 추진하고 있는 삼각협력 프로젝트 등의 교육 및 훈련을 통해 적극적으로 유엔 평화활동에 참여하고 있으며 삼각협력 프로젝트 분야에서는 독보

98 고성윤, 『국제 평화활동의 미래구상』 (서울: 한국국방연구원, 2009), pp. 53-54.

99 자위대의 일등육좌(1等陸佐)는 한국군 대령 직위에 해당함.

적인 위치를 차지하고 있다. 따라서 일본 사례에서는 제도적 · 조직적 차원에 한정하여 일본이 중점적으로 추진하고 있는 제도적 차원의 법률 개정 및 파트너십 강화 전략인 삼각협력 프로젝트 참여 위주로 고찰하였다.

나. 제도적 차원

1) 신속한 파병 여건 보장을 위한 법률안 제정

2022년은 일본 국제평화협력법 제정 30주년이자 평화구축인재육성사업 15주년이 되는 해이다. 일본은 국제평화협력법 제정 이후 평화유지활동을 위한 자위대와 민간 전문가 파견, 민간평화구축인재 육성, 평화구축인재를 위한 자금 및 기술지원을 통해 국제평화협력에 참여하고 있다.

1946년 일본의 평화헌법이 제정되고 요시다 독트린에 의해 일본은 제한된 외교안보 정책을 추진했다. 1993년 일본의 정치인 오자와 이치로(小澤一郞)에 의해 처음 제기된 보통국가론은 탈냉전 시대 요시다 독트린에서 벗어나 일본의 경제적 위상에 어울리는 안보 역할 담당을 주장했다.[100] 즉, 안보 등을 국익 달성에 적합한 환경 유지 및 조성을 위해 국제질서에 적극 개입하는 정책을 추진해야 한다는 것이다. 그리하여 세계 평화유지에 기여하는 역할 확대를 위해 자위대를 유엔 평화유지활동 참여 및 국제사회의 요청에 의한 분쟁 해결에 참여할 수

100 김태효 · 박중현, "일본은 보통국가인가?: 군사력 수준과 무력행사 범위의 고찰," 『국제관계연구』 제25권 제2호(2020), p. 145.

있는 구조로 재편하고 자위대 파병을 뒷받침할 수 있는 법적 근거를 마련하였다.[101] 보통국가론자들은 대외적 안보활동 확대를 위해 1990년대 이후 국제평화협력법을 비롯하여 테레대책 특별조치법 등 관련 법규와 제도를 정비해 왔다.[102] 1992년 국제평화협력법을 제정하였으며 2015년 1차 개정 및 국제평화지원법 제정으로 유엔 외 국제평화활동 참여의 장을 열었다.

1992년 이라크의 쿠웨이트 침공으로 미국은 유엔을 통해 이라크에 대한 제재를 취하기 위해 우방국들에게 군사 및 재정적인 지원을 요청하였으나, 당시 일본은 평화헌법에 의해 유엔 평화유지활동이 금지되어 걸프전에 참여할 수 없었다. 일본은 전쟁 경비의 약 1/5인 130억 달러의 재정적 기여에도 불구하고 국제적인 비난을 받았으며 걸프전이 끝난 후 기뢰(機雷) 제거 등을 위해 자위대 소해정 4척과 해상자위대 400명을 파병했다. 관련 근거도 없이 파병되었으나 국내외의 찬사를 받자 이를 계기로 자민당은 자위대를 국제 평화유지활동에 참여할 수 있는 국제연합 평화유지활동 등에 대한 협력에 관한 법률안을 다시 제출하게 되었다. 공명당이 요구한 분쟁 당사국의 동의와 평화유지활동 5원칙, PKF 파병 동결 등의 수용 등으로 자민당, 공명당, 민사당의 합의로 1992년 6월 국제협력법이 성립되었다.[103]

---

101 김재엽, "'보통국가' 일본의 군사적 함의: 집단적 자위권, 적 기지 공격론을 중심으로," 『국방연구』 제62권 제2호(2019), p. 114-116. 요시다 독트린은 1950년대 초 요시다 시게루((吉田茂) 수상 재임 시절부터 추진한 국가전략으로 3가지 내용을 중점으로 한다. ① 전후 일본의 재건 및 경제 부흥을 최우선 국가목표로 추진, ② 국가안보 달성을 위해 미국과의 동맹에 의존하고 미군을 일본 영토에 배치, ③ 자국방위를 위한 최소한의 경무장 노선을 지향하고 해외 무력 분쟁에 미개입.

102 박영준, "일본 아베 정부의 안보정책 변화와 한국의 대응방안: 수정주의적 내셔널리즘과 보통군사 국가화," 『국방정책연구』 제103권(2014), p. 103.

103 이갑윤, "일본 자위대의 해외파견에 대한 국제적 반응," 『동아연구』 제28권(1994), pp. 210-211.

국제평화협력법은 일본의 ① 유엔 PKO에 협력, ② 국제사회와 연계된 평화 · 안전 활동에 협력, ③ 인도주의적인 국제 구호 활동에 협력, ④ 국제적인 선거감시 활동에 협력이라는 4가지 주요 원칙을 명시하고 있다. 또한 다음과 같은 '참가 5대 원칙'에 따라 실시할 것을 규정하고 있다. 첫째, 휴전에 관해서는 무력충돌 당사자 간의 합의에 도달되어야 한다. 둘째, 유엔 평화유지활동의 착수와 일본의 그러한 활동 참여에 대한 동의는 무력 충돌 당사자뿐만 아니라 주최국으로부터도 지지를 얻어야 한다. 셋째, 해당 유엔평화유지군은 특정 분쟁당사자에게 치우치지 않고 중립적인 입장을 엄수해야 한다. 넷째, 상기 지침의 요건 중 어느 하나라도 충족되지 않을 경우 국제평화협력 임무를 중단할 수 있다. 단기간에 요건이 다시 충족되지 않는 한 일본 정부는 국제평화 협력 임무에 종사하는 인원의 파견을 종료할 수 있다. 다섯째, 무기의 사용은 인원 등의 생명을 보호하기 위하여 필요한 최소한의 범위 내로 제한하여야 한다. 그 외 동법은 요원 및 부대의 파견에 의한 인적 협력 외, 물적 측면에서의 협력도 실시할 수 있도록 물자 협력의 제도도 규정하고 있다.

<표 3-5> 일본의 국제평화협력법 제·개정 현황

1992년 6월		1998년 6월		2001년 12월		2016년 3월
·국제평화협력법 제정 *헌법에 의해 제한되었던 유엔 PKO 참여의 근거를 마련	▶	·1차 개정 *인도적구호활동 및 물자협력, 무기사용에 대한 근거를 마련	▶	·2차 개정 *자위대의 PKF 임무 수행의 근거를 마련	▶	·3차 개정 *유엔이 총괄하지 않는 평화활동 파병에 대한 근거 마련

* 관련 내용을 표로 작성

일본은 국제평화협력의 5대 원칙이 너무 엄격하다는 불만 등이 제기되면서 미국과의 신가이드라인에 의한 1999년 주변사태법(周辺事態に際して我が國の平和及び安全を確保するための措置に關する法律) 및 2001년 테러대책특별조치법(テロ對策特別措置法) 제정을 통해 국제평화활동 참여의 법적 근거에 대해 적극적으로 제도화하였다. 또한 2003년 이라크부흥지원특별조치법(イラクにおける人道復興支援活動及び安全確保支援活動の實施に關する特別措置法), 2007년 신테러특별조치법 등의 제정으로 개별사태법에 대한 한시적 법적 근거를 만들어 적극적인 국제평화활동을 추진했다.[104] 1999년 5월에 제정된 주변사태법은 그대로 방치하는 경우 일본에 직접 무력공격으로 비화될 우려가 있는 사태 등 일본 주변 지역에서의 일본의 평화와 안전에 중요한 영향을 주는 사태에 일본의 평화와 안전확보에 기여하는 것을 목적으로 하고 있다. 또한 일본 주변지역의 유사시 미군을 지원하기 위한 목적으로 아시아 테평양 지역에 자위대 파견을 가능하게 하는 법적 근거이다.[105]

104 조상혁, "해외파병의 허용범위와 해외파병일반법 제정 필요성에 관한 검토," 『홍익법학』 제19권 제1호(2018), pp. 515-517.

105 강한구, "일본의 「주변 사태법」과 관련 법체계," 『국방정책연구』 제45권 (1999), p. 24.

테러대책특별조치법은 2001년 9.11테러 이후 1999년에 제정된 주변사태법의 적용지역이 아시아-태평양이 아니며 일본에서 발생한 테러가 아니기 때문에 법의 적용이 불가하다는 제한사항에 따라 새롭게 제정된 법이라 할 수 있다. 이 법의 목적은 국제 테러리즘의 방지 및 근절을 위해 국제사회의 노력에 기여하고, 일본을 포함한 국제사회의 평화와 안전의 확보에 이바지하는 것이며 대상은 미국뿐만 아니라 기타 외국의 군대 기타 이와 유사한 조직으로 규정하고 있다. 또한 신테러특별조치법은 테러대책특별조치법 실효에 따른 1년 한시법으로 해상자위대 파병에 대해 필요에 따라 연장 및 폐지하는 법으로 1년 연장 후 2010년 폐지되었다.[106]

2015년 아베 내각은 국제평화협력법을 개정하고 국제평화공동대처사태시 외국군대 등에 관한 협력지원활동 등에 관한 법률(國際平和共同對處事態に際して我が國が實施する諸外國の軍隊等に對する協力支援活動等に關する法律, 이하 국제평화지원법)을 제정하여 자위대의 국제평화활동 참여 범위를 확대하는 법적 기반을 마련했다. 특히, 유엔 외의 국제평화협력 활동의 장을 열었으며 그에 따른 안전확보, 경호 업무 등의 추가로 무기사용의 범위도 확대되었다.[107] 이러한 법의 제정 및 개정에도 불구하고 아직까지 국제평화협력법의 엄격한 규정은 일본의 부대 파병을 어렵게 만들고 있으며 위험한 지역에의 병력 투입은 큰 부담을 주게 된다.[108]

---

106 박석정, "일본의 테러특별조치법에 대한 검토," 『한국테러학회보』 제8권 제4호 (2015), pp. 73-74.

107 박명희, "일본의 국제활동 확대 동향과 시사점: ODA와 자위대 해외파병을 중심으로," 『국제관계 동향과 분석』 제71호(2020), pp. 4-5.

108 Hiromi Nagata Fujishige, Yuji Uesugi, Tomoaki Honda, *Japan's Peacekeeping at a Crossroads: Taking a Robust Stance or Remaining Hesitant?*, (Cham: Palgrave Macmillan, 2022), pp. 175-176

<표 3-6> 자위대의 국제평화활동 참여 근거 법률 제 · 개정 현황

1999년 5월	2001/2003년	2006년	2007년
·주변사태법 *일본의 주변 즉, 아시아-태평양 지역에서 발생한 테러로 일본의 평화·안전에 영향을 줄 경우 등 자위대를 파견할 수 있는 법적 근거 마련	·테러대책특별조치법 ·이라크 부흥지원 특별조치법 *개별사태에 대한 특별법(한시법)을 제정하여 자위대의 참여를 확대할 수 있는 근거 마련	·방위성 설치 및 자위대법을개정 * 이 법률의 개정을 통해 2007년 방위청을 방위성으로 승격하고 국제평화 활동을 자위대 기본 임무로 격상시킴	·신테러 특별조치법 *테러대책특별조치법 발효에 따른 한시적 법안으로 자위대의 파병에 대해 연장 및 폐지를 규정 (2010년 폐지)

* 관련 내용을 표로 작성

<표 3-7> 일본 국제평화협력활동 관련법 비교

항 목	국제평화지원법 (國際平和支援法)	국제평화협력법 (國際平和協力法)	국제긴급원조대법 (國際緊急援助隊法)
목 적	· 국제사회의 평화 및 안전 보장	· 유엔을 중심으로 국제평화를 위해 적극 기여	· 국제협력의 추진에 기여
자위대법의 규정	· 84조의 5항(6장)	· 84조의 5항(6장)	· 84조의 5항(6장)
주요활동	· 협력지원활동 · 수색구조활동 · 선박검사활동	· 유엔 평화유지활동 · 국제연계평화안전 활동 · 인도적 국제구호 활동 · 국제선거감시활동 · 상기 활동을 위한 물자협력	· 구조활동 · 의료활동 (방역활동 포함) · 재해응급대책 및 재해복구를 위한 활동 · 상기 활동을 하는 인원 및 기재 · 물자 수송
활동지역	· 일본 영역 · 외국 영역(해당 외국 등의 동의 필요) · 공해 및 그 상공	· 일본 외 영역(공해 포함) (분쟁 당사자 간의 정전합의 및 수용국의 동의 필요)	· 해외지역, 특히 개발도상이 있는 해외지역
국회승인	· 예외없는 사전 승인	· 자위대 등이 정전 감시 업무나 안전 확보 업무를 실시하는 경우에 한해, 원칙적으로 사전 국회부의(付議)	· 없음
국회보고	· 기본계획 내용 등에 대해 지체없이 보고	· 실시계획 내용 등에 대해 지체없이 보고	· 없음

* 출처: 防衛省,『防衛白書(資料編)』(東京: 防衛省, 2022), p. 149.

2) 파트너십 강화

2014년 유엔 평화유지 정상회의에서 제안된 삼각협력 파트너십 프로젝트(Triangular Partnership Project, 이하 TPP)는 평화유지 임무의 준비 및 효율성을 높이기 위해 2015년 수립되었다. 고위급 독립 패널 및 평화유지 특별위원회의 자문으로 이 프로젝트는 전문 훈련 및 장비 제공을 통해 군사 공병, 의료 및 통신 부대의 역량을 강화하여 평화유지 작전 역량을 키워 임무의 효율성을 증대시키는 것이 목적이다. 삼각협력 프로젝트 모델은 프로젝트 기획, 훈련 및 장비 지원 등의 임무의 유엔과 교관, 장비, 재정 등을 지원하는 기여회원국과 전문적인 훈련을 받고 능력과 장비가 향상된 부대들을 평화유지에 파병하는 병력공여국(Troop Contributing Countries, TCCs)이 함께하는 것이다.

2015년부터 7년의 기간 동안 현장 의료 및 정보 통신 교육, 프랑스어로 된 엔지니어 교육 과정 등으로 점차 확장되었으며 범위를 아프리카에서 아시아 및 주변 지역으로 확장했다. 이 프로젝트는 4개의 개별 프로젝트가 포함된 본격적인 프로그램인 삼각 파트너십 프로그램으로 추가 확장되었다. 처음 세 개의 프로젝트는 엔지니어링, 현장 의료, C4ISR[109] 및 캠프 보안 기술과 관련된 교육에 중점 두었으며 네 번째는 평화유지 임무에서의 의료에 대한 접근성 개선을 위해 원격 의료의 도입에 중점을 두었다.

삼각협력 파트너십 프로그램은 전술한 바와 같이 유엔, 기여회원국

109 C4ISR은 지상전술지휘통제(C4I)와 전장감시체계(ISR)를 통합한 지휘통제 및 감시정찰정보의 전장관리 시스템이며 Command · Control · Communications · Computers, Intelligence, Surveillance, Reconnaissance의 약자로 지휘 · 통제 · 통신 · 컴퓨터 · 정보, 감시 및 정찰을 의미한다.

그리고 병력공여이 함께 협력을 증진하는 것이다. 즉, 건설, 의료, 정보통신 등의 분야에서 유엔과 병력공여국, 기여회원국이 평화유지 임무의 효율성을 높이기 위해 협력하는 것이라 할 수 있다. 유엔은 전문인력 확보 및 최신 장비 운용, 기여회원국은 전문가 및 훈련시설, 예산 등을 제공하고 병력공여국은 전문역량 강화교육을 이수하는 체계이다. 일본은 삼각협력 프로젝트를 통해 2015년부터 국제평화활동에 적극적으로 참여하는 추세이다. 2015년 이후 신속전개능력 지원(Rapid Deployment of Enabling Capabilities) 과제를 추진한 일본은 이를 위해 약 8,300만 달러의 예산을 투자하고 케냐, 탄자니아, 르완다 등 아프리카 국가들을 대상으로 엔지니어와 정보통신원, 의료요원 등의 양성을 지원했다. 자위대를 활용하여 해당 국가의 군인들에게 중장비 운용, 위생관리 실무교육을 실시하였으며 이 훈련생들이 현재 남수단, 중앙아프리카공화국 등지에서 평화유지활동에 참여하고 있다.[110]

삼각협력 프로젝트는[111]는 원격 진료와 같은 새로운 이니셔티브로 현장 임무에 대한 운영 지원을 개선하기 위한 방법을 제공하며 A4P 및 A4P+ 의제의 구현에 기여하고 있다. 병력기여국은 평화유지임무에 배치하기 위해 전문 교육을 받고 엔지니어링, 의료 및 C4ISR 및 캠프 보안에 대한 역량을 구축하거나 개선할 수 있는 기회를 가지게 된다. 기여회원국은 전문지식, 훈련 시설, 예산 및 서비스 제공을 통해

110 Carlos H. Loitey, "UN Peacekeeping Operations: New Trends in Peacekeeping Operations by the International Community including the United Nations, International Trends in Peacekeeping Operations," *International Peace & Security Symposium* (2019), p. 9.

111 UN, "Triangular Partnership Programme (TPP)," https://operationalsupport.un.org/ en/triangular-partnership-programme-tpp

평화유지 및 그 실행 능력을 지원할 수 있는 기회와 병력공여국과 파트너십을 촉진하여 임무 수립, 보안 강화, 안정성 증진 및 평화유지 성과 개선에 기여할 수 있다. 유엔은 잘 훈련되고 장비를 갖춘 공병부대, 의료 요원, C4ISR 및 캠프 보안 요원 등으로 효과적인 평화활동을 수행할 수 있다.

<표 3-8> 일본의 삼각협력 프로그램 참여 사례

구분	일본의 참여 사례
엔지니어링 교육	· 아프리카 8개국 277명을 대상으로 자위대 인원 172명과 기타 개인파병자를 케냐와 우간다에 교관으로 파병해 중장비 운용 훈련을 실시 · 2018년 아시아 및 주변국가에서 훈련을 시작했으며 일본은 68명의 자위대 인원 및 개인파병자를 강사로 베트남에 파견하여 9개국에서 온 56명을 훈련 · 훈련생들은MINUSMA, MONUSCO, UNIFIL, UNMISS 및 AMISOM에 배치
의료훈련	· 부상자들이 적절한 응급처치를 받지 못해 목숨을 잃는 사례가 있어 심각한 문제가 되고 있어 2019년 10월 인명구조훈련에 자위대 인원을 파견 · MONUSCO 와 UNMISS에서 온 29명의 평화유지군이 훈련을 받음
UN C4ISR Academy에서 훈련 (UNCAP)[112]	· 유엔 평화유지군은 기반시설이 열악한 곳에서 임무수행을 하기 때문에 긴급상황에서의 조치를 위해 신속 정확한 의사소통이 중요 · 2020년 12월 기준 5,805명(여성 12%)의 직원이 훈련을 받은 UNC4ISR Academy에 기여

* 출처: 外務省, https://www.mofa.go.jp/policy/un/pko/index.html 자료를 바탕으로 재작성

TCC의 장점은 엔지니어링, 의료 및 C4ISR 및 캠프 보안 교육의 표준화할 수 있으며 복잡하고 다양한 환경에서 임무 시설, 캠프, 기지 및 기타 인프라의 보다 효율적인 배치를 지원할 수 있다는 점이다. 또한 삼각 파트너십의 개념을 다른 가능 역량에 추가하여 UN 평화 유지군

112 UNCAP: UN C4ISR Academy for Peace Operations. C4ISR 및 캠프 보안 기술은 유엔군 및 경찰 직원을 대상으로 C4ISR(지휘, 통제, 통신, 컴퓨터(C4), 정보-감시-정찰(ISR)) 및 캠프 보안 기술에 대한 표준화된 임무별 교육을 제공한다.

의 활동 능력 및 효율성 향상시킬 수 있다. 공학, 의료 및 C4ISR 교육을 통해 여성 평화 유지군 수를 늘릴 수 있는 기회로 현재 유엔의 추진하고 있는 A4P 전략에도 기여한다. 현장 전문의 없이 원격 의료지원 제공을 통해 평화유지군 안전성 차원에서 적절하고 빠른 치료 제공으로 생존성을 향상시킬 수 있다.

일본은 삼각협력 프로젝트에 참여하며 아프리카에서 아시아로 지역을 확장하고 있으며 공병 분야에서 의료, 통신분야 등 다방면에 참여하고 있다. 삼각협력 프로젝트 교육 및 훈련이 진행되는 주된 지역인 아프리카는 지역구분에 대한 관념이 강한 곳으로 지역조직과 준지역조직이 병존하고 있는 구조이다. 동아프리카에서는 준지역조직 활동이 활발하지 않아 AU가 직접적으로 행동하는 경향이 있으나 남부아프리카 개발 공동체(SADC)가 남아프리카 공화국의 지역 패권을 뒷받침하며 서아프리카경제기구(ECOWAS)는 나이지리아의 패권을 뒷받침하고 있어 AU의 도움 없이 국제평화활동을 실시하고 있다. 이처럼 국제평화활동을 할 준비가 되어 있는 지역에서는 활발한 삼각협력 파트너십이 운영되고 있으나 준비가 없는 지역에서는 전혀 실시되지 않으며 이러한 정체된 상황이 갑자기 변화하기란 쉽지 않다. 국제평화활동은 주어진 조건에 의해 이루어지기 때문에 이러한 지역적 편차의 극복은 해결이 쉽지 않은 문제이다. 결국 조건이 갖추어지지 않으면 국제평화활동 삼각협력 파트너십과 관련해 지역적 편차가 발생할 수 밖에 없는 딜레마적 상황이 발생하고 있다.[113]

113 篠田 英朗,『パ-ト ナ-シップ國際平和活動』(東京: 勁草書房, 2021年), pp. 234-235.

일본은 2012년 12월 제2차 아베 내각 출범 이후 적극적 평화주의 외교정책 이념을 강조했다. 당시 일본의 아베 내각은 공적개발원조(Official Development Assistance, 이하 ODA)[114]와 유엔 평화유지활동 등 자위대의 해외파병을 이러한 외교 전략의 수단으로 활용했다. 특히 2015년 일본은 ODA대강(大綱)의 명칭을 개발협력대강(開發協力大綱)으로 변경 후 전략적인 개발 협력을 추진하고 국제사회의 평화와 안정 및 번영에 한층 공헌할 것임을 강조하였다. 특히 일본 개발협력 목적은 국익의 확보에 공헌한다는 것이 명기되었다.[115]

일본의 이러한 공적개발원조 관련 추진 전략은 유엔의 삼각협력 프로젝트가 수립된 2015년부터 맞물려 적극적인 참여 전략으로 이어진다고 할 수 있다. 개발협력대강에는 군사적 용도 외에도 비군사적 분야가 포함되었으며 참여할 수 있는 대상도 확대되었다. 또한 2018년 일본의 공적개발원조 전략은 아베 내각의 외교정책 중의 하나인 자유롭고 열린 인도태평양(Free and Open Indo-Pacific)[116] 정책에 발맞춰 아프리카에서 아시아국가로 삼각협력 프로젝트의 범위를 넓혔다. 이러한 점은 일본이 전략적으로 삼각협력 프로젝트를 추진하며 국익에 부합하는 방향을 참여하고 있다는 것을 보여주는 사례이다.

---

114 외교부, “개발협력,” ttps://www.mofa.go.kr/www/wpge/m_24252/contents.do 공적개발원조(ODA: Official Development Assistance)는 국제개발협력 활동 중 의 하나로 중앙 및 지방정부를 포함한 공공기관이나 이들 기관의 집행기관이 개도국의 경제개발과 복지증진을 위하여 개도국과 국제기구에 양허적 성격으로 제공하는 자금의 흐름을 의미한다.

115 박명희(2020), 전게 논문, pp. 3-4.

116 조은일, “아베 시기 일본의 ‘자유롭고 열린 인도-태평양’ 지역전략,” 『한국과 국제정치』 제36권 제2호(2020), p. 95. 2018년 12월 일본은 ‘자유롭고 열린 인도-태평양(自由で開かれたインド太平洋)’ 외교정책을 공식화하고 인도의 지정학적 중요성에 대해 재평가하고 중국에 대한 견제 및 배제 등을 직접적으로 언급하지는 않으면서 인도-태평양 지역에서 일본의 유연한 정치적 관여 자세를 나타냈다. 아베 내각은 중 · 일관계 개선 및 ASEAN과의 관계 강화 등을 위해 인도-태평양 지역의 경제적 관여에 대한 중요성을 강조하고 ‘자유롭고 열린 인도-태평양’을 전략 및 구상으로 명시하지는 않았다.

일본은 유엔 삼각협력 프로젝트에 〈표 3-9〉와 같이 2015년부터 지속적으로 참여하고 있다. 아프리카 케냐에서 시작하여 아시아의 베트남, 인도네시아, 캄보디아, 네팔 등의 국가들과 함께 추진하고 있으며 주로 공병 분야의 교육을 담당하고 있다. 이러한 지원은 교육과 훈련을 통해 기술 및 장비의 표준화를 만들어 유엔 평화유지단의 다차원적 임무 수행에 효율적인 지원 능력을 배양할 수 있다고 할 것이다.

2017년 파병부대 철수 이후 일본은 부대 파병이 없어 국제평화활동에 참여하지 않는 것처럼 보일 수 있으나, 자국의 외교전책과 유엔이 추진하고 있는 A4P가 추진하는 방향에 맞춰 국제적 위상의 확립과 동시에 국익도 추구하는 전략을 보여주고 있다.

<표 3-9> 일본의 유엔 TPP 참여 현황

	위치	훈련 대상국	훈련 기간	교육생	파견 대원	훈련 내용
2015년	케냐	르완다, 탄자니아, 케냐, 우간다	6주	10명	11명	불도저, 유압 굴삭기, 버킷 로더, 그레이더, 로드 롤러 등의 중장비의 조작 및 정비 교육
2016년 (6~7월)	케냐	케냐	8주	30명	17명	
2016년 (8~10월)	케냐	케냐	8주	30명	18명	
2017년	케냐	탄자니아, 케냐, 부룬디, 우간다	8주	30명	17명	
2018년 (7~10월)	케냐	가나, 시에라 리온, 나이지리아	12주	40명	20명	
2018년 (6~8월)	케냐	가나, 시에라 리온, 나이지리아	12주	40명	20명	
2018년	베트남	베트남, 인도네시아, 캄보디아, 싱가포르, 네팔, 동티모르, 피지, 부탄, 미얀마	6주	16명	19명	
2019년	케냐	우간다	12주	35명	23명	
2019년	우간다	우간다	12주	31명	22명	
2019년	베트남	베트남	6주	20명	19명	
2020년	베트남	부탄, 캄보디아, 인도네시아, 네팔, 베트남	5주	20명	28명	
2022년	케냐	가나, 우간다, 케냐	8주	35명	20명	

1) 케냐 나이로비에 있는 국제평화지원훈련센터, 우간다 진자에 있는 조기 전개 능력 센터
2) 베트남 하노이(베트남 인민군 제249 공병 여단 주둔지)
3) 그 외 2021년 12월 캄보디아, 인도네시아, 베트남 25명을 대상으로 시설 분야의 작업 공정 관리에 대해 온라인으로 교관 3명이 진행

* 출처: UN, "PROGRESS & WAY FORWARD,"https://operationalsupport.un.org /en/progress-way-forward; 防衛省 · 自衛隊,"UN TPP,"https://www.mod.go.jp /j/approach/kokusai_heiwa/pko/ardec.html 내용을 표로 작성.

다. 조직적 차원

일본의 경우 부대 파병이 없기 때문에 조직적 차원에서의 사례연구는 국제평화활동 파견 인력 교육훈련 강화 전략을 중심으로 분석하였다. 일본은 국제사회의 평화와 안정이 일본의 평화와 안전에 밀접하

게 연결되어 있다는 인식을 가지고 있다. 이를 바탕으로 자위대가 국제평화협력활동에 주체적 · 적극적으로 임하기 위해서는 교육훈련 등의 체제 정비를 진행하는 것이 필요하기 때문에 2006년 국제평화협력활동은 자위대 임무로 변경되었다. 방위성 · 자위대는 각종 체제의 정비를 진행하는 등 평소의 대처가 중요하다고 인식하에 2010년 3월 방위성 통합막료학교 아래에 국제평화협력센터(防衛省 統合幕僚學校 國際平和協力センター)를 신설했다. 국제평화협력센터는 인재육성 및 교육 분야에서 국제평화협력활동 대응 능력을 강화하기 위한 조직으로 그 조직은 센터장 아래 총무그룹, 교육 · 연구실 및 총괄 주임 연구관으로 편성되어 있다.

국제평화협력센터는 국제평화협력활동에 관한 지식 보급을 위한 국제평화협력기초강습과 전문적인 과정교육을 실시하고 있다. 국제평화협력센터의 업무는 크게 교육기능과 연구기능을 담당하고 있다. 국제평화협력활동에 관한 기획 · 입안 등을 담당하는 요원이나 국제기관의 사령부 요원 등을 양성을 담당하고 있으며 교육과정은 아래의 〈표 3-10〉과 같다.

<표 3-10> 국제평화협력센터(JPC)에서 실시하는 교육과정

강의	국제평화협력상급과정 Contingent Commanders Course (PKOCCC)	국제평화협력중급과정 UN Staff Officers Course (UNSOC)	국제평화협력기초강습 Basic Course
목적	국제 평화협력활동 등에서 파병부대의 지휘관으로서 필요한 지식과 기술을 습득	국제 평화협력활동 등에서 파병부대의 참모장교로서 필요한 지식과 기술을 습득	국제 평화협력 활동 등의 실무담당자에게 필요한 지식 습득
교육대상	준장/대령급	대령/중령급	중령/소령급
교육기관	3주	3.5주	1주(연 2회)

* 출처: 防衛省 統合幕僚學校, "國際平和協力センターパンフレット,"(2022), p. 4.

교육과정은 방위성 · 자위대 장교 및 직원 뿐만 아니라 다른 부처(내각부, 외교부, 법무부) 및 외국군 장교 등이 참여할 수 있다. 상급과정 및 중급과정에는 외국군에서 전역한 평화유지활동 훈련 전문가와 NGO에서 근무한 사람들을 초빙하여 실제 작전에 따른 강의, 토론, 발표 등을 영어로 진행하고 있으며 외국 장교에게 개방되어 있어 한국을 비롯한 25개국의 장교들이 교육과정에 참여하였다.

국제평화협력센터는 관계 기관 등과의 협력을 도모하고 지금까지 일본 및 다른 국가에서 실시한 국제평화협력활동 등에 대한 분석을 포함한 연구를 실시하고 국제평화협력에 관련된 국제회의 참가 및 상호 방문 등을 통해 방위협력 및 교류를 실시하여 지속적인 협력을 강화하고 있다. 2011년 시작된 제1회 국제평화와 안전 심포지엄은 매년 유엔 및 관련 분야 관계자가 모여 개최되고 있으며, 2020년에는 코로나19로 취소되었으나 2021년에 국제평화와 안전 심포지엄 2021로 다시 개최되었다. 2021년 개최된 심포지엄의 주제는 파트너십 PKO에

의한 국제 평화에의 기여(パートナーシップPKOによる國際平和への貢獻)이다.

라. 향후 일본의 국제평화활동 전망

일본의 평화유지활동 참여정책 변화는 중국의 해외파병 정책변화와 관련이 있다. 중국은 주권존중 및 불가침의 원칙에 의해 PKO 참여에 대해 부정적이었다. 그러나 1989년 천안문 사태 후 국제사회로부터 많은 비판과 제재를 받고, 걸프전 등에서 변화된 모습으로 국제사회의 책임있는 대국의 모습을 보여주려고 노력하였다. 이러한 중국의 정책변화와 걸프전의 수표외교 비난을 계기로 일본에서도 舊방위대강에 대한 개정요구가 거세게 일어났다. 그리하여 1995년 신방위대강이 발표되었고 "일본은 분쟁의 증가로 안보환경 구축을 위해 평화유지활동에 적극적으로 참여한다"라고 명시하였다. 중국의 평화유지활동 참여 확대를 일본은 잠재적 위협으로 간주했고 국제사회에서 중국의 영향력이 높아짐에 따라 법안 제정으로 평화유지활동에 적극적으로 참여하였다.[117]

2022년 1월 내각부에서 발표한 외교 관련 여론조사 중 평화유지활동 참가에 대한 결과를 살펴보면 다음과 같다.[118] 유엔 평화유지활동 참여에 대한 생각에 대해 현재 참여하고 있는 수준 이상으로 적극 참여해야 한다고 응답한 사람의 비율은 23.0%, 현재 정도의 참여를 지속해야 한다고 답한 사람의 비율은 61.2%, 가능한 적게 참여해야 한다

117 이선희, 정한범, "한 · 중 · 일 유엔 평화유지활동에 대한 비교연구," 『접경지역통일연구』 제2권 제1호(2018년 여름), pp. 227-229.

118 內閣府, "外交に關する世論調査,"(2022年1月21日), https://survey.gov-online.go.jp/r03/r03-gaiko/2-3.html

고 답한 사람의 비율이 10.3%, 참여를 반대한다고 대답한 사람의 비율은 1.1%로 나타났다. 2022년 1월 여론조사 결과와 2021년 2월 발표한 여론조사 결과를 비교해보면 현재 참여하고 하고 있는 수준 이상으로 적극 참여해야 한다(20.2%→23.0%)고 답한 사람 비율이 상승한 것을 확인할 수 있다. 따라서 향후 일본은 미 · 일 동맹의 강화와 연계하여 유엔 국제평화활동에 적극적으로 참여하고 영향력을 강화해나갈 것으로 전망된다.

<그림 3-4> 자위대의 유엔 PKO 참여에 대한 여론조사 결과

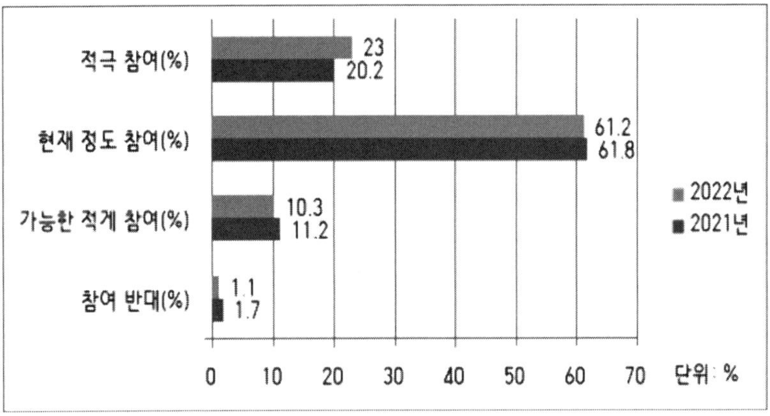

* 출처: 2022년 1월(설문 2021년 9월)과 2021년 2월(설문 2020년 10월)에 발표한 내각부'외교에 관한 여론조사(外交に關する世論調査)'를 차트로 작성 https://survey.gov-online.go.jp/index-all.html

일본은 2017년 부대 철수 이후에도 여론 조사간 자위대 파병에 대한 질문을 포함하고 있다. 국제협력법 제정 이후 지속적으로 시행된 여론 조사이기는 하지만 자위대의 부대파병이 중지된 상태에서 2022년 1월 긍정적인 여론에 대해 강조해 발표한 것은 일본이 2022년 유엔 안보리 비상임이사국 선출을 염두해 둔 것이라 보여진다. 일본은 앞으로 국제평화협력법에 근거하여 이전의 유엔 평화유지활동의 성공적인 경험을 토대로 일본의 강점을 살려 국제평화활동 역량 구축 지원의 강화, 개인 파견 등 국제평화활동에 이전보다 적극적으로 참여할 것으로 예상된다. 2022년 6월에는 6년 만에 유엔 안전보장이사회 비상임이사국으로 선출되었다. 12번째 비상임이사국 선출이며 임기는 2023년 1월 1일부터 시작이다. 2022년 9월에 개최된 미·일 정상회담에서 기시다 일본 총리는 일본의 상임이사국 진출 야망을 드러내기도 했다. 일본의 유엔 안전보장이사회 개혁 추진 필요성을 계속해서 주장하고 있으며 안보리 상임이사국 진출을 다시 추진하고자 외교적 노력을 강화하고 있다.

마. 일본의 사례에 대한 시사점과 함의

일본은 헌법의 평화조항으로 인해 유엔의 평화활동에 참여가 제한되었으나 걸프전 이후 국제사회에 공헌한다는 명분 아래 국제평화협력법 등의 제정을 통해 유엔 평화유지활동에 참여하기 시작했다. 일본은 국제평화협력법을 시작으로 주변사태법, 테러특별법 등의 제정과 국제평화협력법의 개정을 통해 국제평화활동에 참여하였다. 또한 전범국 이미지 탈피와 다른 국가들과의 관계 개선 및 신뢰구축을 위해 평화유지활동 참여에 적극적으로 앞장섰다. 이러한 참여를 뒷받침할 수 있도록 관련 법률의 제정 및 개정 등의 제도적 정비를 통해 거시적인 관점에서 국제평화활동을 준비하였다. 이러한 법률에 따라 캄보디아, 골란고원, 동티모르, 아이티, 남수단 등 유엔 평화유지활동에 적극적으로 참여할 수 있었으며, 이라크 난민 지원 등 인도적인 지원활동이나 동티모르 및 네팔 등에서는 선거 감시활동 임무도 수행했다. 일본이 유엔 평화유지활동에 적극 참여하는 목적이 유엔 안전보장이사회 상임이사국 진출에 있음은 부인할 수 없다. 2017년 남수단에서 부대철수 후 부대파병 인력은 없지만 유엔이 추진하는 삼각협력 파트너십에서는 독보적인 위치를 차지하고 있다. 또한 부대파병은 없으나 2016년 3월 자위대 공병부대 및 군사감시단 사령부 요원을 유엔 상비체제에 등록하였으며, 2020년 5월에는 전략 항공수송(국제 거점 간 수송)의 지원 제공을 PCRS에 등록[119]하여 언제라도 일본은 파병할 준비가 되어 있다고 볼 수 있다.

일본은 국제사회에서 국위 선양과 자국의 이익을 위해 유엔 안보리 상임이사국 진출을 목표로 삼고 있다. 이러한 목표를 달성하기 위해 향후 일본은 보다 적극적으로 국제평화활동에 참여할 것으로 전망된다.

<표 3-11> 일본의 국제평화활동 참여 현황(2022년 3월 31일 기준)

구분		기간	인원수	주요 업무 내용
유엔 앙골라 검증 임무 II (UNAVEM II)	선거 참관인	1992. 9~10.	3명	· 민간인 파견
유엔 캄보디아 과도정부 (UNTAC)	정전 감시요원	1992.9~ 1993.9	16명	· 수집한 무기의 보관상황 및 정전준수 상황감시 · 국경 정전준수 상황감시

119 防衛省, https://www.mod.go.jp/j/approach/kokusai_heiwa/pko/pdf/pcrs_200602.pdf

<table>
<tr><td>유엔 캄보디아 과도정부 (UNTAC)</td><td>공병부대</td><td>1992.9~
1993.9</td><td>1,200명</td><td>· 도로·다리 등의 수리
· UNTAC 시설 등에 대한 급유·급수
· UNTAC 구성 요원에 대한 급식· 숙박·작업 시설제공, 의료</td></tr>
<tr><td rowspan="2">UN 모잠비크활동 (ONUMOZ)</td><td>사령부 요원</td><td>1993.5~
1995.1</td><td>10명</td><td>· ONUMOZ 사령부에서 중·장기적 업무 계획의 입안 및 수송 업무에 관한 기획·조정</td></tr>
<tr><td>수송 조정 부대</td><td>1993.5~
1995.1</td><td>144명</td><td>· 수송수단 할당, 통관 보조, 그 밖의 수송에 관한 기술적 조정</td></tr>
<tr><td rowspan="2">르완다난민 구조</td><td>르완다 난민 구조대</td><td>1994.9~
1994.12</td><td>260명</td><td>· 의료·방역·급수 활동</td></tr>
<tr><td>항공수송 파견대</td><td>1994.9~
1994.12</td><td>118명</td><td>· 나이로비(케냐)~고마(구 자이르, 현 콩고공화국)간에 르완다 난민 구조대원 및 보급물자 등 항공수송
· 능력상의 여유를 활용하여 난민구조를 실시하고 있는 인도적 국제기관등의 요원, 물자의 항공수송</td></tr>
<tr><td rowspan="2">UN병력분리 감시단 (UNDOF)</td><td>사령부 요원</td><td>1996.2~
2013.1</td><td>38명</td><td>· UNDOF 사령부에서 UNDOF의 활동에 관한공보·예산작성 및 수송·정비 등 업무에 관한 기획·조정</td></tr>
<tr><td>수송부대</td><td>1996.2~
2013.1</td><td>1,463명</td><td>· 식료품 등 수송
· 보급품 창고의 물자보관, 도로 등 보수, 중장비 등 정비, 소방, 제설</td></tr>
<tr><td>동티모르 피난민구조</td><td>항공수송 부대</td><td>1999.11~
2000.2</td><td>113명</td><td>· UNHCR을 위한 지원물자의 항공 수송
· UNHCR 관계자 항공수송</td></tr>
<tr><td>아프가니스탄 난민구조</td><td>항공수송 부대</td><td>2001.1</td><td>138명</td><td>· UNHCR을 위한 지원물자의 항공 수송</td></tr>
<tr><td rowspan="2">UN동티모르 과도행정기구 (UNTAET) 2002.5.20 부터 UN동티모르 지원단 (UNMISET)</td><td>사령부 요원</td><td>2002.2~
2004.6</td><td>17명</td><td>· 군사부문 사령부에서 시설업무관련 기획조정 및 병참업무 조정 등</td></tr>
<tr><td>공병부대</td><td>2002.3~
2004.6</td><td>2,287명</td><td>· PKO활동에 필요한 도로·다리 등 유지·보수
· 딜리 등 주둔 타국부대 및 현지주민이 사용하는급수소(給水所)유지
· 민생지원 업무</td></tr>
<tr><td>이라크 난민 지원</td><td>항공수송 부대</td><td>2003.3~
2003.4</td><td>50명</td><td>· UNHCR을 위한 지원물자 항공 수송</td></tr>
<tr><td>이라크 이재민 지원</td><td>항공수송 부대</td><td>2003.7~
2003.8</td><td>98명</td><td>· 이라크 이재민 지원을 위한 물자 등 항공수송</td></tr>
</table>

UN 네팔임무단 (UNMIN)	군사감시 요원	2007.3~ 2011.1	24명	· 마오이스트, 네팔군의 무기·병사 관리감시 등
UN 수단임무단 (UNMIS)	사령부 요원	2008.10~ 2011.9	12명	· 군사부문 병참 전반의 UNMIS 내 조정 · 데이터베이스관리
UN 아이티임무단 (MINUSTAH)	사령부 요원	2010.2~ 2013.1	12명	· MINUSTAH 사령부에서 시설 관련 활동의 우선순위결정 등 시설 관계업무의 기획 조정, 군사부문 물품의 조달·수송 등 병참 전반에 관련된 기획조정
	공병부대	2010.2~ 2013.1	2,184명	· 무너진 건물잔해 제거, 도로보수, 편의시설 건설 등
UN동티모르 임무단 (UNMIT)	군사연락 요원	2010.9~ 2012.9	8명	· 동티모르 국내 각지의 치안 상황에 대한 정보수집
UN 남수단임무단 (UNMISS)	사령부 요원	2011.11~ 현재	47명	· 군사부문의 병참 전반 수요에 관한 UNMISS 내 조정 · 데이터베이스관리 · 공병업무에 관한 기획 및 조정 · 항공기 운항지원에 관한기획 및 조정
	파견 공병대	2012.1~ 2017.5	3,912명	· 도로 등의 인프라정비등(5차요원 이후는 아래와 같은 업무가 추가) · 공병부대가 실시하는 활동에 관한 UNMISS 등과의 협의 및 조정 · 후방 보급업무 등에 관한 조정

1) 그 밖에 해상자위대(캄보디아, 동티모르) 및 항공자위대(캄보디아 · 모잠비크 · 골란고원 · 동티모르 · 아프가니스탄) 부대가 수송 · 보급 측면에서 지원 활동 실시

2) 르완다 난민 구조 관련, 상기 이외에 선발대 23명 파견

* 출처: 외교부, 『일본개황』(서울: 외교부, 2018), pp. 112-114.; 防衛省, 『防衛白書(資料編)』(東京: 防衛省, 2022), pp. 150-151.; 外務省, https://www.mofa.go.jp/fp/ipc/page22e_000684. html 자료 재작성

<표 3-12> 일본의 사례연구 결과 주요 시사점

구 분	주 요 시 사 점
제도적 차 원	· 자위대의 해외파병 근거 마련을 위한 법적 기반 구축 - 1992년 6월 국제평화협력법 제정 * 일본헌법 제9조에 의해 자위대의 파병이 금지되었으나 국제평화협력법의 제정으로 유엔 평화유지활동에 참여할 수 있는 근거를 마련 - 1998년 6월 국제평화협력법 1차 개정 * 선거감시, 물자협력과 무기 사용에 대한 개정 등 - 2001년 12월 국제평화협력법 2차 개정 * 유엔 평화유지활동에만 한정한 파병 규정 및 무기사용에 대해 개정 등 - 2016년 3월 국제평화협력법 3차 개정 * 유엔이 총괄하는 협력 외 국제 연계 평화협력 활동 참여 가능 및 무기사용에 대해 개정 등 · 그 외 자위대 해외 파견을 위해 제정된 법률 - 1999년 주변사태법, 2001년 테러대책특별조치법, 2003년 이라크부흥지원특별조치법, 2007년 신테러특별조치법, 2008년 보급지원특조법, 2015년 국제평화지원법 · 유엔 삼각협력 프로젝트 적극 참여 - 2015년부터 아프리카 및 아시아 국가들과의 협력 구축 * 엔지니어링, 의료, C4ISR 등 분야의 교육 및 훈련 지원
조직적 차 원	· 국제평화활동 파견 인력에 대한 교육 강화 - 2010년 방위성 통합막료학교 산하 국제평화협력센터 설립 * 교육기능 및 연구기능을 담당 - 국제평화협력상급과정, 국제평화협력중급과정, 국제평화협력 기초강습 등의 과정이 운용 중이며 한국 등 25개국의 장교 등이 관련 교육 수료

제2절 한국의 국제평화활동

1. 한국의 국제평화활동 참여 과정

한국은 유엔에 합법적인 정부로 인정받고 43년이 지난 1991년 9월 유엔에 가입했다. 1948년 제3차 유엔총회에서 대한민국은 한반도의 유일한 합법적 정부로 인정받은 이후, 1949년 1월부터 유엔 가입을 신청하였으나 舊소련의 반대로 가입하지 못하였다. 43년이 지나 1991년 남북한 동시 가입이 승인되어 알파벳 순서에 의거 북한은 160번째 가입국이 되었고, 한국은 161번째로 유엔 회원국이 되었다.

한국은 유엔과 정부 수립 시기부터 특별한 인연을 가지고 있다. 한국의 정부 수립 지원을 위해 1947년 유엔 한국임시위원단(UNTCOK)이 설립된 것이 역사적 시작이다. 1948년 유엔 한국임시위원단 지원하 5.10 자유 총선거를 실시하였고, 유엔 총회 제195호에 의거 대한민국 정부 승인이 결의되었다. 이후 1950년 북한의 남침으로 6.25전쟁이 발발하였고 유엔 안전보장이사회에서는 한국전 참전을 신속히 결의하여 총 63개국이 지원하였다.[120] 미국 등 16개국이 전투병을 파병하였으며 스웨덴, 인도, 덴마크, 노르웨이, 이탈리아 5개국은 의료지원을 하였다. 그 당시 비회원국이던 독일(당시 서독)도 부산에 적십자 병원을 설립하는 등 의료지원에 합류했다. 브라질을 비롯한 대만 · 쿠바 · 에콰도르 · 아이슬란드 · 레바논 · 리베리아 · 멕시코 · 니카라과 · 파키스탄 · 파라과이 · 페루 · 우루과이 · 베네수엘라 등 총 42개국은 물자를 지원하였다.[121]

한국군의 파병역사는 다음과 같다.[122] 첫 해외파병은 다국적군 PKO

---

120 외교부, "한국전쟁 관련 안보리 결의(82호)," https://www.mofa.go.kr/www/brd/m_3874/view.do?seq=310007&srchFr=&srchTo=&srchWord=&srchTp= &multi_itm_seq=0&itm_seq_1=0&itm_seq_2=0&company_cd=&company_nm=&page=34 한국전쟁 관련 안보리 결의는 82호(1950.6.25.), 83호(1950.6.27.), 84호(1950.7.7.)이며 한국국민의 안전, 북한의 무력공격에 대해 규탄, 유엔기 사용 등의 내용으로 이루어져 있다.

121 국가기록원, "참전국," https://theme.archives.go.kr/next/625/warEnterNation.do

122 국방부, 『2020 국방백서』(서울: 국방부, 2020),; 이흥주, 『한국군의 해외파병활동(1991-2016)』(서울: 국방부 군사 편찬연구소, 2018),; 육군본부, 『해외파병사: 1964~2019년』(계룡: 육군본부, 2021),; 유재익, "대한민국 평화 유지활동 20년의 성과와 향후과제," 『PKO저널』 제6권(2012),; 합동참모본

참여로 미국이 동맹 및 우방국들에게 지원을 요청한 베트남 파병이었다. 1964년 4월 미국의 요청으로 그해 9월 11일 한국도 베트남전에 참전하게 되었다. 의료진 130명, 태권도 교관 10명 등 총 140명이 베트남에 처음으로 파병되었으며 미국의 추가 파병 요청에 따라 후방지원과 건설지원 임무수행을 위한 비둘기부대를 비롯하여 전투부대들의 파병이 이루어졌다. 1973년 휴전으로 3월 23일 철수시까지 연인원 31만여 명이 참전하였으며, 577,476회의 작전을 수행하였다.

1990년 8월 이라크의 쿠웨이트 침공으로 시작된 걸프전에 미국의 파병 요청으로 1991년 1월부터 4월까지 의료지원단 154명이 다국적군 및 주민진료 등 의료지원을 실시하였다. 1991년 2월부터 4월까지 공군수송단인 비마부대가 다국적군 물자 및 병력 수송지원을 위해 파병됨으로써 베트남전 참전 이후 중단되었던 국제평화활동에 다국적군 형태로 다시 참여하게 된 파병이었다.

1991년은 남북한이 동시에 유엔 회원국으로 가입한 해이며, 유엔 가입 후 유엔의 파병요청에 따라 1993년 7월 30일 한국군 최초로 유엔평화유지군인 유엔 소말리아 평화유지활동 임무단(UNOSOM II)에 소속된 상록수 부대가 파병되었다. 내전 및 자연재해 등으로 심각한 상황에 처한 소말리아에 430km에 이르는 국도 보수 및 급수확보를 위한 심정개발, 농경지 경작을 하기 위한 관개수로 공사, 지역 주민을 위한 사랑의 학교 및 기술학교 운영, 구호활동, 유엔평화유지군 주둔지 설치지원, 비행장 보수 등 소말리아 재건지원 후 1994년 3월 지역정세

부, https://www.jcs.mil.kr/mbshome/mbs/jcs2/subview.jsp?id=jcs2_030101000000

악화로 인해 9개월 간의 임무 수행 후 철수하였다.

1994년 8월 9일 서부사하라로 파병된 국군의료지원단은 북부지역에 중앙진료소를 건립하고 운영하였으며 북부와 남부에 전방진료소를 설치하였다. 차량과 항공기 등을 이용하여 사막을 횡단하며 유엔감시단이 근무하는 지역을 순회하고 진료활동을 추진하며 현지인들에 대한 전염병 예방 및 방역활동을 수행하였다. 서부사하라에 선박 및 항공편을 이용해 추가보급 및 지원을 하는 과정에서 축적한 노하우로 한국군 군수지원체계를 발전시키는데 크게 기여하였다고 평가받는다. 동일지역의 장기적인 파병은 바람직하지 않다는 정부 결정으로 말레이시아의 의료지원단에 임무를 넘겨주고 2006년 5월 15일 철수하였다.

앙골라 공병대대는 1995년 10월 5일 파병되었으며 앙골라 내전은 유엔 중재로 휴전하고 평화협정 체결 이후 이행상황의 감독 등을 위해 유엔 평화유지 공병부대가 파병되었다. 부대는 유엔 평화유지활동에 필수적인 주요 도로의 보수, 교량 건설 등의 주임무와 비행장 복구, 부지정리, 도로신설(1.5km), 대민지원 등 부가적인 임무도 수행하였으며 1996년 12월 철수하였다.

1999년 10월 파병된 동티모르 상록수부대는 최초의 한국군 보병부대 파견이며 현지 치안 확보 등 인도적 구호활동 지원을 위해 파병되었다. 인도네시아로부터 독립한 동티모르에 친인도네시아계 민병대의 주민 학살 등으로 유엔에서 다국적군 파견을 결의하였으며, 1999년 9월 국회에서 '국군부대의 동티모르 다국적군 파병동의안'이 통과되어 상록수부대가 파병되었다. 특전사, 의료지원 요원, 공병부대원 등 약 400여 명이 치안 회복 후 2000년 3월 1일부터 PKF의 임무로 전환되었으며 2003년 10월 철수했다.

2002년 2월 27일 파병된 아프간 동의부대는 국군의료지원단으로 9 · 11 테러 직후 미국의 아프가니스탄 탈레반 정권 공격에 따라 다국적군의 일원으로 동맹군 및 현지 주민 등에게 의료지원, 방역활동 임무를 수행하였다. 2003년 3월 다산부대가 추가로 파병되었으며 다국적군 기지 내 도로확장 공사, 비행장 보수 · 부대시설 공사 등 동맹군의 기지운영을 지원하고 인도주의적 구호활동 등의 임무를 수행한 후 2007년 12월 철수하였다.

2003년 4월 30일 파병된 건설공병지원단 서희부대는 이라크의 재건과 복구 지원을 위해 파병되었다. 연합군, 미군의 기지건설 지원임무와 학교, 병원 등 이라크 내의 시설지원 · 복구 임무를 수행하였다. 의료지원단인 제마부대는 서희부대와 같이 파병되어 남부의 나시리아 지역에서 연합군 및 현지 주민에 대한 의료지원 임무를 수행하였다. 2004년 3월 자이툰부대와 합류 후 2004년 8월까지 약 15,000여 명의 환자를 진료하였으며 상 · 하수도, 학교 및 병원 등의 복구공사 지원과 의료기구 및 약품, 장학활동, IT센터 설치 등 인도적 지원사업 수행 후 2004년 4월 30일 철수하였다.

이라크 자이툰 부대는 2004년 4월에 약 3천여 명 규모로 파병되었다. 재건 사업을 비롯하여 정보 인프라 구축 등 70여 개의 프로젝트를 통해 주민숙원 사업을 해결하는 등 인도적 활동과 이라크 경찰에 대한 교육훈련 및 치안시설 복구. 치안장비 지원, 지뢰제거, 도로건설 등 많은 임무를 수행하여 다른 파병국의 모델이 되었고 한국군의 위상을 세계적으로 높이는 계기가 되었다.[123] 약 4년 8개월 동안 연인원 17,000여 명이 평화재건의 임무를 매우 성공적으로 수행하여 민사작전의 롤모델로 인식되었으며 2008년 12월 철수하였다.

2004년 10월 12일 파병된 쿠웨이트의 다이만부대는 이라크 지원을 위한 병력 및 장비, 물자 등의 항공수송을 담당하였다. 다국적군 및 자이툰 부대에 대한 군수지원, 병력 수송 등의 임무를 수행하였다. 이라크로 입·출항 시마다 적에 대한 항공기 노출의 최소화를 위해 고도로 숙달된 전술비행 등 우수한 공군작전 능력으로 약 4년의 기간 동안 무사고 비행기록을 수립하였다. 약 4만여 명의 병력과 4천여 톤의 군수물자를 수송하였고, 지구 86바퀴에 해당하는 약 340만km를 비행하였으며 성공적인 임무를 수행 후 2008년 12월 철수하였다.

2007년 7월 19일 레바논에 파병되어 2022년 8월 기준 26진이 임무를 수행하고 있는 동명부대는 한국군 유엔평화유지군 파병 역사상 최장기 파병되고 있는 전투부대이다. 무장세력 유입 및 불법무기 등에 대한 감시정찰과 현지 주민에 대한 민군작전, 레바논군과의 협조체계 유지 및 지원 등의 임무를 수행하고 있다. UNIFIL의 서부여단 예하로 편성되어 있으며 성공적인 임무수행에 따라 UN은 최고의 파병부대라고 평가하였으며 현지 주민들은 신이 내린 선물이라고 찬사를 아끼지 않고 있다.

청해부대는 유엔의 요청에 의해 다국적군 평화유지활동에 참여한 부대로 2009년 3월 소말리아해역에 파병되었다. 한국 선박들을 아덴

123 나응하, "양면게임 이론에 입각한 파병 정책 결정 연구," 『한국군사학논집』 제70호 1권(2014.2.), p. 30.

만의 해적들로부터 보호하기 위해 파견되었으며, 창군 이래 최초로 전투함을 파병한 부대였으며 2002년 8월부터 38진이 임무 수행 중이다.

2010년 2월 17일 파병되된 단비부대는 아이티 지진피해 복구 및 재건지원 임무를 수행하였다. 자연재해로 인한 복구 및 지원을 위해 파견된 최초의 파병부대로 아이티 피해지역에서 의료지원, 재건사업과 주요 도로 복구 및 지진 잔해제거, 심정개발과 급수지원 등 임무를 수행하였다. 2010년 아이티 지역에 콜레라의 발병으로 의료팀은 위생관련 교육, 방역활동, 의약품 보급 등을 적시에 추진하여 조기 안정화에 주도적 역할을 하였다. 각종 교육지원, 생활에 필요한 물품 지원, NGO와의 지원활동 등 다양한 임무를 수행하고 2012년 12월에 철수하였다.

2010년 7월 파병된 오쉬노부대는 아프가니스탄 무장 세력에 의한 테러 등으로 인해 발생한 불안정한 치안의 안정과 재건지원을 위해 파병되었으며 작전지원대 및 경호경비대, 항공지원대, 경비중대 4개 부대로 구성되었다. 오쉬노부대는 무장 세력 등 위협세력이 존재하고 있는 위험한 환경에서 상황별 반복훈련, 최첨단 장비의 운용 및 실전 작전경험을 통해 한국군 전투력 향상에 크게 기여했으며 2014년 6월 철수하였다.

국방교류협력 관련 파병사례는 아랍에미리트(United Arab Emirates, 이하 UAE) 요청에 의한 2011년 1월 11일 파병된 아크부대가 있다. 양국 협력과 우호 증진을 위해 파병된 아크부대는 기존의 다른 평화유지군, 다국적군과는 다른 새로운 유형의 파병으로 UAE군 교육훈련 및 연합훈련을 위해 파견되었으며 현재 20진의 부대가 임무를 수행하고 있다.

2013년 12월 파병된 필리핀 아라우부대는 2013년 11월 태풍 하이옌에 의한 필리핀의 재건지원을 위해 파병되었다. 중형굴삭기 등 재해복구를 위해 장비 19종 30점과 물자류 12종 등 약 35톤 등을 포함한 대규모 파병으로 이라크 자이툰부대 다음으로 큰 규모였다. 약 520여 명으로 구성된 부대전개 이후 주요 도로 등의 복구, 기술학교 운영, 의료지원 등 관련 복구 및 인도적 지원을 담당하였으며, 1년간 임무수행 후 2014년 12월 22일 철수하였다. 2013년 3월 31일 남수단에 파병된 한빛부대는 유엔평화유지군으로 2011년 7월에 수단으로부터 독립한 신생독립국 남수단의 평화 및 재건지원을 위해 파견되었다. 부대 구성은 대다수 공병부대와 일부 의료진 등으로 구성되어 있다. 공병부대는 백나일강의 제방공사를 실시하여 매년 우기마다 발생하고 있는 홍수피해를 방지하였다. 주바-보르간 도로 공사, 활주로의 주기장 확장공사, 난민보호소 부지의 신축 등 재건지원 사업을 전개하였다. 또한 진료지원 · 방역활동을 비롯하여 자립여건 조성을 위한 한빛농장을 개설하여 농사기술 전수 등 다양한 민군활동을 펼쳐 현지인들로부터 수많은 찬사를 받고 있으며, 2022년 3월 파병된 15진이 임무를 수행하고 있다.

한국군은 현재 레바논 동명부대와 남수단 한빛부대가 평화유지활동 임무수행 중으로 주요 활동은 〈표 3-13〉과 같다.

<표 3-13> 동명부대 및 한빛부대 주요 활동 현황(2020년 11월 기준)

레바논 동명부대	
작전 활동	· 작전지역 감시 정찰 : 11만여 회 · 도보 · 기동정찰 및 EOD 정찰 : 6,400여 회 · 레바논군과 연합정찰 : 11만여 회
민군작전 및 인도적 지원	· 현지 주민 의료지원 : 15만여 회 · 가축 진료 : 3만 5,000여 두 · 태권도 교실 : 2개 마을 / 비누 아트 교실 : 5개 마을 순회 · 한글 교실 : 원격 교육 · 주민 숙원사업 : 417건(공공시설, 학교시설, 하수시설 등) · 레바논군 지원 : 105건 · 베이루트항 폭발사고 관련 지원 : 마스크 등 생필품 6천 세트/의료품 4천여 세트 레바논 총사령부에 전달
남수단 한빛부대	
재건 지원 작전	· 보르 공항 개선 공사, 헬기 정비고, 주기장 및 터미널 신축 · 보르-피보르 간 도로 유지보수 및 배수시설(배수로, 칼바이트 설치) 개선 · 보르-망겔라 간 도로 유지보수 및 유실지역 긴급보수 지원 · 보르 지역 도로보수, 배수시설 개선, 수몰지역 배수 및 복구 장비지원 · 종글레이 주립병원(산부인과) 태양광 발전 설치
민군작전 및 인도적 지원	· 종글레이주 피스센터 설립, 보르병원 의약품 · 물자 지원 · 종글레이주 홍수피해 복구물자 공여(14인용 텐트 3동) · 보르 지역 초등학교 교육물자 지원, 존가랑 대학교 평생교육원 강의장 리모델링 · 한빛농장 운영 : 8,700평, 작물 12종 재배 · 한빛직업학교(농업 등 6개 분야) 운영 : 588명 수료, 현지인 교관 양성 중 · 방한연수 : 코로나19 확산 전까지 7회차 79명 방한, 한국의 농업기술 교육 이수 · UNMISS 태권도 · 한국어 교실 운영 · 코로나19 대응 : 남수단 정부에 방역마스크 2만 장, 코로나19 진단키트 1만 회분 지원
난민 보호	· 내 · 외부도로 보수, 우기 수몰지역 배수 지원 · 난민보호소 시설보수, 방호벽 보강 및 경계초소(14개소) 신축
유엔 임무단 시설공사 지원	· 보르 기지 유엔 직원 숙소설치(12동), 보르 공항 경계초소 및 숙소설치, 보르 공항 위생 및 편의시설 설치(정화조, 체육시설, 유류고 등) · 보르 기지 방호벽 및 내부도로(4.8km) 보강 · 피보르 및 아코보 독립작전기지 방호벽, 외부 해자 및 순찰로(1.8km) 보강 · 보르 기지 유엔 임무단(5개 부대) 시설개선 지원 등

* 출처: 국방부(2020), 전게서, pp. 194-195.

<표 3-14> 한국군 해외파견 현황(2022.5.10. 기준)

	구 분	현재 인원	지 역	최초 파병	교대 주기
UN PKO	부대단위				
	레바논 동명부대	282	티르	'07. 7월	8개월
	남수단 한빛부대	274	보르	'13. 3월	
	개인단위				
	인도 · 파키스탄 정전감시단 (UNMOGIP)	8	스리나가	'94. 11월	1년
	남수단 임무단(UNMISS)	8	주바	'11. 7월	
	레바논 평화유지군(UNIFIL)	4	나쿠라	'07. 1월	
	서부사하라 선거감시단(MINURSO)	3	라윤	'09. 7월	
	현재인원 소계	579			
다국적군 평화활동	부대단위				
	소말리아해역 청해부대	594	소말리아해역	'09. 3월	6개월
	개인단위				
	바레인 연합해군사령부: 참모장교	4	마나마	'08. 1월	1년
	바레인 IMSC: 연락장교	2	마나마	'21. 6월	1년
	지부티 연합합동기동부대(CJTF-HOA) : 협조장교	1	지부티	'09. 3월	1년
	미국 중부사령부: 협조단	3	플로리다	'01. 11월	1년
	미국 아프리카사령부: 협조장교	1	슈트트가르트	'16. 3월	2년
	CTF-465	1	아덴만 해역	'20. 3월	9개월
	CTF-151	1	바레인	'21. 12월	1년
	쿠웨이트: 협조장교	2	쿠웨이트	'19. 12월	1년
	현재인원 소계	608			
국방협력	부대단위				
	UAE 아크부대	147	알 아인	'11. 1월	8개월
	현재인원 소계	147			
파병인원 총계		1,334			

※ 개인단위(37명) : UN PKO(23명), 다국적군(14명)

※ 부대단위(1,297명) : UN PKO(556명), 다국적군(594명), 국방협력(147명)

* 출처: 합동참모본부,"해외파병 현황," https://www.jcs.mil.kr/mbshome/mbs/jcs2/subview.jsp?id=jcs2_030102010000

2. 한국의 국제평화활동 한계와 개선방향

가. 제도적 차원

1) 신속 파병 여건 보장을 위한 법률안 제정

한국군의 해외파병은 대한민국 헌법 제5조의 "국제평화를 위한 노력의 국제평화주의를 천명하고", 제60조의 "국군의 해외파병에 대해 국회의 동의를 받아야 하는 규정"[124]에 근거하여 이루어졌다. 한국은 1991년 유엔에 가입한 이후 다양한 국제평화활동에 참여하여 왔다. 그러나 파병 요청으로부터 출발까지 동명부대는 343일, 한빛부대는 618일이 소요되었다. 당시 신속한 파병이 요청된 상황이었지만 헌법에 의거 국회 동의를 받아야 하는 조항에 따라 20개월 넘는 기간이 필요했다. 특히 한국군의 파병은 유엔 평화유지활동 참여보다 한·미 동맹과 관련이 있는 다국적군 파병에 보다 적극적인 모습을 보였다. 물론 유엔 평화유지활동으로 1999년 9월에 파병된 동티모르 상록수부대는 18일 만에 파견되기도 하였다. 이러한 신속한 파병이 가능했던 이유는 1999년 9월 당시 김대중 대통령이 뉴질랜드에서 개최된 아시아태평양경제협력체(Asia-Pacific Economic Cooperation, APEC) 정상회담에서 동티모르의 독립 지원 의사와 국제사회의 적극 개입 및 평화유지활동

---

124 대한민국헌법 [시행 1988. 2. 25.] [헌법 제10호, 1987.10.29., 전부개정] 제5조 제1항 대한민국은 국제평화의 유지에 노력하고 침략적 전쟁을 부인한다. 제60조 제1항 국회는 상호원조 또는 안전보장에 관한 조약, 중요한 국제조직에 관한 조약, 우호통상항해조약, 주권의 제약에 관한 조약, 강화조약, 국가나 국민에게 중대한 재정적 부담을 지우는 조약 또는 입법사항에 관한 조약의 체결·비준에 대한 동의권을 가진다. 제2항 국회는 선전포고, 국군의 외국에의 파견 또는 외국군대의 대한민국 영역안에서의 주류에 대한 동의권을 가진다.

의 주도를 위해 한국군 파병 의사를 피력하여 이루어진 결과이다.[125] 한국의 평화유지활동은 진지한 국민적 토론 없이 정당 및 정파 간의 정치적 이해관계, 행정부내 의사결정 지연, 행정부와 입법부 간의 힘겨루기 등에 따른 정책결정의 연기에 따라 유엔의 요구에 즉각적으로 파병이 이루어지지 못했다.[126]

남수단 한빛부대의 경우 18대 국회 종료시점과 겹쳐 파병동의안을 제때 받기 어려워 파병까지 20개월이 넘는 기간이 소요되었다. 이는 유엔이 국제평화활동의 실효성을 보장하기 위해 추구하는 30일 이내의 파병이나 최하위 수준인 90일에도 훨씬 미치지 못하는 사례였다. 또한 레바논 동명부대 약 11개월, 앙골라 공병부대 약 8개월 등이 소요되어 이러한 국격과 위상에 걸맞지 못한 정책 결정은 한국에 대한 신뢰도를 떨어뜨리는 일이었다. 파병부대의 전개가 늦어지는 문제를 해결하기 위해 유엔에서는 신속 파병국에 대해 경비보전율에 성과금을 10~25%까지 추가적으로 지급하고 있으며, 향후 한국군도 유엔의 노력에 부응해야 할 것이다.[127]

한국도 유엔평화유지활동법이라 불리는 국제연합 평화유지활동 참여에 관한 법률이 2010년에 제정되면서 평화유지활동에 대한 근거법안이 마련되었다. 그러나 이 법률은 유엔 평화유지활동에서 비군사적 임무수행과 전투행위와 무관한 파견만을 규정하고 있어 다차원 임무

125 국가기록원, "동티모르에 평화유지군 파견," https://www.archives.go.kr/next/ search/listSubjectDescription.do?id=002981&pageFlag=&sitePage=1-2-1

126 고성윤 · 부형욱, "신속 파병을 위한 시스템 발전방안: PKO 활성화 논의와 신속 파병 시스템 발전방안의 연계," 『국방연구』 제53권 제3호(2010.12.), p. 80.

127 이흥주(2018), 전게서, pp. 553-554.

가 수행되고 있는 작전환경과는 다소 거리가 있었다.[128] 그 외 국군을 파병할 수 있는 근거는 국군의 해외파병업무훈령, 합참 해외파병업무 규정, 육군 해외파병업무 규정 등이 있으나 개인파병 및 다국적군 파병 등에 대한 별도의 규정은 없다.

<표 3-15> 해외파병 관련 법적 근거

1999년~계속	1996년 4월	2003년 1월	2010년 4월
·헌법의 제5조와 제60조 ·관련 유엔 평화유지 결의안	·합참 규정 444-01 합참 해외파병 업무 규정	·육군 규정 321해외파병업무 규정	·국제연합 평화유지활동 참여에 관한 법률

* 관련 내용을 표로 작성

국방부 여론조사에 따르면 다국적군 평화활동을 위한 법률제정은 76.6%, 국방교류를 위한 해외파병 법률제정은 79.3%가 필요하다고 응답했다.

2021년에 실시된 범국민 안보의식 조사에 따르면 다양한 국제평화유지활동에 대해 찬성한다는 의견이 66.6%, 반대한다는 의견이 6.5%로 찬성이 60.1% 높게 나타났으며, 2020년 대비 8.5%가 증가했다. 위험지역 파병 의견으로 일반국민은 안전한 지역으로만 파병해야 한다는 35.8%, 전문가는 국제사회 평화유지에 기여하기 위해서는 위험을 감수해서라도 참여해야 한다는 의견이 65.0%로 가장 높게 나타났다.

중국은 국가 위상을 높이기 위해 평화활동에 적극 참여하고 있으며

128 국제연합 평화유지활동 참여에 관한 법률[법률 제18594호, 2021.12.21., 일부개정]

관련 법률의 제정을 통해 파병의 근거를 마련해 가고 있다. 일본은 파병에 대한 근거를 마련하고자 국제평화협력법을 제정하고 필요해 의해 개정하였다. 또한 관련 특별법 등을 제정하여 국제평화활동 참여 확대를 추진하였다. 법과 제도적 정비를 통해 국가위상의 확립과 파병에 대한 근거를 마련하고 국제평화활동 활성화를 추진하였다.

한국도 여러 차례 해외파병과 관련된 법률안 제정 추진 시도는 있었으나 대부분 안건을 제출한 의원의 임기 만료로 폐기되었다. 상비부대 관련 법률의 경우 유엔은 평화유지활동 상비체제를 갖추도록 각국에 요구하고 있고 한국도 상비부대를 운영하고 있으나 국방부 제1558호 국방조직 및 정원관리 훈령 등에도 상비부대 편성과 관련한 명확한 근거가 없다. 이와 관련하여 2003년 김용학 의원 등이 평화유지활동 목적의 해외파병을 위한 상비군 창설법안을 상정하였으나 2004년 임기만료로 폐기되었다. 이후 2008년 송민순 의원 등이 국제연합 평화유지활동 상비부대설치법안을 상정하였으나 이 제안 또한 임기만료로 폐기되었다.[129] 2013년 송영근 의원 등이 유엔 평화유지활동 외 국제평화 유지를 위한 다국적군 및 국방교류협력을 위한 파견 등을

---

129 국회 의안정보시스템, "[1800147] 국제연합 평화유지활동 상비부대 설치 법안(송민순 의원 등 25인), https://likms.assembly.go.kr/bill/billDetail.do?billId= PRC_Q0K8U0J7K0 D4W1N6L3O2 M1M1C4I0C4 법안 제안이유는 다음과 같다. "국제사회에서 평화와 안정을 유지하는데 크게 기여하고 있는 국제연합 평화유지활동은 향후에도 그 역할과 기능이 크게 확대될 것으로 전망되고 있음. 우리나라의 국제연합에 대한 분담금은 세계 10위권 수준으로 국제사회에서의 우리의 경제력에 걸맞는 부담을 담당하고 있으나 실제 평화유지활동으로의 인력파견에 있어서는 국력에 훨씬 못 미치는 기여를 하고 있는 상황임. 또한 국제연합이 평화유지활동에 있어 2002년 신속배치단계 제도를 도입하는 등 신속성과 기동성을 중시하는 방향으로 운영과 제도를 발전시키고 있는 점을 감안한다면 우리의 현실은 국제사회의 기대나 요구와는 갈수록 멀어지고 있는 상황임.그간 국내에서의 평화유지활동 파견과정을 살펴보면 국회에서의 비준동의 절차의 평균처리기간이 11일인 반면, 유엔의 요청에서 파견까지의 기간은 평균 6개월로서 대부분의 기간이 부대구성과 합동조사, 각급회의 등 정부내부 절차에 소요되었음. 따라서 국제연합이 우리나라에 대해 평화유지활동과 관련한 의사타진 이후 즉각적이고 신속한 평화유지활동 참여가 가능해질 수 있도록 국제연합 평화유지활동을 대비한 상설부대를 설치하여 한국이 국제사회의 책임있는 구성원으로서 기여를 늘리고자 함."

위해 상정한 국군의 해외파견활동 참여에 관한 법률안은 2016년 임기만료로 폐기되었다. 2016년 김영우 의원 등이 국군의 해외파견활동에 관한 법률안[130]을 제안하였으나 2020년 임기만료로 폐기되었다.

한국은 국가 수립으로부터 6.25 전쟁 시 자유민주주의를 수호하는 과정에서 유엔으로부터 많은 도움이 있었다. 최근 한국은 전 세계 191개국 중 GDP 10위를 차지하고 있는 중견국으로 성장하였으며 국제사회로부터 받았던 도움을 국제평화활동으로 보답해야 할 시점이 되었다. 따라서 평화유지활동 뿐만 아니라 다국적군 평화활동 파견 등을 위한 법제정을 추진하여 해외파병 참여의 근거와 정당성을 마련해야 할 것이다.

현재 평화유지활동 대부분은 아프리카에서 이루어지고 있지만 향후 중국, 일본, 대만, 한반도 등 동아시아의 분쟁 발생 시 문제를 해결하는 과정에서도 PKO는 중요한 해결책이 될 수 있다. 파병 관련 논의들은 국내법적 정당성 및 비용 대비 효율성과 같은 미시(微視)적 차원보다 거시(巨視)적이고 포괄적인 방향으로 전환하는 것이 바람직하며 관련 법과 제도의 정비를 통해 근거를 마련하는 것이 중요하다.[131]

---

130 국회 의안정보시스템, "[2001804] 국군의 해외파견활동에 관한 법률안(김영우의원 등 11인)," https://likms.assembly.go.kr/bill/billDetail.do?billId=PRC_S1T6E0Z8O2Q5T1W5O4F0N5Z0T0F9F7 법안 제안이유는 다음과 같다. "오늘날 국제사회에서는 국경 · 인종 · 영토분쟁 · 질병 등 다양한 분쟁을 관리하기 위하여 국제연합을 비롯한 개별국가들이 노력하고 있으며 우리나라 역시 국제사회의 일원으로서 다양한 유형의 국군의 해외파견활동으로 기여하고 있음. 하지만 현재 국군의 해외파견활동 중 국제연합 평화유지활동을 제외한 다국적군 파견, 국방교류협력을 위한 파견 등에 대해서는 그 내용과 절차를 규정한 법적근거가 부재한 실정임. 이에 그 내용과 절차를 법률에 명확히 규정하여 파견활동에 대한 투명성과 예측가능성을 높여 국민적 합의 도출에 기여하려는 것임."

131 민병원 · 최종건, "해외파병관련 법·제도의 국제비교," 『국회입법조사처 학술연구용역 최종보고서』 (2008.12.), p. 80.

<표 3-16> 국군의 해외파병 관련 제안된 의안 현황

의안번호	의안명	제안일자	의결일자	의안결과
2001804	국군의 해외파견활동에 관한 법률안(김영우의원 등 11인)	2016.8.25	2020.5.29	임기만료 폐기
1905300	국군의 해외파견활동 참여에 관한 법률안(송영근의원 등 20인)	2013.6.4	2016.5.29	임기만료 폐기
1806808	국군부대의 해외파견절차에 관한 법률안(송영선의원 등 10인)	2009.12.2	2012.5.29	임기만료 폐기
1806094	국군부대의 해외파견 절차에 관한 법률안(김장수의원 등 17인)	2009.9.22	2012.5.29	임기만료 폐기
1800223	국군부대의 국제평화유지활동 참여에 관한 법률안 (송영선의원 등 11인)	2008.7.10	2009.12.2	철회
1800147	국제연합 평화유지활동 상비 부대 설치법안(송민순의원 등 25인)	2008.7.4	2012.5.29	임기만료 폐기
172938	국군부대의 국제평화유지활동 참여에 관한 법률안 (송영선의원 등 28인)	2005.10.14	2008.5.29	임기만료 폐기
162352	평화유지활동목적의 해외파병을 위한 상비군창설법안 (김용학의원 등 16인)	2003.6.4	2004.5.29	임기만료 폐기

* 해외파병 관련 국회의안 내용을 표로 작성

2) 유엔 패러다임 전환과 연계된 맞춤형 파병전략 수립

2019년 뉴욕 유엔본부에서 개최된 평화유지 장관회의에서 한국은 A4P에서 추진하고 있는 방향에 맞춰 다음과 같은 의제를 제안했다.[132] ① 파견 전 훈련은 평화유지군의 안전과 효과성 증대를 위한 것으로 매년 2020년부터 2024년까지 유엔 훈련과정을 한국에서 개최한다, ② 유엔 · 지역기구 및 병력공여국들간 파트너십을 강화하고 임무현장에

132 외교부, “2019년 유엔 평화유지 장관회의 연설 (3.29.),” (2019.4.12.), https://overseas.mofa.go.kr/minister/brd/m_20033/list.do

서의 작전 효과성 제고를 위해 유엔 및 아프리카 연합과 협력하여 지뢰 방호 차량 지원을 제안한다, ③ A4P에서 중요하게 추진 중인 WPS 의제를 지속적으로 이행하기 위해 여성 참모장교 및 군사감시단 파견 비율을 2028년까지 25%로 증가하는 것이다.

2021년 서울에서 개최된 평화유지 장관회의에서 한국은 아프리카 임무단에 16대의 헬기자산 공여, 병력공여국에 훈련 및 장비 지원, 유엔 스마트캠프 시범사업 추진, 아프리카 임무단에 의료지원팀 파견 및 병력공역국에 의료훈련 지원, 여성 평화유지활동 참여 인력 역량 강화 등 6대 공약을 제시했다.

한국은 유엔 사무총장이 제시한 A4P 및 A4P+에 연계된 다양한 공약을 제시하였으며 이러한 공약의 이행은 유엔 패러다임 전환에 부합한 한국의 지원방식이라 할 수 있다.

삼각파트너십의 일환이라고 할 수 있는 병력공여국에 훈련 및 장비 지원은 한국이 A4P에 부응할 수 있는 적합한 방법 중 하나이다. 특히 아프리카 지역에 장비 공여는 평화유지요원들의 위임명령 이행을 위해 대단히 중요한 요소이다. 또한 A4P에서 강조하고 있는 여성 · 평화 · 안보(WPS) 의제를 지속적으로 추진하려는 의지로 판단된다.[133]

3) 파트너십 강화

A4P를 통해 한국이 참여할 수 있는 전략 중 하나는 삼각협력 프로젝트(TPP)이다. 삼각협력 프로젝트는 평화유지군 공병 및 의무부대의 역

133 박순향, "평화유지구상 계획(Action for Peacekeeping Initiative) 기회인가? 도전인가?,"『PKO저널』 제19권(2019.12.), pp. 33-35.

량 제고를 위해 전문 훈련과 장비 등을 지원하는 것이다. 삼각협력 프로젝트는 2014년 유엔 평화유지 장관회의의 결과로 2015년 시작되었다. A4P의 추진 방법으로 점차 국제적인 수요가 증가하고 있으며 일본은 2015년부터 적극적으로 참여하고 있는 평화활동 분야이다.

한국은 파병지역에서 한국국제협력단(KOICA)[134], 정부기관 및 민관기구와 협력을 통한 민사활동을 모범적으로 시행하였다. 그러나 한국이 진행하고 있는 파트너십은 유엔에서 추진하고 있는 삼각협력 프로젝트와 연계성이 없이 추진되어 국제사회에서의 국가위상 강화에 큰 영향을 주지 못했다. 그러나 국익을 고려한다면 유엔을 통한 공식적 참여가 이루어져야 할 필요성이 있다. 한국의 경우에는 K-방역과 세계보건기구, 남수단 한빛부대, 아프리카 연합을 연계하여 추진할 필요성이 있다.[135] 물론 K-방역에서의 삼각협력 뿐만 아니라 한국이 가지고 있는 첨단기술 분야의 협력이 이루어진다면 다차원 임무를 수행해야 하는 임무단의 효율성과 안전성이 확보되고 아프리카 연합과의 협력을 통해 국제평화활동의 역량을 강화해 나갈 수 있을 것이다.

2015년 기준, 한국의 삼각협력 참여는 20건 미만으로 100건 이상에 참여하고 있는 일본에 비하면 매우 저조하다 할 수 있다. 주요한 협력 방식의 하나인 삼각협력에 한국은 ICT, 보건, 환경, 에너지 등의 분야에서 개발협력 방식을 다양화하고 선진화하는 차원에서 구체적인 방

134 KOICA, "미션 · 비전," https://www.koica.go.kr/koica_kr/851/subview.do 한국국제협력단(KOICA: Korea International Cooperation Agency)은 개발도상국의 빈곤감소 및 삶의 질 향상, 여성, 아동, 장애인, 청소년의 인권향상, 성평등 실현, 지속가능한 발전 및 인도주의를 실현하고, 협력대상국과의 경제 협력 및 우호협력관계 증진, 국제사회의 평화와 번영에 기여하기 위해 설립되었으며 외교부 산하 정부출연기관이다.

135 박상중, "유엔 PKO 삼각 파트너십 발전방안,"『PKO저널』 제23권 (2021), pp. 4-5.

안을 고려하여 추진할 필요가 있다.[136] 또한 2021 서울 유엔 평화유지장관회의에서 한국은 병력공여국에 평화유지활동 훈련과 장비 지원을 공약했다. 아세안 병력공여국에 공병장비를 공여하고 관련 교육훈련을 지원하는 것으로 삼각협력 프로젝트에 한국도 참여 의지를 밝힌 것이다. 한국군의 평화유지활동 기여는 주로 병력파견 위주였으나, 앞으로는 한국이 앞서 있고 잘할 수 있는 분야에 대한 기여와 역량 개발이 필요하다. 한국군의 경우 우수한 공병 · 통신 · 의무부대 등을 비롯하여 헬기 등 첨단 군수품, 정보자산, 정보통신(IT) 기술, 훈련 · 교관 등을 보유하고 있어 평화유지활동 후발 국가들에게 관련 노하우 전수 등의 방식으로 기여를 확대해나갈 필요성이 있다.[137]

파트너십을 강화해 나가기 위해서는 주둔국을 중심으로 지역적 협력을 발전시켜 나갈 필요성이 있다. 한 · 중 · 일 3개국 평화활동의 장을 마련하여 파트너십을 중심으로 협력한다면 유엔이 추진하고 있는 A4P에 부응할 수 있을 것이다. 군 및 경찰 중심 파병으로 약 50,000명 이상을 파병하고 있는 중국과 헌법에 의해 파병이 자유롭지 못한 일본이 추진하고 있는 삼각협력 등의 경험과 전문성을 공유한다면 동북아시아의 평화를 위한 협력 추진과 한국의 해외파병 한계를 극복할 수 있는 좋은 기회가 될 것이다. 또한 한 · 중 · 일 3국의 국제평화활동센터 간 교환프로그램 및 평화유지활동 관련 합동훈련으로 동북아시

136 송지혜, "UN 남남협력 고위급회담(BAPA+40) 주요 의제와 쟁점," 『KIEP 세계경제 포커스』 Vol. 2 No. 11 (2019.4.15.), p. 12.

137 국방일보, "후발 국가에 우리 군 노하우 전수 등 기여 확대해야," (2021.10.18.), https://kookbang.dema.mil.kr/newsWeb/20211019/1/BBSMSTR_000000100138/view.do

아에서 한국의 역할은 더욱 강화될 수 있을 것이다.[138]

4) 전문인력 참여확대

한국이 유엔에 가입한 후 유엔 총회 및 안보리 결의, 지휘통제 등으로 한국군은 유엔 평화유지군, 유엔 다국적군 및 특정국 주도의 다국적군 등에 파견되었다. 유엔 평화유지활동에는 군인, 경찰, 민간요원 등 참여인력이 다양하지만 한국은 공병부대와 의무부대, 수송지원부대를 위주로 파병하였고, 정전감시단 활동에 주로 참여하고 있다. 특히 군인과 소수의 경찰인력을 중심으로 유엔 평화유지활동에 참여하고 있다. 민간인력 파견의 경우 외교부 소속 인원이 선거감시요원 등으로만 참여하고 있어 매우 제한적인 모습을 보여왔다.[139]

하지만 탈냉전 이후 글로벌 안보환경의 변화 속에서 평화활동 작전환경이 기존과 같이 분쟁의 중재나 화해 등 전통적인 임무보다 평화구축, 평화강제(Peace Enforcement) 등과 같이 교전 후의 중재나 원상복귀 등의 양상으로 변화하고 있다. 분쟁의 요인과 지역의 특성 등이 복잡다변화되면서 평화유지활동 임무도 정전감시, 선거지원, 평화재건 등 전문적이고 비군사적 임무의 중요성이 점차 증가되고 있다. 이러한 비군사적 임무는 민간 전문가, 선거관리 전문가, 경찰 및 NGO 등 다양한 인력의 참여를 요구하고 있다.[140]

---

138 최윤미, "2015 유엔 창설 70주년, 브라히미 리포트 이후 15년, 한국 PKO의 미래 과제는?," 『PKO저널』 제10호(2015), p. 6.

139 강현철, "국군의 해외파견에 관한 법률제정의 타당성," 『立法學硏究』 제11집 제1호(2014), p.6.

140 오윤성, "2015 PKO 발전 세미나 발표 논문(요약): PKO활동에 대한 경찰의 역할과 참여확대 방안," 『PKO저널』 제11권(2015), p. 16.

2021년 제4차 평화유지 장관회의에서 한국의 6대 기여공약 중 하나가 경찰 요원의 추가 파견으로 유엔 평화유지 사이버 범죄 대응을 위한 파견이다. 2022년 5월 31일 기준 유엔 평화유지 임무단 경찰부대 및 개인인력 파견 수는 7,597명이다. UNMISS, MONUSCO, MINUSCA 등 11개 평화유지 임무단에서 활동하고 있으며 한국도 경찰인력 3명이 UNMISS에 파견되어 임무 수행 중이다.[141]

한국 경찰인력의 평화유지활동 파견은 그동안 극히 제한적인 임무수행을 위주로 추진되었다. 또한 파견 전 교육은 국방대학교 PKO 센터에서 이루어지는 등 군에 의존적이었으나, 2018년 PKO 센터가 유엔으로부터 16번째 PKO 교육기관이 되면서 경찰인력도 전문적인 교육을 받을 수 있게 되었다. 1994년 유엔 소말리아 정전감시단(UNOSOM II)에 국제법 교육을 위해 교관 2명이 선발되어 파견되었으며 이는 경찰 인력의 최초 파병이었다. 이후 선거지원, 치안자문 등을 위해 파견되었다. 2005년 4월 경찰관 3명을 유엔 수단임무단(UNMIS) 파견을 위해 유엔에 통보하였으나 현지안보와 치안상황으로 취소되었다. 2006년 동티모르에 경찰부대 파견을 위한 대상 부대가 선정되었으나 국내 여론이 악화 등으로 무산되었다.[142]

141 UN, "TROOP AND POLICE CONTRIBUTORS," https://peacekeeping.un.org/en/troop-and-police-contributors

142 박종현, "국제 분쟁지역에서 한국경찰의 효과적인 평화유지활동에 관한 연구," 『융합보안논문지』 제20권 제4호(2020), p. 233.

<표 3-17> 한국 경찰의 유엔 평화유지활동 참여 현황

기간	94.4~10	99.6~9	06.12~ 12.12	14.4~ 16.10	16.5~ 18.3	18.2~ 19.10	20.2~ 21.2
미션	소말리아 정전 감시단	동티모르 선거 감시단	동티모르통합 미션 (UNMIT)	라이베리아 1차 (UNMIL)	라이베리아 2,3차 (UNMIL)	아이티 (MINUJUSTH)	남수단 임무단 (UNMISS)
근무 인원	2명	5명	18명 (8회)	3명	7명	4명	4명

* 출처: 경찰청,『2021 경찰백서』(서울: 경찰청, 2021), p. 276.

2020년 4월, '혁신적인 코로나19 대응 : 한국의 구체적 사례(Innovative Response to COVID-19: Concrete Examples from Korea)'라는 주제로 개최된 웹 세미나는 뉴욕의 유엔본부에 있는 UNDP의 요청으로 이루어졌다. 독일, 캐나다, 싱가폴, 레바논, 세네갈 등 37개국 총 120명이 참여하였고, 한국 경찰의 방역 경험을 공유하고 한국 경찰과 다양한 방법으로 협력 관계를 확대하고자 하였다.[143] 한국 경찰의 평화활동 참여가 팬데믹 등 전염병의 대응 경험을 공유할 수 있는 분야로도 확대 가능성을 보여주었다. 한국이 가지고 있는 경험과 기술을 공유할 수 있는 경찰 등 전문인력 파견을 확대하여 유엔이 필요로 하는 다차원 임무 수행 능력을 갖춰야 할 것이다.

2022년 8월 기준 약 9,000여 명의 경찰인력이 사하라 주민투표감시단(United Nations Mission for the Referendum in Western Sahara, MINURSO), 말리임무단(United Nations Multidimensional Integrated Stabilization Mission in Mali, MINUSMA) 등 17

143 경찰청 브리핑, "경찰청 UNDP, 한국 경찰의 코로나19 대응 웹 세미나 개최,"(2020.4.29.), https://www.police.go.kr/

개 임무단에서 활동하고 있다.[144] 경찰인력은 민간인 보호, 젠더 관련 폭력사건 조사, 범죄예방, 현지 경찰에 대한 개혁 · 개발 지원, 현지 조사 등의 다양한 임무를 수행한다. 특히 분쟁지역 성범죄 관련하여 여성 경찰관 참여의 중요성이 증가하고 있어 유엔은 여성 경찰관 참여 비율을 확대하고 있다.

전술한 바와 같이 한국의 법 제도는 한국군의 평화유지활동 부대 파병에만 국한되어 있어 경찰 등 다양한 인력파견을 위해서는 먼저 법과 제도의 개선이 수반되어야 한다. 중국 평화유지 경찰훈련센터와 같은 경찰 PKO 센터 건립 추진, 경찰인력 파견국과의 평화유지 교육 및 훈련 참여 등 독자적인 노력이 필요하다고 판단된다.

나. 구조적 차원

1) 상비부대 편성 강화

탈냉전 이후 분쟁의 양상이 다변화되고 그 수도 증가함에 따라 평화유지활동은 기존의 무력분쟁을 중재하는 기존의 임무 형태 뿐만 아니라 평화유지, 평화조성, 평화강제 등과 같은 다차원 임무를 수행해야 하는 체계로 변화하고 있다.

1990년대 평화활동의 실패와 반성으로 발표된 2000년 브라히미 보고서에서는 1990년대 지역분쟁 관리 실패와 관련하여 역사적 성찰을 바탕으로 효과적인 분쟁예방 교전규칙 제정, 실효성 있는 위임명령

144 UN Peacekeeping, "UN POLICE," https://peacekeeping.un.org/en/un-police

(Mandate) 제시, 유엔의 정규예산 및 PKO 분담금 제도, 사무국의 조직개편 방안 등이 제안되었다. 또한 평화유지활동의 실효성 보장을 위해 각 임무단의 창설 및 배치시한 등을 설정하였고 유엔 상비체제의 필요성을 제기하였다.[145] 그러나 유엔 상비체제는 참여율 및 실효성이 낮아 2015년 9월부터 유엔 평화유지 능력 준비태세(PCRS) 제도로 전환되었다. 유엔 평화유지 능력 준비태세는 유엔이 하나의 체계로 등록 후 관리하여 회원국이 평화유지활동에 어떤 공여가 가능한지에 대해 정확하게 판단할 수 있어 임무단 창설 등에 있어 매우 중요한 제도이다. 유엔 상비체제의 문제점을 개선한 평화유지 능력 준비태세는 교육 수준을 사전에 확인할 수 있다. 또한 위임명령 완수를 위한 병력 및 장비의 사전 편성이 가능하다. 양해각서(MOU)의 경우에도 유엔 상비체제는 부대 파병이 필요한 상황에서 체결하는 제도라 전개가 지연되는 것에 반해, PCRS는 사전 체결에 의해 진행되기 때문에 전개 지연을 방지할 수 있다. 그러나 신속 전개 여부는 참여국의 의지가 가장 중요하다.[146]

전술한 바와 같이 법률 및 훈령 등에 상비부대 편성과 관련한 명확한 규정과 근거는 없다. 단지, 국군의 해외파병업무 훈령에 "해외파병 상비부대란 해외에 신속히 파견되어 유엔 평화유지활동 및 다국적군 평화유지활동 임무 등을 수행할 수 있도록 준비된 국군부대로 파병전담부대, 예비지정부대, 별도지정부대로 구성된다."라고 정의되어 있

145 United Nations, "Identical letters dated 21 August 2000 from the Secretary-General to the President of the General Assembly and the President of the Security Council," (Aug 8. 2000)

146 박태홍, "유엔 평화유지 능력 준비태세 체계(PCRS)란 무엇인가?," 『PKO저널』 제13권(2016.12.), pp. 18-20.

다.[147] 한국의 상비부대는[148] 1995년 6월 유엔의 요청에 따라 양해각서가 체결되면서 2010년 7월 1일 특전사 예하 제5특전여단을 개편하여 국제평화지원단(온누리부대)를 창설하였다.

국제평화지원단은 관련임무가 부여되면 1개월 이내 파병될 수 있는 1,000여 명의 장병으로 구성되어 있으며 유엔 평화유지활동 및 다국적군 평화활동을 수행하게 된다. 파병임무 결정 전까지 파병 임무 수행에 필요한 훈련과 교육을 받으며 파병임무 지역이 결정되면 그 지역의 언어, 관습 등을 교육 후 최우선적으로 파병된다. 또한 한국군은 국제평화유지활동 참여 임무가 부여되면 1~2개월 이내 해외파병이 가능할 수 있게 2009년 12월부터 상비부대를 운용하고 있다. 국제평화지원단의 경우 1,000여 명의 파병전담부대를 포함하여 1,000여 명의 예비지정부대와 2,000여 명의 별도 지정부대로 구성되어 있어 약 4,000여 명 규모의 해외파병 상비부대를 운영하고 있다. 아크 · 동명 · 한빛 · 오쉬노부대에 파견된 한국군 상비부대 인원은 2020년 11월 기준 14,989명이다. 파병 전담부대는 파병 소요가 발생할 경우 우선적으로 파병을 준비하는 부대이다. 예비 지정부대는 파병 전담부대의 파병시 파병 인원 교대 및 추가 파병에 대비하기 위한 부대로 분기별 1주간 파병과 관련된 집체교육을 받게 된다. 별도 지정부대는 공

147 국군의 해외파병업무 훈령 제2495호(개정 2020.12.24.), 제1장 제2조.

148 육군본부, 『해외파병사: 1964~2019년』(계룡: 육군본부, 2020), pp. 41-42. 국제평화지원단(International Peace Supporting Standby Force, 이하 IPSSF)의 상징명칭인 온누리부대는 최우선으로 파병되어 유엔 평화유지활동(PKO) 또는 다국적군 평화활동(PKF) 임무를 수행하며 파병 장병들에게 임무 수행국의 현지 언어와 관습 등을 가르치게 된다. 전체 또는 전부를 뜻하는 '온'과 세상을 의미하는 '누리'의 합성어인 '온누리' 평화와 희망을 의미하는 푸름 및 전 세계를 누비며 임무를 수행하는 부대를 상징한다.

병, 의무, 군사경찰, 무인항공기 소대(해병), 해 · 공군 수송부대 및 헬기 부대 등으로 구성된다.[149]

2) 다기능 부대 편성

한국이 참여하고 있는 유엔 평화유지활동은 위험을 회피하며 분쟁 해결 목적의 지역 보다는 비교적 안전한 지역을 찾아 임무를 수행하고 있다. 안전을 가장 우선하여 결정하다 보니 부대의 전개까지 걸리는 기간도 남수단 한빛부대는 618일, 레바논 동명부대는 343일이 소요되었다. 그러나 유엔은 인도적 지원과 같은 긴급한 임무에 대해 1개월에서 6개월 이내에 파병을 요구하고 있다. 또한 한국군은 처음 파병을 시작한 이래 공병 · 수송 · 의무부대 위주로만 파견하고 있다.[150] 한국의 군사력과 중견국의 위상 등을 고려하면 더 많은 기여가 요구된다. 한국은 파병초기부터 공병부대 및 의무부대 위주로 참여하였다. 주로 도로건설 등과 같은 공병부대 임무 위주의 활동을 해왔으며, 의료활동 등 민군작전 임무도 일부 수행 중이나 유엔 평화유지활동의 핵심업무와는 거리가 멀다.

한국은 국방개혁 2.0에 이어 국방혁신 4.0을 추진하고 있다. 국방혁신 4.0은 무기체계 및 기반체계 운용능력 등 첨단과학기술 기반 핵심능력 확보로 AI 과학기술강군 육성을 목표로 한다. 즉, AI · 로봇 등 4차 산업혁명 과학기술을 기반으로 첨단전력을 획득하고 운용하는 것

149 국방부, 『2020 국방백서』(서울: 국방부, 2021), pp. 204-205.

150 정장수, "UN PKO 병력공여 발전 방향: PKO 작전환경 변화와 UN 평화활동국 군(軍) 능력 소요 중심,"『PKO저널』 제19권(2019.12), p. 7.

이다. 국방과학기술, 국방R&D · 전력증강체계, 군사전략 및 작전개념, 군구조 · 운영 등 국방 관련 전체 분야를 재설계하고 개편하여 한국군이 AI 과학기술 강군으로 거듭나는 것이다.[151] 중국은 인민해방군를 현대화하기 위해 다기능 부대를 편성하였고 유엔 PKO를 통해 실전과 유사한 경험을 축적하고고 첨단 군수품과 신기술을 외국의 작전환경에서 테스트하였다. 한국도 해외파병시 다기능 부대를 편성하여 다양한 실전 경험을 쌓고 첨단 군수품과 기술을 검증할 수 있는 기회로 삼아야 할 것이다.

3) 해외파병부대 교육훈련 강화

해외파병부대의 교육훈련과 연계되어 있는 사례연구는 국제평화활동센터(KIPOCENT)를 중심으로 고찰하였다. 국제평화활동센터는 국제평화유지활동을 준비하는 교육전담기관이며, 1995년 8월 합동참모대학 내에 설립되었다. 2015년 국방대학교 설치법 시행령에 따라 국방대학교로 소속으로 변경하였으며 PKO센터는 국제평화활동센터로 변경하여 교육과 연구기능을 강화하였다.

국제평화활동센터는 파병부대 간부 및 개인 파병인원에 대한 파병 전 사전교육을 전담하고 있으며, 유엔 평화활동국(Department of Peace Operations, 이하 DPO), 외교부 유엔과, 타 국가의 국제평화활동센터, 경찰대학 평화유지 교육센터[152] 및 국내외 유관기관과의 교류협력을 추진

151 국방부 국방개혁실, "국방혁신 4.0,"국방부 (2022), pp. 2-3.

152 경찰대학, "UN PKO Training," https://www.police.ac.kr/police/eng/html/ global/cipet.do?mdex=eng23 2018년부터 전 세계 경찰을 대상으로 유엔에서 인정한 유엔 경찰사전배치과정(CPTM: The Core Pre- deployment Training Materials) 등을 운영 중에 있다.

하며 교육체계를 발전시키고 있다. 파병부대와 개인 파병인원이 임무 종료 후 파병부대 성과 교훈집과 파병요원 귀국보고서를 관련 부서에 배포하고 있다. 2013년 11월 국제평화활동센터의 유엔 참모과정[153]이 유엔 평화활동국으로부터 최초로 유엔교육인증을 획득 후, 2018년 11월에 재인증을 받았다.

국제평화활동센터는 2017년에 유엔 통합훈련처(ITS)와 협조하여 유엔 등 12개국이 참여하는 교관교육을 실시하였으며, 2018년 5월에는 아시아-태평양 국제평화활동센터 협의체 연례회의를 개최하였다. 2019년 11월에는 국방부에서 주최한 유엔 현장임무단 고위자 과정의 개최를 지원하였다. 유엔 고위직책 후보군 양성을 위한 유엔 핵심 교육 프로그램을 최초로 개최하여 한국군 평화유지활동 기여를 다변화하고 유엔 고위직 진출에 도움이 될 것으로 평가된다. 또한, 2019년 제3차 유엔 평화유지 장관회의 시 2020년부터 2024년까지 유엔 주관 교육 프로그램을 한국에서 개최하겠다는 공약에 따라 국제평화유지활동에 관한 유엔 교육 프로그램을 연 1회 개최할 예정이며, 코로나19 확산 상황을 고려하여 개최 시기, 프로그램 운영 여부 및 방식 등을 검토할 계획이다.[154] 또한 2021 서울 평화유지 장관회의에서의 한국의 6대 공약 중 하나인 여성 장교 교육과정 주관은 2023년부터 국제평화활동센터에 유엔 여군교육과정(Female Military Officee Course, FMOC)을 유치하여 여성 PKO 참여율을 높이고 능력 향상을 함양할 예정이다.[155]

153 국방대학교 PKO센터, "제9회 PKO 발전 세미나 : 국방대학교 PKO 센터; 유엔참모과정 UN인증 획득,"『PKO저널』제7호(2013), p. 21.

154 국방부(2020), 전게서, pp. 203-204.

155 국방일보, "한국 첨단 기술, 유엔 PKO 미래 선도한다," (2021.12.8.), https://kookbang.dema.mil.

<표 3-18> 국제평화활동센터 교육 인원 현황(2020년 기준)

계	유엔 평화유지활동	다국적군 평화활동	국방교류협력활동
1,657명	8개 과정 1,066명	5개 과정 38명	2개 과정 553명

* 출처: 국방부(2020), 전게서, p. 203.

4) 효과적인 지속지원 능력 확보

한국군 파병부대는 약 2개월 간의 준비 기간을 걸쳐 파병 후 8개월의 임무를 수행한다. 파병부대에 필요한 장비 및 물자[156]는 각 군의 군수지원계획에 반영하여 확보한다. 장비는 조달지원 및 차출지원으로 구분되는 본국지원과 현지확보로 구별된다. 파병준비 기간 이내에 장비조달이 불가할 경우, 예하 부대에서 신품 장비 또는 연내 조달 예정 장비를 우선 차출하여 지원하고 있다. 물자 지원 또한 본국지원과 현지확보로 구분되며 수송, 유통기한 등 여러 제반 비용 요소를 고려하여 판단하며 현금 지원을 통해 현지 구매로 조달한다. 파병국에서 조달이 불가한 품목들은 주변국들에서 조달하고 있으며 현지조달이 불가한 품목은 정기 재보급을 통해 육군에서 지원하고 있다.

2020년 8월에 발생한 베이루트항구 폭발 사고로 레바논은 최악의 경제위기에 직면하게 되었다. 2022년 물가상승률은 171%까지 오르는 등 급격한 인플레이션이 나타났다. 레바논에 주둔하고 있는 동명부대는 엄청난 물가 상승으로 물자의 현지조달이 어려워지고 재보급 급식류의 경우 유통기한이 짧은 품목들이 많아 지원에 어려움을 겪고 있

kr/newsWeb/20211209/4/BBSMSTR_0000000 10021/view.do

156 국군의 해외파병업무 훈령, [국방부훈령 제2495호] (개정 2020.12.24.) 제22조(장비 및 물자 준비).

다. 이와 같은 문제를 해결하기 위해 최근 육군은 국방협력으로 파병된 UAE 아크부대의 위탁급식 체계를 검토하여 2024년부터 레바논 동명부대 급식지원에 대해 적용을 추진하고 있다. 또한 파병부대의 원활한 임무수행 보장을 위한 재보급 소요 판단을 위해 부대에서 운영하고 있는 급식류, 수리부속, 물자류 등에 대한 정확한 재고 파악이 요구된다. 이러한 재고에 대한 부대의 데이터 관리는 교대 간 발생하는 인계인수의 문제 및 재보급 목록 작성 기간을 단축할 수 있으며 불필요한 예산 낭비를 방지할 수 있다.

다. 기술적 차원

1) 유엔과 기술협력 강화

2021년 12월 7~8일 양일간 개최된 제4차 서울 유엔 평화유지 장관회의에서 한국은 ICT[157] 기술을 활용한 스마트 캠프라는 유엔 캠프의 미래 청사진을 제시하였다.

스마트 캠프는 유엔 평화유지활동이 점점 더 위험하고 복합적인 안보환경에서 임무를 수행해야 함에 따라 열악한 환경의 유엔 캠프를 안전하고 효율적으로 운영하고 친환경적으로 전환하기 위한 것이다. 스마트 캠프는 2017년 이탈리아 브린디시 유엔 물류센터에서 개최한

157 국방과학기술용어사전,"ICT," http://dtims.dtaq.re.kr:8070/search/list/index.do ICT(정보통신기술 情報通信技術)은 정보 기술(Information Technology)과 통신 기술(Communication Technology)을 합한 말로 정보 기기의 하드웨어, 운영, 정보 관리에 필요한 소프트웨어 기술과 이들 기술을 이용하여 정보를 수집, 생산, 가공, 보존, 전달, 활용하는 모든 방법으로서 필요한 자료를 수집하고, 가공하고, 재창출하기 위해서 필요한 과학적 지식과 관련한 학문이다.

UN Open GIS 이니셔티브 국제협력 포럼에서 한국이 최초로 제안한 개념이며, 스마트 시티에서의 서비스 영역을 1948년 이후 70여 년간 운영하고 있는 유엔 캠프의 보안과 안전, 정보통신 등의 소프트웨어적인 시스템의 표준화를 위한 것이다. 유엔은 수조원을 매년 캠프 운영을 위해 지원하고 있으나 표준화되어 있는 캠프가 아니다 보니 제각기 운영되고 있어 표준화가 시급한 상황이다.[158] 한국은 먼저 시범사업으로 남수단 한빛부대에 스마트 캠프 사업을 추진할 예정이다.

서울 평화유지 장관회의 핵심 기술공여 부분 공약인 스마크 캠프 사업 추진에 한국은 전문가 현지 조사를 통한 맞춤형 설계와 우리나라의 핵심 우수 ICT 기술로 구성된 스마트 캠프 추진을 선도할 예정이다. 향후 미래형 스마트캠프 시스템이 보급된다면 복잡하고 다양한 작전환경에서의 유엔 평화유지 임무가 보다 안전하고 효율적이며 친환경적으로 변화할 것이며, 유엔은 친황경적 설계로 캠프 운영비용을 절약하는 효과를 얻을 수 있을 것으로 예상된다. 남수단 한빛부대를 시작으로 수십 년간 그대로 운영되고 있는 다른 임무단의 캠프에도 적용될 예정이다.

2) 첨단 군수품 공여 확대

유엔 평화유지활동은 어느 때보다 위험하고 복잡해지는 환경에 처하게 되면서 평화유지군의 안전위협도 증가되고 있다. 1948년 유엔 평화유시활농의 임무가 시작된 이래 2022년 7월 31일 기준 총 사망

158 한국에너지기술연구원(KIER), “에너지기술개발 성과확산을 위한 기반 확대 및 운영사업,” 『한국과학기술연구회』(2019), pp. 124-125.

자 수는 4,236명이며 2021년 135명, 2022년 63명이 사망하였다.[159] 평화유지구상의 공동공약선언 8개 분야 중 중요한 과제가 바로 평화유지활동 요원의 안전보장이다. 이러한 안전성 보장과 관련하여 병력기여 국가(Troop contributing countries, 이하 TCC)와 경찰기여 국가(Police contributing countries, 이하 PCC)의 오랜 개념을 보완하기 위해 등장한 평화유지활동 기여의 새로운 범주는 바로 기술기여 국가(Technology Contributing Countries, 이하 TechCC) 개념이다. TechCC는 TCC 및 PCC, 현장 임무 및 UN 본부에 기술 개념, 장비, 조언 및 지원을 제공하게 된다.[160]

2021년 서울 평화유지 장관회의에서 한국은 유엔의 헬기부대 증편 및 신규 창설 지원을 위해 16대의 헬기 자산공여를 공약하였다. 이것은 다목적 인원 수송 등을 위해 유엔 아프리카 지역 임무에 필요한 자산으로 복잡 다변화된 작전환경에 유엔 평화유지 요원들의 안전보장과 작전능력 향상에 큰 기여가 될 것이다. 헬기는 순차적으로 지원될 예정이며 유엔과 구체적인 방안은 협의 중이다. 그러나 이러한 자산공여는 매우 제한적으로 이루어지고 있다. 드론 및 EOD 로봇 등과 같은 새로운 기술은 전쟁의 양상을 바꾸고 있으나 점점 더 복잡해지는 임무를 완수를 해야 하는 유엔의 평화유지활동에서 신기술의 접목은 더디게 진행되고 있다. 평화작전에 필요한 첨단장비는 무인항공기(Unarmed unmanned aerial vehicles), 비디오 모니터링 시스템, 동작 감지기(motion detectors) 및 위성 이미지(satellite imagery) 등으로 비대칭 위협의 작

159 1948년부터 2022년 7월 31일까지의 유엔 요원의 평화 유지 임무와 일부 특별 정치 임무가 포함된 사망자 수이다.

160 A. Walter Dorn, "Smart Peacekeeping: Toward Tech-Enabled UN Operations," *IPI (International Peace Institute)* (July 2016), p. 21.

전환경으로부터 평화유지군의 안전에 도움을 줄 수 있을 것이다.[161] 2014년 유엔 콩고 임무단[162](UN Organization Stabilization Mission in the Democratic Republic of The CONGO, 이하 MONUSCO)에서 디지털 감시기능을 가진 무인항공기의 활용으로 반군으로부터 평화유지군의 작전수행에 기여하고 민간인들을 보호할 수 있다는 것을 보여 주었다. 유엔 레바논 임무단에서는 공중과 지상감시 레이더 및 사이프로스 임무단에서는 CCTV를 처음으로 사용하기도 했다.[163] 그러나 첨단기술의 평화적 활용은 평화유지군의 작전환경에 효율성을 높이고 안전을 보장할 수 있다는 장점이 있는 반면, 사생활 침해와 군사기술 해킹 및 남용, 무인항공기 공격 시 윤리적인 문제, 디지털 기술 도입으로 인한 병력공여국의 평화유지활동 인원 감축 우려 등 다양한 윤리적인 문제부터 정치적 문제까지 내재해 있다.[164] 그럼에도 불구하고 위험한 환경에서 평화를 유지하고 구축해야 하는 평화유지군의 작전환경을 고려할 때 신기술의 활용은 점차 필요가 아닌 필수라고 볼 수 있다. 또한 평화활동이 이루어지고 있는 지역의 대부분은 신기술의 사용과 거리가 먼 최빈국이다. 수단과 남수단의 분쟁에서 최빈국의 분쟁 예방 개입에 사용되는 기술은 유형만이 중요한 것이 아니라 도입된 기술에 대한 사용자의 친숙도라

161 Independent Commission on Multilateralism (ICM), "The Impact of New Technologies on Peace, Security, and Development", *IPI(International Peace Institute)*, April 2016, p. 8.

162 UN Peacekeeping, "MONUSCO," https://peacekeeping.un.org/en/mission/monusco 2010년 7월 1일 개시된 민주콩고 유엔 평화유지군(MONUSCO)은 콩고 민주공화국의 민간인 보호 및 평화 공고화 임무 수행 중이여 15여 개국의 군인과 경찰 인력 등 1만7천여 명 이상으로 구성되어 있으며 230여 명이 임무수행 간 사망하였다.

163 전병환, "유엔 평화유지활동에서 감시, 기술 그리고 혁신," 『PKO저널』 제8권 (2014.6.), pp. 13-14.

164 Kyoung-Seok Ha, "The Use of Digital Military Technology in UN Peacekeeping Operations: Possibilities and Dilemmas," 『국제관계연구』 제27권 제1호, 2022, pp. 155-156.

는 것을 보여주었다.[165]

4차 산업혁명 기술이 접목된 많은 다양한 무기개발과 장비들이 생산되고 있으나 안타깝게도 그 기술의 대부분은 아직도 유엔 평화유지활동에 접목되지 못하고 있는 듯하다. 한국은 IT 강국으로서 최근 K-방산은 세계 시장을 주도하고 있다. 한국은 드론, 무인기, 로봇 등 첨단 군수품 공여를 통해 점점 복잡하고 위험한 분쟁 환경에서 임무수행을 해야 하는 평화유지군의 업무 효율성 및 생명과 안전에 기여함은 물론이며, 그러한 신기술이 임무단의 작전현장에서 잘 활용될 수 있도록 관련된 교육도 함께 진행되는 것이 필요하다고 판단된다.

3) 디지털 협력 강화

유엔은 분쟁의 양상이 복잡하고 다양한 양상으로 변화하고 그 수도 증가함에 따라 평화유지활동 임무를 다차적 개념으로 확대하였다. 지속적인 개혁과정을 통해 많은 분야에서 발전을 이루었지만 4차 산업혁명 시대의 빠르게 발전하는 기술을 접목할 수 있는 인력과 장비 등은 여전히 부족한 실정이다. 2014년 12월 유엔 평화유지활동 기술과 혁신 전문가 패널에 의해 발간된 최종 보고서 Performance Peacekeeping[166]에서는 국제평화와 안보에 위협이 되는 지역에서의 임무수행에 도움이 되는 기술을 혁신하고 효과적으로 사용해야 복잡한 분쟁 환경 속에서 성공적으로 임무를 완수할 수 있다는 점을 제시

165 Francesco Mancini, ed., *New Technology and the Prevention of Violence and Conflict,* (New York: International Peace Institute, October 2013), p. 3.

166 Expert Panel on Technology and Innovation in UN Peacekeeping, "Performance Peacekeeping,"(December 2014), p. 3.

하였다.

구테흐스 유엔 사무총장은 디지털 분야 협력 증진을 모색하기 위해 2018년 7월, 20명의 전문가로 구성된 고위급 패널[167]을 구성하였다. 디지털 각 분야의 전문가 의견을 수렴하여 2019년 6월 패널 보고서인 '디지털 상호의존의 시대(The Age of Digital Interdependence)'[168]를 발표했다. 보고서에는 글로벌 디지털 협력 증진 등 5개의 권고사항 등이 제시되었다. 이 보고서를 바탕으로 사무총장은 2021년 8월 유엔 안전보장이사회 공개토론회에서 유엔 평화유지군의 디지털 전환 전략을 발표하였다. 디지털 기술은 유엔 평화유지군의 새로운 위협과 도전으로부터 안전을 보장해 줄 수 있으며 유엔의 평화유지활동에 많은 도움을 줄 수 있을 것으로 평가했다.

한국은 유엔의 디지털 전환전략의 개발에 참여한 나라이자 이를 지지하고 있다. 2021년 평화유지 장관회의의 '평화유지활동의 기술과 의료역량 구축을 위한 서울 이니셔티브' 외교부 보고자료에 따르면 한국은 다음과 같은 디지털 협력 방안을 진행할 예정이다.[169] 먼저 평화유지 임무단의 상황인식과 조기경보, 허위정보에 대응할 수 있으며 사이버 위협 및 안보 대응체계 개선, 개인정보 및 데이터윤리를 포함한 기술의 책임있는 활용, 분석능력 증진 등 분야에서 새로운 기술 활

167 UN, "High-level Panel on Digital Cooperation," https://www.un.org/en/sg-digital-cooperation-panel 주요 패널위원으로는 Melinda Gates 게이츠 재단 회장, Jack Ma(馬云) 알리바바社 회장 등이 있으며, 한국인으로는 엄수원 Adriel AI社 대표가 패널로 참여하였다. 패널은 정부, 민간 기업, 학계 등 전문분야를 대표하는 20개 회원국으로 구성되었다.

168 UN Secretary-General's High-level Panel on Digital Cooperation, "The Age of Digital Interdependence," (June 10, 2019)

169 외교부 보도자료, "2021년 유엔 서울 평화유지장관회의 개막,"(2021.12.7.) https://www.mofa.go.kr/www/brd/m_4080/view.do?seq=371899

용을 위해 훈련을 제공할 예정이다. 또한 지리정보시스템(GIS), 정보 · 감시 · 정찰(ISR), 데이터 분석 및 급조폭발물 대응(counter-IED), 기지 보호 및 보안 등 분야 전문가를 파견 예정이다. 평화유지 임무단 파견 전이나 파견 중의 관련 훈련을 개선하고 전문성 및 장비 등의 활용에 대한 역량 격차를 줄이기 위해 파트너십 구축도 추진할 예정이다.

2017년 유엔의 평화유지 정보에 대한 정책(DPKO-DFS Policy on Peacekeeping Intelligence)에서 평화유지정보(Peacekeeping Intelligence, 이하 PKI)에 대한 원칙을 소개하고 있으며 2006년 편성된 평화유지 임무단의 핵심 정보수집 및 분석 기구인 JMAC(Joint Mission Analysis Centre)은 미국 및 나토의 군 · 경 및 민간 평화유지요원이 대부분의 주요 직책을 수행 중이다. 한국이 제시한 서울 평화유지 장관회의 공약에 발맞춰 유엔이 직면하고 있는 데이터 관리 등의 문제를 한국이 가지고 있는 첨단 IT 및 빅데이터 기술을 이용하여 해결책을 제시하고 기술을 제공해 평화유지활동의 핵심 정보를 취급하는 JMAC에 한국의 요원이 파견되어 임무 수행할 날을 기대해 본다.[170]

4) 전문 의료지원 강화

2015년 9월에 개최되었던 평화유지 정상회의(Leaders' Summit on Peacekeeping)에서 한국은 아프리카 지역 평화활동의 역량 증진을 위해 AU와 협력을 통한 레벨 2급 의료시설 제공을 공약하였다. 그에 대한 후속사업으로 유엔 및 아프리카 연합과의 협의하 레벨 2급[171] 이동식

170 문진혁, "평화유지 정보와 도전과제," 『UN PKO 뉴스레터』 Vol. 22-1(2022.1.28.), pp. 28-29.

171 외교부 보도자료, "[PKO] 한국, 아프리카 말리에 이동식 병원 지원: 분쟁과 테러리즘, 의료기반 부

병원을 2018년 7월 아프리카 말리에 공식 개소하였다.

아프리카 연합(AU)은 치안이 불안정하며, 의료 관련 기반시설 부족 등으로 말리 가오(Mali Gao)에 병원의 설치를 요청하였다. 아프리카연합(AU)과 말리정부의 관리 및 운영 하 말리에서 평화활동[172]을 전개하고 있는 말리군 및 유엔 평화유지요원과 지역 주민 등을 대상으로 의료 서비스를 제공하며 이를 통해 평화활동 역량 강화 및 주민들의 의료 접근성 향상에 기여하고 있다. 이러한 병원 지원사업은 한-아프리카 연합(AU)간 모범적인 협력사례로 우리나라의 평화유지활동이 다변화되고 있다는 측면에서 큰 의미가 있는 것으로 평가할 수 있다.

2021 서울 평화유지 장관회의에서 한국은 남수단에 의료지원팀 파견을 공약하였다. 또한 훈련, 연습 및 고위험 임무단 스트레스 테스트 실시, 스마트 기술 및 부상자 추적 시스템을 포함한 소요자원 제공 등 모든 평화유지 임무단이 적시 부상자 의무후송(CASEVAC) 능력을 갖추고 구조 체계 역량을 강화를 위한 지원을 공약했다. 또한 평화유지 활동에 종사하는 군 및 민간인력 모두를 위한 정신건강 및 복지 전략 개발과 이행 지원 등을 제시했다. 또한 평화유지군의 의료지원 및 복지 강화를 추진하고 데이터 보호 및 개인정보 권리에 유념하면서, 원

족으로 어려움을 겪고 있는 지역의 의료접근성 향상과 평화구축에 기여할 것으로 기대,"(2018.7.5.) https://www.mofa.go.kr/www/brd/m_3874/view.do? seq=305873&srchFr=&srchTo=&srchWord=&srchTp=&multi_itm_seq=0&itm_seq_1=0&itm_seq_2=0&company_cd=&company_nm=&page=40 유엔 기준에 따르면 레벨2급 병원은 하루 ① 기본 수술 3-4건, ② 외래환자 40명 진료, ③ 입원환자 10-20명 수용 등이 가능한 수준에 해당하며 이동식 병원은 컨테이너 형태로 제작되어 이동 전개가 가능한 의료시설로, 국내에서 제작, 해상 및 육로로 내륙국인 말리로 운송되어 현지에서 최종 설치한다.

172 2013년 시작된 말리 내전은 2015년 6월 평화협정으로 일단락되었으나, 말리 중북부 지역을 중심으로 평화협정 반대세력 및 지하디스트에 의한 무력공격, 테러 등이 지속 발생하고 있어 유엔 평화유지군(유엔말리안정화임무단: MINUSMA), 말리군, 프랑스군 등 국제사회의 평화유지 노력이 전개되고 있는 상황이다.

격의료, 의료기록 전산화 시스템, 공중보건 감시시스템 등 기술을 활용하여 유엔이 보건 위험을 조기 탐지하고 평화유지군에 대해 양질의 의료를 신속히 제공할 수 있도록 지원하는 방안을 적극적으로 모색할 예정이다.[173]

유엔 평화활동이 수행되고 있는 대부분의 지역은 아프리카로 전 세계 최빈국이이자 무력분쟁이 지속되고 있는 곳이다. 코로나19와 같은 팬데믹에 가장 취약하고 소외된 지역이라 할 수 있다. 의료역량 지원이 어느 지역보다 시급하며 특히 이러한 전염병은 임무단의 안전을 크게 위협하는 요소로 의무장비 등의 지원을 통해 의료역량을 확대해야 한다.

라. 규범적 차원

1) 해외파병부대의 생존성 강화

2013년 12월 중순부터 남수단 공화국은 반정부군의 무력 공격으로 현지의 치안상황이 급격히 악화되었다. 남수단 재건을 위해 파병 중인 한빛부대는 남수단 내전이 재발하면서 주둔지 주변의 군사적 위협이 증가함에 따라 12월 21일 유엔 남수단 임무단 본부에 탄약지원을 요청하였고 일본 자위대로부터 탄약을 공급받았다. 공급 부족 탄약의 종류는 일본 자위대가 보유한 것과 같은 종류로 남수단에 배치된 유엔 남수단공화국대표부(UNMISS) 부대 중 자위대 부대만이 같은 종류의

173 외교부 보도자료, “유엔 평화유지활동 강화를 위한 전 세계 국가들의 실질적 기여 결집: 2021 서울 유엔 평화유지장관회의 결과,” (2021.12.9.).

탄약을 보유하고 있었다.

한국군 창군 이래 처음으로 일본 자위대로부터 탄약 지원을 받은 것에 대해 국내 및 일본 내에서도 큰 논란을 불러 일으켰다. 일본 정부는 한빛부대 및 진영 내에 집결한 한국군 병력을 비롯한 민간인들의 보호를 위한 탄약지원 요청에 탄약 10,000발을 유엔에 제공하기로 결정했다. 그러나 일본 내에서 야기된 커다란 논란을 의식해 당시 일본의 관방장관이었던 스가는 "긴급한 필요성과 인도주의적인 상황을 감안할 때 이 사건에는 유엔 평화유지활동 및 기타 활동을 위한 협력에 관한 법률 25조 무기수출 3원칙이 적용되지 않으며 탄약 제공은 2008년 12월 19일에 명시된 현물기부(Contribution in Kind) 프레임워크에 따라 이행되었다"라고 성명을 발표했다.[174]

한국은 12월 25일 한빛부대에 대한 실탄 등 군수물자 공급을 위해 공군 수송기(C-130) 2대에 탄약, 식량 등 11톤이 수송되었다. 2014년 1월 16일 한국은 유엔 남수단 임무단 본부를 통해 탄약을 자위대에 반환했다.

대부분의 평화유지활동이 이루어지는 국가는 치안이 안정되지 못하고 분쟁도 빈번히 발생하고 있다. 한빛부대가 공병부대로 구성되었다고는 하나 위기의 상황에서 사용할 탄약이 없었다는 것은 한국의 해외파병 정책수립에 시사하는 바가 매우 크다. 평화유지활동 파병에 유사상황에 대비하여 철저한 계획과 준비를 통해서만이 다양하고 복잡한 환경에서 임무수행을 하는 해외파병부대의 생존성을 강화시

---

174 外務省, "Contribution in Kind to the United Nations Mission in the Republic of South Sudan (UNMISS)," (February 10, 2014), https://www.mofa.go.jp/fp/ipc/page18e_000051.html

킬 수 있을 것이다. 또한 최근에는 드론 등 4차 산업혁명과 관련된 기술을 접목하여 작전에 활용하고 원격 의료진료 등을 통해 의료체계를 강화해 파병부대 및 요원들이 보다 안전한 환경에서 임무수행을 할 수 있도록 조치해야 한다.

1948년 평화유지활동 시작 이후 2022년 8월 기준 사망자 수는 4,200여 명 이상이며 한국군이 파병된 남수단 및 레바논에서도 임무수행 간 사망자 수는 400여 명에 이르고 있다.[175] 사망의 주요 원인은 무장세력 등에 의한 적대행위, 전염병, 일반 사고 등이다. 2022년 7월 콩고민주공화국에서 유엔평화유지군에 반대하는 시위가 발생해 평화유지군 1명과 유엔 경찰 2명이 사망했다. 2010년 7월에 시작되었던 민주콩고 안정화 임무단(MONUSCO)은 중국을 비롯한 약 50여 개국이 참여하고 있는 대규모 임무단으로 17,700여 명의 군인 및 경찰, 민간인 등으로 구성됐으며 지금까지 임무 수행 중 250여 명이 사망했다.[176]

파병지역에서의 무장세력과 대치상황은 언제 일어날지 모르기 때문에 이에 따른 한국의 파병부대가 전투부대의 임무수행은 아니지만 파병지역 치안 및 안보상황이 갑작스럽게 변화할 수 있다. 따라서 무력충돌에 대비하여 무력사용에 대한 유엔 지침 및 임무단 교전규칙에 의해 국방부와 합참은 사전에 명확한 지침을 내리는 등 파병 전 훈련 준비를 철저하게 해야 한다. 유엔 지침의 여러 예방적 조치 등을 고려 시 억제를 통해 평화유지군의 인명을 보호할 수 있을 것이다.[177]

175 UN, "FATALITIES," https://peacekeeping.un.org/en/fatalities

176 UN, "MONUSCO," https://peacekeeping.un.org/en/mission/monusco

177 정장수, "유엔평화유지활동간 무력사용에 대한 이해 제고," 『PKO저널』 제14호(2017), p. 28.

2) 여성의 PKO 참여 확대

1990년대 분쟁지역의 조직적 강간, 성폭력 등 대규모의 성범죄 발생으로 유엔은 2000년 여성, 평화와 안보(WPS)에 관한 유엔 안보리 결의 제1325호를 만장일치로 채택하였다. 주요 내용을 살펴보면 첫째, 분쟁해결과 관련된 의사결정의 모든 과정에 여성의 참여를 권고한다. 둘째, 성폭력 가해자에 대한 면책 불인정 및 분쟁지역 성폭력으로부터 여성을 보호한다. 셋째, 해외파견 평화유지군에 대한 성(性) 및 여아 보호 등에 대한 특별 교육을 실시한다. 넷째, 젠더 자문관 및 젠더단위 임무단 창설, 평화유지군 성인지 훈련 시행 등을 포함하고 있다.[178] 분쟁지역에서 여성은 성범죄 피해의 대다수를 차지하고 있으며 성범죄는 유엔의 '무관용 정책(UN zero-tolerance policy)'에도 불구하고 평화유지군에 의한 성범죄는 계속 발생되고 있다.

2020년 12월 기준으로 아래의 〈표 3-19〉와 같이 군참모 및 참모장교, 개별경찰, 경찰부대는 성평등 전략 2018-2028에 설정된 2020년 목표를 초과하였으나 군부대는 목표치인 6.5%에 못 미치는 5.2%이다. 또한 여성 사령관 1명 및 부사령관 2명과 4명의 여성이 유엔 경찰부대를 이끌었으며 이는 여성의 군 및 경찰인력 고위직 평화유지군의 기록적인 수이다.[179]

178 최윤미, "한국 평화유지활동(PKO)의 새 지평:성인지 통합과 여성참여 확대방안 연구," 『전략연구』 제68호 (2016), p. 137.

179 UN DPO, "uniformed-gender-parity-2018-2028," (2018), pp.5~6.

<표 3-19> 2020년 유엔 평화활동에서의 여성 참여비율(%) 목표 및 현황

구 분	군참모 및 참모장교 (military observers and staff officers)	개별 경찰 (individual police officers)	경찰부대 (formed police units)	군부대 (military troops)
2020년 목표	17%	22%	10%	6.5%
2020년 12월 현황	18.7%	29.1%	13.7%	5.2%

* 출처: United Nations Security Council, "Report of the Secretary-General on women peace and security,"S/2021/827 (2021). pp. 2-12. 의 내용을 표로 작성

유엔 안전보장이사회에서는 2000년 1325 결의안 채택 이래 WPS에 대해 총 11개의 결의안을 채택했다. 유엔 사무총장이 추진하고 있는 A4P의 핵심과업 중 하나는 여성의 참여 확대이다. 평화유지군의 임무가 평화유지에서 평화구축으로 변화하고 있기 때문에 여성 평화유지군은 분쟁지역에서 인권침해 예방 및 모니터링 등 평화구축을 위한 활동에 참여하여 남성 중심적 군대문화가 이어지고 있는 파병에도 변화를 불러 올 수 있으며, 성범죄를 감소시키는 역할을 할 수 있다.[180] 또한 취약한 지역의 아동 및 성폭력 피해자들과의 상호작용을 통한 회복을 위해 중요한 역할을 하고 있으며, 이러한 역할로 평화유지군 여성비율이 높을수록 임무단의 성공확률도 높아지고 있다.[181]

180 강지연 · 최현진, "평화유지군 성범죄의 결정요인분석," 『사회과학연구』 제43권 제3호(2017), pp. 305-306.

181 The Christian Science Monitor, "Would more female soldiers improve UN peacekeeping missions?," (2015.9.21.), https://www.csmonitor.com/World/Africa/2015/0921/Would-more-femalesoldiers-improve-UN-peacekeeping-missions

<표 3-20> 유엔 안전보장이사회 여성 · 평화 · 안보(WPS) 결의안 채택 현황

결의안(연도)	주요 내용
1325호 (2000)	평화협상, 인도주의적 계획, 평화유지활동, 분쟁 후 평화구축 및 거버넌스에 여성 참여와 젠더 관점 포함 중요성 확인
1820호 (2008)	성폭력을 국제평화 및 안보 문제로 인식하고 평화활동(peace operations)에 더 많은 여성인력 배치 요구
1888호 (2009)	사무총장 특별대표와 법치 및 성폭력 전문가 팀을 설치하여 분쟁 중 성폭력 근절을 위한 노력 강화 요구
1889호 (2009)	결의 1325의 모니터링을 위한 지표 설정 요구 사무총장에게 평화구축에 대한 여성의 참여 및 포함에 대한 보고서 제출 요청
1960호 (2010)	분쟁 중 성폭력에 대한 모니터링 및 보고 메커니즘 설정
2106호 (2013)	분쟁 중 성폭력 가해자에 대한 책임과 여성의 정치적 · 경제적 권한 강조
2122호 (2013)	성평등과 여성의 권한 부여가 국제평화와 안보에 중요함과 분쟁 중 발생하는 모든 위반이 여성에 미치는 영향 등 안전보장이사회의 업무 전반에 걸친 WPS에 대해 인식
2242호 (2015)	비공식 전문가 그룹(IEG) 설립과 자금조달 및 제도 개혁을 포함하여 WPS 의제 실행의 장애물 해결 WPS와 대테러 및 폭력적 극단주의에 대한 의제 통합 여성 · 평화 · 안보에 관한 안전보장이사회의 개선된 작업 방식 요구
2467호 (2019)	분쟁 관련 성폭력을 보다 광범위한 여성 · 평화 · 안보 의제로 하여 정의와 책무성 노력을 강조 여성 시민 사회조직에 대한 지원과 보호를 요청하고 강간으로 태어난 아이들의 문제에 관심을 기울일 것 등을 촉구
2493호 (2019)	여성 · 평화 · 안보에 관한 이전의 모든 결의의 완전한 이행 촉구 평화과정의 모든 단계에서 여성의 완전하고 평등한 참여 보장 및 지원 제공 촉구 WPS 의제에 대한 약속을 바탕으로 안전보장이사회는 여성 · 평화 · 안보를 업무 전반에 걸친 문제로 고려하고 의제와 관련된 주제 및 국가별 결의안 채택.
2538호 (2020)	결의안 1325호 20주년의 중요성을 인식하고 평화유지활동에 여성 군 · 경찰 인력과 민간 여성인력의 완전하고 평등하며 의미 있는 참여 촉진을 위한 공동 노력 강화 촉구

* 출처: UN WOMEN, "Global norms and standards: Peace and security," https://www.unwomen.org/en/what-we-do/peace-and-security/global-norms-and-standards. 내용을 표로 작성

2018년 6월 외교부는 유엔의 안보리 결의 1325 채택 후 국제사회의

중요한 의제로 자리매김 한 여성 · 평화 · 안보(WPS)에 보다 적극적으로 기여할 목적으로 여성과 함께하는 평화(Action with Women and Peace) 이니셔티브를 출범하였다. 분쟁지역에서의 성폭력 근절 및 보호 조치, 여성의 평화유지활동 참여 확대 등을 촉구하기 위한 국제사회의 노력에 적극 참여하기 위해 분쟁하 성폭력 대응 관련 개발협력사업 추진, 국제회의 정례 개최 등을 주제로 2019년 7월 제1차 여성과 함께하는 평화 국제회의를 개최하고, 2020년 11월에 2차 회의에 이어 2021년 11월 3차 회의를 개최하였다.[182]

2021년 10월, 유엔 평화활동부(DPO), 대한민국, 캐나다, 핀란드, 케냐의 유엔 주재 대표부가 공동으로 주최한 유엔 안전보장이사회 WPS (Women, Peace and Security) 공개 토론회에서 '평화 유지 및 평화 구축에서의 여성에 대한 투자'라는 주제로 회원국은 평화 유지 임무에 여성의 참여를 보장하고, 지역 여성과의 파트너십을 포함하여 평화 과정에 의미 있는 참여에 대한 협력방안 등이 논의되었다.

2021년 12월 서울 평화유지 장관회의에서도 참여국들은 여성의 참여를 증진하는 것이 향후 유엔 평화유지활동 성공의 핵심적인 요인임을 공감하고 이를 위해 적극적으로 노력해 갈 것을 표명했다. 한국도 여성 평화유지요원의 교육과정을 한국에서 유치하고 여성의 PKO 참여 확대 노력을 지속하겠다고 밝혔다. 한국은 2022년 5월 31일 기준으로 4개 임무단에 총 544명을 파견하고 있으며 그중 여성 평화유지군

---

182 외교부 보도자료, "「여성과 함께하는 평화」이니셔티브 및 자문위원회 출범," (2018.6.19.); "우리 정부 주도의 「여성과 함께하는 평화」정례 국제회의 출범," (2019.7.3.); "제2차 '여성과 함께하는 평화' 국제회의 개최(11.24)," (2020.11.25.); "제3차 여성과 함께하는 평화 국제회의'개최," (2021.1124.).

은 28명으로 약 5%의 비율을 차지하고 있다. 유엔은 제76차 총회에서 2022년~ 2024년 유엔 정규예산 및 평화유지활동 예산 분담률을 확정하였으며 한국은 재정기여 순위 9위로 상승하였으며 병력공여 순위는 37위이다. 재정 및 병력 기여에서는 높은 순위를 차지하고 있으나 여성의 참여에 대해서는 아직 소극적인 참여가 이루어지고 있는 상황이므로 향후 점진적인 참여 확대가 요구된다.

유엔 안전보장이사회 결의안 제2242호에서는 군 · 경의 평화유지활동에 참여하는 여성 요원들의 수를 약 두 배로 늘릴 것을 촉구하였다. 2021년 12월 기준으로 군 및 경찰 파견인원 약 7.8%가 여성인력이다. 유엔은 2028년까지 여성 군 및 경찰 인력 25~30% 증가를 목표로 추진중이다. 여성의 평화유지활동 참여 확대는 유엔의 새로운 평화유지구상인 A4P 이니셔티브의 일환으로 유엔의 사무국 및 회원국은 모든 수준과 핵심 직책에서의 여성의 수를 증가시키기 위해 노력하고 있으며, A4P+ 계획에서도 우선순위를 차지하고 있다.[183]

3) 국제평화활동에 대한 전략적 소통(SC) 강화

해외파병은 정치, 경제 등에 중대한 영향을 미치는 사안이다. 국회는 국제사회의 요구와 국민의 기대에 부합할 수 있는 해외파병이 이루어질 수 있도록 합리적인 의견을 제시해야 하지만 그렇지 못한 경우가 대부분이었으며, 그 당시 집권하는 정당이 추진하는 정책과 전략에 좌지우지되는 경향이 대부분이었다.

183 UN, WOMEN IN PEACEKEEPING," https://peacekeeping.un.org/en/women-peacekeeping

한국은 6.25 전쟁 이후 장기간 남북분단 상황에 직면해 있으며, 이러한 역사적 배경으로 국민의 생명과 안전에 관심이 남다르다. 파병지역이 위험하다는 논리는 국민들의 공감을 쉽게 얻을 수 있으며 파병반대론자들은 장병들의 안전문제를 이유로 파병에 반대하고, 이른바 반미정서에 호소하면서 안전성 문제로 귀결되는 양상을 보여왔다.[184]

유엔의 평화유지활동은 국가가 전체적으로 지원하고 시행하는 영역이지만 민간부문에서도 국제평화활동에 대해 비교적 우호적인 환경을 조성할 필요성이 있다. 특히 국제평화활동을 위한 국제사회의 참여는 많은 이해 당사자들(Stakeholders)의 참여가 필요하다. 따라서 평화활동 홍보대사 및 경험담, 수기, 에피소드 등을 통해 민간영역에서의 잠재력을 끌어들이며 소통할 수 있는 창구 마련이 시급하다. 이러한 분위기 조성을 만들고 통제할 수 있는 조직과 기구가 있어야 한다.[185]

국민의 인식 전환은 국제사회가 요구하는 PKO 패러다임 전환에 맞춰 미흡한 면이 있으나 여론조사의 결과 대체적으로 긍정적인 것으로 나타나고 있다. 2021 서울 평화유지장관회의 등을 통해 유엔 및 한국이 추구하고 있는 정책을 홍보하고 소통하여 국민의 지지를 이끌어낼 수 있는 전략이 필요한 시점이라고 판단된다.

184 전제국, "글로벌 평화활동과 파병반대운동: 위험회피론의 실상과 한계," 『국방정책연구』 제26권 제3호(2010), p. 165.

185 전병환, "한국의 PKO 역량 강화를 위한 패러다임 전환," 『PKO저널』 제11권 (2015.12.), p. 15.

4) 지역공동체와 연계된 민간인 보호활동 강화

냉전 이후 분쟁의 수가 급격하게 증가하면서 분쟁의 양상도 국가 간 분쟁에서 국내 분쟁으로 변모하게 되었다. 그로 인해 민간인은 공격의 대상이 되었으며 르완다 등지에서의 민간인에 대한 계획된 무차별적 학살에 이어 소말리아, 시에라이온 및 동티모르에서의 민간인 공격에 대해 평화유지군은 적절히 대응하지 못했다. 이러한 실패를 계기로 유엔은 민간인 보호를 주요 문제로 다루고 보다 강화된 위임명령을 발전시켰다.[186]

2007년 수단 다푸르 내전에서는 유엔과 아프리카 연합 합동작전을 위한 임무단(African Union-United Nations Hybrid Operations in Darfur, UNAMID)이 창설되었고 수단 내전에서 평화유지 위임명령을 달성하여 성공적인 결과를 가져왔다. 아프리카 연합 외에도 동아프리카 정부 간 개발기구(International Govenmental Authority On Develioment, IGAD) 등 소지역 기구 등의 중재도 큰 역할을 했다.[187]

HIPPO 보고서에 따르면, 평화활동의 패러다임 전환이 필요하며, 지역기구와의 파트너십 강화는 효과적인 분쟁의 해결과 미래 유엔의 평화유지활동 역량의 증대를 위해 AU와 같은 지역기구와의 협력을 강조하고 있다.[188] 아프리카 지역에 한국은 총 54개 국가 중 24개국에 공관을 상주하여 운영하고 있으며, 서울에는 19개의 아프리카 공관이 주재하고 있다. 2006년 3월에는 아프리카와의 협력적 파트너십 구축

186 강효경, "CPOC에 대한 UN의 최근 인식," 『PKO저널』 제15권(2017.12.), p. 32. UN, "Closure of UNAMID," https://unamid.unmissions.org/UNAMID는 2020년 12월 31일 임무 종료되었다.

187 강효경, "수단 분쟁해결과 민주체계 전환의 영향요인," 『PKO저널』 제22권 (2021.6.), pp. 93-101.

188 최윤미, "유엔과 지역기구간의 평화활동 파트너십," 『PKO저널』 제13권(2016.12.), p. 7.

및 아프리카 개발을 위한 한국의 이니셔티브가 발표되었다. 또한 한-아프리카 포럼(KAF)을 개최하여 전략적 협의를 지속하고 있다.[189]

나이(Joseph S. Nye)는 "한 국가의 소프트 파워(Soft Power)는 문화, 정치적 가치, 외교정책에 의해 좌우된다"고 하였다.[190] 이러한 소프트 파워의 관점에서 효과적으로 민간인을 보호하기 위해서는 분쟁지역의 자발적 협조를 이끌어 낼 필요가 있다. 첫째, 장기적 측면에서 인프라 구축 등 사회 및 경제개발 지원활동이 필요하다. 둘째, 평화유지활동의 유리한 환경조성을 위해 주민 친화활동과 문화교류 및 기념사업 등을 통해 친밀감을 형성하여 평화유지 작전환경을 유리하게 만들 필요가 있다. 셋째, 파병부대들 간 파견지에서의 군사교류 활동을 통해 서로 소통하고 긴밀한 업무협조를 유지하는 것이 필요하다.[191]

마. 향후 한국의 평화유지활동 전망

2021년 12월에 개최되었던 제76차 유엔총회에서 2022년~2024년 유엔 정규예산 및 평화유지활동(PKO) 예산 분담률이 확정되었다. 대한민국은 유엔 정규예산 및 PKO 예산 순위 모두 9위로 상승하였으며 2019년~2021년 2.267%에서 2022년~2024년 2.574%로 상승률은 13.5%이다. 유엔 가입 당시 1991년 0.69%에서 30여 년 만에 3.7배 이상 증가한 수치이며, 유엔의 주요 재정 기여국이 되었다. 2022년 유엔 정규예산 분담률 순위는 미국, 중국, 일본, 독일, 영국, 프랑스, 이탈리아,

189 박동순, "대한민국 PKO 확대를 위한 정책 제언," 『PKO저널』 제13권(2016.12.), p. 106.
190 Joseph S. Nye, Jr., *The Future of Power* (New York: Public Affairs, December 13, 2011), p. 84.
191 황진환 · 김건우, "21세기 한국군의 PKO 전략 연구," 『한국군사학논집』 제68권 제3호(2012), p. 105.

캐나다, 한국, 스페인 순으로 한국은 2022년 7월 유엔무역개발회의(UNCTAD) 선진국 그룹으로 지위가 격상되었으므로 유엔에 대한 재정기여도는 9위로 상승했다.[192] 그러나 1993년 해외파병이 시작된 이후 한국군의 파병은 유엔의 패러다임 전환에 걸맞은 변화의 모습은 보여주지 못하고 있다.

한국은 유엔의 디지털 혁신 및 전환전략 추진을 지원할 수 있는 충분한 첨단기술과 역량을 보유하고 있다. 따라서 디지털 강국인 한국이 가장 적극적으로 추진해야 할 지원분야이자 민·군 협력이 요구되는 분야이기도 하다.[193] 2021 서울 평화유지 장관회의 공약 중 하나인 스마트캠프 기술지원은 한국의 첨단기술을 국제사회에 알릴 수 있는 효과적인 기회이자 장기적 관점에서 국익을 추구할 수 있는 분야로 적극인 협력이 필요하다고 판단된다. 첨단 기술 기반의 유엔 캠프를 통해 평화유지군의 안전성을 확보하고 임무수행의 효율성을 높임과 동시에 친환경 정책을 추진하여 유엔의 예산도 절감할 수 있다. 스마트 캠프는 남수단 한빛부대에 최초 적용 후 다른 유엔 캠프에 적용될 예정이며, 이러한 기술지원은 한국의 이미지 제고와 IT 기업의 해외 진출에도 크게 도움이 될 것으로 예상된다. 또한 유엔 평화유지구상의 주요 추진과제와도 직결되어 유엔이 추진하고 있는 개혁에 부합

192 외교부, "[UN행정] 2022-24년 우리나라의 유엔 예산 분담률 결정(2.574%)," https://www.mofa.go.kr/www/brd/m_3874/view.do?seq=367551 유엔 정규예산 분담률은 각국 국민소득(GNI)이 세계 소득에서 차지하는 비중을 기초로 외채, 실제 지불능력 등을 추가 고려하여 산정한다. 2014년부터 2019년 5년간 국민소득(GNI)이 비중이 상승함에 따라 분담률이 상승한 것으로 예상된다. 2022년 1월 1일 전략적인 외교정책 수행 및 예산의 효율적 사용에 이바지함을 목적으로 하는「국제기구 분담금 관리에 관한 법률」시행 예정이다.

193 국방일보, "병력보다 재정·기술적 공여로 전환해야 할 시점," (2021.10.20.), https://kookbang.dema.mil.kr/newsWeb/20211021/1/BBSMSTR_0000001 00138/view.do

하는 참여전략이 될 것이다.

한국은 아프리카 임무단에 16대의 헬기양도를 공약했는데 이러한 군수품의 공여는 분쟁 지역에서의 임무수행 능력향상과 평화유지군의 안전을 위해 반드시 필요한 지원과제라고 판단된다. 또한 병력공여국에 평화유지활동 훈련 및 장비를 지원하기로 한 공약은 일본이 추진하고 있는 삼각협력의 일환으로 남수단 한빛부대의 모체인 1115 공병단 주도로 실시될 것이다. 그 외에도 한국이 공약한 아프리카 임무단에 의료지원팀 파견 및 병력공여국에 대한 의료·방역 훈련 지원, 여성인력의 참여를 확대하기 위한 유엔 여군교육과정(FMOC) 유치와 경찰 인력 파견 확대 등이 추진될 것으로 예상된다.

한국은 남북한이 대치하고 있는 특수한 상황으로 중국과 같은 수준의 병력파병은 어려울 것이다. 특히 최근 북한의 미사일 도발 등은 안보에 대한 불안감을 증대시키고 있어 병력의 파병 확대는 여론에 악영향을 줄 수 있다. 그러나 병력파병 외에도 첨단기술 및 군수품 공여 등 한국이 유엔의 평화유지구상 추진에 기여할 수 있는 분야는 많다. 한국은 2021 서울 평화유지 장관회의에서 제시한 스마트 캠프 설치 등 6대 기여공약 이행을 통해 유엔에서의 입지를 확고히 함은 물론 2024년 유엔 안보리 비상임이사국 진출을 위한 국제사회의 지지도 확보할 수 있을 것이다.

제3절 소결론

이상으로 유엔 평화유지구상과 연계된 한국군의 국제평화활동 발전전략을 도출하기 위해 한반도의 핵심 주변국인 중국과 일본의 사례, 한국군의 사례를 분석하였다. 유엔의 재정적 기여도 측면에서는 상임이사국인 중국과 지속적으로 상임이사국 진출을 추진하고 있는 일본은 최대공여국인 미국에 이어 2위와 3위를 차지하고 있는 국가이다. 유엔 분담금은 크게 사무국 운영예산에 사용되는 의무분담금과 회원국이 국익 차원에서 자발적으로 공여하는 분담금(Voluntary Contribution)으로 구분되며,평화유지활동 관련 공여금은 이 중 의무분담금에 해당된다. 유엔 평화유지활동의 예산은 모든 회원국들의 공동책임이며 평화유지비용은 국가별 상대적인 경제력 수준을 고려하여 특별 평가척도에 따라 배분된다. 2020~2021년 기준으로 유엔 평화유지활동에 대한 재정적 기여도를 살펴보면, 중국이 15.21%(2위), 일본이 8.56%(3위)로 2.26%(10위)를 차지한 한국에 비해 상당히 높은 수준이다.[194] 또한 2022년 1월 기준으로 유엔 평화유지군 병력 공여 현황은 중국은 2,243명(10위)으로 병력공여 측면에서 높은 기여도를 유지하였고, 일본은 4명(105위), 한국은 520명(36위)을 파병하고 있다.[195]

194 UN Peacekeeping, "How We Are Funded," https://peacekeeping.un.org/en/ how-we-are-funded

195 UN Peacekeeping, "Troop and Police Contributions," https://peacekeeping .un.org/en/data-troop-and-police-contributions

먼저 국가전략적 관점에서 일대일로 계획(Belt and Road Initiative)과 연계하여 아프리카 지역을 중심으로 국제평화활동을 확대해 나가고 있는 중국은 1971년 10월 25일, 유엔 총회 결의 제2758호에 의거 중화민국을 대체하여 하나의 중국을 대표하는 국가로 유엔에 가입 이후, 초기의 부정적인 입장에서 탈냉전 이후에는 적극적인 참여전략으로 변화했다.

향후 중국은 유엔에서의 국제평화활동의 주도권을 확보하고 국제적인 영향력을 제고하기 위해 유엔 PKO의 역할을 더욱 확대해 나갈 것으로 예상된다. 이를 통해 세계의 중심국가로서 국제평화를 유지하고 공동발전을 추진하여 국가 이미지를 제고함과 동시에 외국군과의 실질적인 군사협력 증진, 중국군 현대화를 가속화하고 아프리카 국가들과의 연대를 강화하여 국익을 실현해 나갈 것으로 전망된다.

제2차 세계대전의 패전 이후 전범국가였던 일본은 평화헌법에 묶여 유엔 PKO에 참여하지 않았다. 그러나 1991년 걸프전을 계기로 국제평화에 적극적으로 기여해야 한다는 여론에 힘입어 1992년 6월 국제연합 평화유지활동 협력에 관한 법률(國際連合平和維持活動等に對する協力に關する法律, 이하 국제평화협력법)을 제정하였다. 이를 계기로 일본은 유엔이 주도하는 국제평화활동에 상당한 규모의 병력과 재정적 기여를 해왔으며 본 법률에 근거하여 일본은 자위대(SDF) 병력과 민간인력을 파견하고 군수품을 지원하여 국제평화활동에 기여하는 제도적 기반을 마련했다. 탈냉전기 일본은 다수의 지역에서 유엔 평화유지활동에 참여해왔으나, 현재 파병 중인 부대는 없으며 소수의 유엔 직원들을 파견하고 있다. 일본은 전범국이라는 구조적인 결함을 가지고 있어 군사적

지원보다 재정적 지원을 중점적으로 추진할 수밖에 없다. 아직 유엔의 적국조항에서 아직 자유로울 수 없으며 관련 근거법 등이 마련되어 있어 이전보다 제약은 축소되었지만 민감한 자위대의 파병보다는 민간경찰 및 인도적 지원 등의 활동으로 유엔 평화유지활동에 참여할 수밖에 없다.[196] 최근 일본의 국제평화활동 추진동향을 간략히 살펴보면, 유엔 PKO는 자위대 장교들을 다국적군에 파견하는 등 제한적 수준에 머물러 있는 반면, 삼각협력 프로젝트(Triangular Partnership Project)에 적극적으로 참여하는 등 국제평화활동을 강화하는 추세이다. 향후 일본은 자위대의 임무와 역할을 확대하여 유엔 PKO에 적극적으로 참여하고 동시에 국제평화활동의 영역도 보다 확대해나갈 전망이다. 중국과 일본의 주변국 사례의 주요 시사점은 〈표 3-21〉에 제시한 바와 같다.

<표 3-21> 중국과 일본의 국제평화활동 시사점

구 분	한국군의 국제평화활동에 주는 시사점
제도적 차원	· (中) 유엔, 지역기구 등과 평화유지군 분야 합동훈련 실시 - 10회 이상의 대규모 국제 평화유지 세미나 개최를 통한 경험 등 공유 - 300명 규모의 경찰 상비부대 운영 등 전문인력 참여 확대 · (日) 국제평화협력법 등 제정을 통해 UN PKO 및 국제평화활동 강화
조직적 차원	· (中) 보병, 공병, 수송, 드론 등 8,000명 상비부대 운영 * PKF 전문 훈련기관을 설립(2009)하여 60개국 교관 및 여성 장교 등 1500명 이상 양성, 물류 공급 헬기부대 파견 등으로 지속지원 능력 확보
기술적 차원	· (中) 디지털 캠프 시스템 시범운용, 드론 등 군수품 공여 · (日) 삼각협력 프로젝트로 엔지니어, 의무요원 양성 등 지원
규범적 차원	· (中) 평화유지군 안전 확보(정보수집 및 공유 강화 등) * 여성장교의 성평등, 여성 및 어린이 보호 활동 등에 적극 참여 · (中) AU 등 지역기구와 연계된 민간인 보호임무 공동 수행

196 황일도, 『분쟁예방 및 평화구축활동에 대한 한국의 전략: 2세대 평화활동과 주권적 민감성을 중심으로』 (서울: 국립외교원 외교안보연구소, 2018.2.), p. 26.

04

한국의 국제평화활동 개선방향

04 한국의 국제평화활동 개선방향

제1절 SWOT 분석을 통한 발전전략 도출

1. 유엔 평화유지활동의 환경분석

유엔은 냉전기와 탈냉전기를 거치며 국제평화와 안전유지, 분쟁의 평화적 해결 등 글로벌 거버넌스의 핵심적인 역할을 담당해 왔다. 하지만 탈냉전 이후 초국가적 · 비전통적 안보위협이 증가하면서 유엔의 PKO 소요는 급증하였고, 냉전기 10여 개에 불과했던 임무단이

1989~1994년 사이에 20여 개로 양적 확장이 이루어졌다.[1] 이는 유엔 PKO가 극복해야 할 도전요인이 증가되었다는 것을 의미함과 동시에 임무단 창설시 부여되는 위임명령(Mandate)이 보다 광범위하고 복잡해졌음을 시사한다. 최근 국제평화활동과 연계된 도전요인, 즉 대내·외적 환경을 외교·정보·군사·경제적 차원의 요소(Diplomat, Information, Military, Economy, DIME)들을 중심으로 살펴보면 다음과 같다.

외교적·정치적 도전요인은 초국가적·비전통적 안보위협이 대두되면서 비국가행위자가 증가하였고 내전과 테러리즘 등 인간의 생명과 안전이 심각하게 위협받고 있다. 이처럼 글로벌 안보 패러다임이 변화하면서 국제평화활동은 점차 인간안보(Human security)를 중시하는 방향으로 진화하고 있다. 팬데믹의 대응과정에서 볼 수 있는 바와 같이 유엔의 단독 임무수행은 불가능해졌으며 유엔, 재정 및 병력 공여국, 지역기구, 주둔국과 협업체계 구축을 통한 시너지 창출이 무엇보다도 필요하다.

정보적 차원의 도전요인으로는 다차원 임무를 완수하기 위해 디지털 전환기술의 도입이 시급하다는 점이다. 유엔이 2020년 6월 디지털 협력을 위한 로드맵을 수립하고, 2021년 9월 유엔 평화유지활동의 디지털 전환 전략을 발표한 것은 이러한 도전에 효과적으로 대응하기 위한 노력의 일환이다. 군사적 도전요인은 평화유지군의 역량 강화가 시급하다는 점이다. 2019년 3월, 유엔 평화유지 장관회의에서 45개국이 신속전개군 창설, 교육훈련 역량 강화 등 특별능력 공약을 발표하

1 외교부, 『2021 유엔개황』 (서울: 외교부, 2021), p. 88.

고, 같은 해 5월 현재-미래 평화유지군 · 경찰의 요구능력에 관한 보고서가 발간된 것은 이러한 시대적 요구를 반영한 것이다.[2]

경제적 도전요인은 안정적 재정 및 자원의 수급문제이다. 유엔은 회원국의 병력 · 재정적 공여를 통해 운영되며 국가별 재정지원이 중요한 사안이나 합의된 공약을 이행하지 않고 체납하는 회원국이 증가할수록 안정적인 재원 확보가 제한된다. 최근 유엔 PKO는 회원국의 공여금 연체 등으로 인해 현금흐름에 문제가 발생하였고 재정적 부담에 직면해 있다.[3]

한편 유엔은 평화유지활동의 패러다임 전환을 위해 디지털 전환전략을 중점사업으로 추진하고 있다. 유엔 PKO는 인간안보가 매우 취약한 지역에 다차원 임무단을 파견하여 평화유지활동을 전개하기 때문에 효과적인 임무수행을 위해 디지털 기술의 적용이 시급하기 때문이다. 하지만 유엔 PKO는 아직까지 개발도상국의 병력공여에 의존하고 있으며 임무단의 규모와 역할도 지나치게 확대되어 기술집약형 조직으로 전환이 쉽지 않은 구조적 한계를 갖고 있다. 그럼에도 불구하고 유엔 평화유지군의 임무수행시 디지털 정보가 필요한 것은 다음과 같은 이유 때문이다.[4] 첫째, 효과적인 작전수행을 위한 실시간 정보공유의 필요성이다. 첨단 디지털 기술을 활용하여 현장상황을 공유할 경우 보다 유기적인 지휘통제와 작전수행이 가능하다. 둘째, 임박한 위협에 대한 조기경보를 제공해주기 때문이다. 데이터는 작전환경의

2 김금률 · 이강경 · 설현주(2021), 전게 논문, p. 160.

3 Athambawa Sarjoon, Mohammed Agus Yusoff, "The United Nations Peacekeeping Operations and Challenges," *Academic Journal of Interdisciplinary Studies,* Vol 8, No 3 (2019), p. 207.

4 하경석(2022), 전게 논문, p. 161.

정보공백을 메워주고 평화유지활동시 갈등의 역학관계 및 패턴을 파악하는데 유용한 자료를 제공해준다. 셋째, 충분한 정보제공으로 정확한 상황판단 및 대응이 가능하기 때문이다. 인공지능, 오픈소스 데이터 등 다양한 디지털 기술과 정보를 수집하고 활용 시 평화유지군은 인명피해를 최소화하면서 위임명령을 효과적으로 이행할 수 있을 것이다.

4차 산업혁명 시대에 디지털 기술은 이중적 속성을 갖는다. 사이버 영역에서는 새로운 위험요인으로 작용하고 PKO에서는 임무수행의 효율성과 안전성을 개선할 수 있는 효과적인 수단이 된다. 구테흐스 유엔 사무총장은 디지털 협력 로드맵에서 "디지털 기술은 평화유지군의 안전과 보안을 보장하는 것을 포함하여 유엔의 평화유지 노력을 전 세계적으로 지원할 수 있다"라고 강조했다.[5] 이러한 관점에서 2018년 7월, 유엔은 디지털 기술분야에서 다양한 이해관계자간 협력 촉진방안을 도출하기 위해 디지털 협력에 관한 고위급 패널을 구성했다. 2019년 6월, 고위급 패널은 글로벌 디지털 협력 증진 등을 골자로 한'디지털 상호의존의 시대(The Age of Digital Interdependence)'라는 보고서를 제출했으며, 이를 통해 2020년 6월에는 디지털 협력 로드맵이 수립되었다.[6] 또한 2021년 9월, 유엔 PKO의 디지털 전환전략이 발표되었다. 이 전략은 효과적인 PKO 임무수행 여건을 보장하기 위해 수립되었으며, 디지털 기술의 잠재력을 활용하여 평화유지활동 임무지역에서의

5 UN Peacekeeping, "Strategy for the Digital Transformation of UN Peacekeeping," https://peacekeeping.un.org/en/strategy-digital-transformation-of-un-peacekee ping

6 유엔, "디지털 협력을 위한 로드맵," 유엔사무총장보고서 (2020), p. 4.

위험을 완화하고, 평화유지군의 안전과 보안을 강화하는 동시에 평화유지활동의 지속가능한 발전에 기여하는 것을 목표로 한다.[7]

2. 기회 · 위협 요인 및 강 · 약점

탈냉전 후 국제분쟁의 발생 및 갈등요인이 다양해지면서 유엔의 분쟁 개입범위도 점차 확대됨에 따라 PKO도 평화조성(Peace Making) 및 평화구축(Peace Building)을 포괄하는 개념으로 발전하였다. 냉전 이후 유엔 평화유지활동의 가장 큰 변화는 분쟁의 예방, 정전감시, 교전단체 분리 등과 같은 전통적 활동에서 다차원적 임무단(Multi-Dimensional Mission) 개념으로 임무영역이 확대된 것이다. 1990년대까지 PKO 임무는 정전감시, 병력 철수 감시 등의 분쟁의 예방과 방지에 중점을 두었다. 그러나 2000년대 이후 전투병력 무장해제 · 동원해제 · 재통합(DDR), 법제도 정착, 치안유지, 민간인 보호 임무 등이 중요시 되었다.

전통적 임무단의 평화유지군에 대한 재정지원 외에도 다차원적 임무 확장으로 헬기 및 UAV 등 4차 산업혁명 기반 첨단기술과 관련된 다양한 기여방식이 모색되고 있다. 또한 임무의 확장으로 인해 공병 · 의무부대를 포함하여 경찰, 여성 등 PKO 참여 인력의 다양성을 적극 추진하고 있다. 다차원 임무단은 군 및 경찰, 민간전문가, 유엔 Country Team이 통합하여 위임명령(Mandate)을 수행한다. 유엔 Country Team의 주요 참여조직은 유엔개발계획(UNDP), 세계보건기

7 UN DPO · DSO · DMSPC, "Strategy for the Digital Transformation of UN Peacekeeping," (2021), p. 9.

구(WHO), 유엔아동기구(UNICEF), 유엔식량농업기구(FAO), 세계식량계획(WFP), 국제적십자위원회(ICRC), 비정부기구(NGO), 국제비정부기구(INGO) 등이다.

2021 서울 유엔 평화유지장관회의 성과를 간략히 살펴보면, 유엔 총회 산하 평화유지활동 특별위원회의 155개국 대표단이 화상으로 참여하였고 대한민국을 포함하여 60여 개국이 평화유지활동 개선과 강화를 위한 전략자산 지원, 병력파견, 훈련과정 제공 등 기여공약을 발표하였다. 본 회의에서 한국은 주최국으로서 효과적이고 안전한 유엔 평화유지활동 강화 및 국제사회의 정치적 의지를 결집하기 위해 다음과 같은 기여공약을 제시했다.[8] 정의용 외교부 장관은 평화유지활동이 지속가능한 평화구축 기여를 위해, ① PKO 임무단의 시작 단계에서부터 평화의 지속화를 염두에 둔 활동 구상, ② 평화프로세스 전반에 걸쳐 다양한 행위자들과의 협력 등 포용성 확대, ③ 인도적 지원 및 개발협력 분야와 공조 강화 필요성을 제시하였다. 동시에 한국은 2022년도 유엔 평화유지 신탁기금 공여금 증액(300만 불, 전년 대비 3배), 유엔 평화구축기금(250만 불) · 분쟁 예방기금(250만 불) 제공 등 재정기여도를 큰 폭으로 향상시킴으로써 평화를 구축하기 위한 적절하고 지속가능한 재원조달이 가능하도록 보장하고, 특히 국제평화를 구현하기 위한 유엔의 노력을 강력히 지지해나갈 것임을 강조했다. 또한 서욱 국방부 장관은 "유엔 PKO가 복합적 안보환경 속에서 임무를 원활히 수

8 국방부 · 외교부 공동보도자료, "유엔 평화유지활동 강화를 위한 전 세계 국가들의 실질적 기여 결집," 국방부 국제정책관실 · 외교부 국제기구국(2021.12.8.), pp. 1-3. https://www.mofa.go.kr/www/brd/m_4080/view.do?seq=371904

행하기 위해서는 파트너십의 효과에 기반한 역량강화가 무엇보다 중요하다"라고 강조하였다. 한국 정부는 6대 공약으로, ① 스마트 캠프 시범사업, ② 의무지원팀 파견(남수단), ③ 공병 · 지뢰제거 훈련지원, ④ 헬기공여(16대), ⑤ 여성 장교 교육과정 주관, ⑥ 경찰 요원 추가 파견 방안을 제시하였다. 특히 PKO의 실질적인 효과를 제고하기 위해, ① 특수부대 기여, ② 의료역량 강화, ③ 교육훈련 확대 등 다양한 기여방안과 민간인 보호, PKO 요원의 안전대책 및 보호 강화 필요성을 강조하였다.

제4차 유엔 평화유지장관회의에서 한국은 급변하는 안보환경 속에서 유엔이 지향하는 평화유지구상을 실질적으로 뒷받침할 수 있는 기여공약들을 제시했다. 세계 경제력 10위이자 중견국으로 성장한 대한민국은 향후 유엔 평화유지구상(A4P, A4P+)과 디지털 전환전략과 연계하여 글로벌 거버넌스를 효과적으로 지원할 수 있도록 보다 심화된 국제평화활동 발전전략을 수립하고 추진해 나가야 한다.

한국의 사례연구에서 살펴본 바와 같이, 북한의 군사위협에 대비해야 하는 분단국인 한국은 중국과 같은 상비부대 편성은 불가능하다. 한국의 안보상황을 고려하면 현재 유엔이 원하는 전투부대 파병 등의 조건을 충족하기는 매우 어려운 것이 사실이다. 이러한 분단국 상황으로 한국의 파병은 북한 위협에 대한 대응전력 소실 우려, 이라크 파병과 같이 동맹국과 연계된 논란 등 많은 반대에 부딪히게 되었다. 그러나 한국은 약 30여 년간 파병지에서 성실하고 봉사적인 태도로 현지의 찬사를 받으며 성공적으로 임무를 수행했다. 지금도 남수단, 레바논 등에서 PKO 임무를 수행하고 있다. 이에 한국은 현실적으로 중국과 같은 대규모 상비부대 편성 및 부대파견이 불가하지만 한국이 선도할 수 있는 첨단 기술력을 바탕으로 유엔이 추진하고 있는 디지털 전환전략에 기여할 수 있다. 유엔은 디지털 전환전략을 바탕으로 첨단 과학기술을 활용하여 평화유지군이 생존성 보장을 추진하고 있다. 한국은 스마트 캠프 기술지원, 첨단 군수품 공여 등을 통해 평화유지군의 생존성 향상과 더불어 국방 및 방산협력의 계기로 활용할 수 있을 것이다.

일본은 헌법 제약으로 자위대의 국제 파견이 금지되었지만, 1992년 국제평화활동법을 제정하여 유엔 PKO에 참여할 수 있는 새로운 장을 열었다. 그 후 적극적으로 국제평화활동에 참여할 수 있는 법적 근거 마련을 위해 관련 법의 제정과 개정을 하는 사례를 확인할 수 있었다. 국제평화활동법은 개정 후 3차 개정을 통해 파견할 수 있는 범위 등을 확대하였으며 특별법 및 한시법 제정으로 유엔 외의 국제평화활동에도 참여할 수 있는 제도적 근거를 마련했다. 한국도 유엔 평화유지활동(PKO) 파견 이외의 법적 근거가 없는 상황이기 때문에 국방교류협력 등을 위한 법적 근거 마련이 시급한 문제로 대두되었다. 2017년 남수단 임무단에서 공병부대를 철수한 이후 일본은 부대파병이 아닌 파트너십 강화의 일환으로 볼 수 있는 유엔 삼각협력 프로젝트를 통해 국제평화활동에 적극 참여하고 있다. 한국은 우수한 인력 및 기술보유를 활용하여 이러한 파트너십 참여를 일본처럼 활성화시킬 수 있을 것으로 기대된다.

중국의 사례에서는 국제평화활동을 국가전략으로 추진하면서 중국 평화유지경찰훈련센터 및 평화유지사무센터 훈련기지 설립 등을 통해 전문인력 파견과 관련 교육훈련을 강화하는 사례를 살펴볼 수 있었다. 한국은 특전사 예하 국제평화지원단 등에서 파병전 훈련을 전담하고 있으나 별도의 훈련센터는 없어 교육 강화를 위한 PKO 센터의 확장 등이 필요하다고 판단된다. 총 10개 직군, 28개 부대로 구성된 8,000여 명의 상비부대 편성을 강화하고 전투 · 헬기 · 공병부대 등 다기능 부대파견으로 전투경험을 확장시키고 있음을 확인할 수 있었다. 또한 여성의 참여를 지속적으로 확대하고 양성평등 및 여성권리 보호 등의 임무를 수행하고 지역기구와 연계된 민간인 보호 활동을 강화하고 있는 사항이 식별되었다. 중국도 인민해방군의 해외파병 관련 법적 근거 마련과 추진 확대를 위해 지속으로 법 및 요강 등을 제 · 개정하고 있음이 확인되었다. 한국은 위에 전술한 것처럼 중국과 같은 상비부대 편성은 불가하나 다기능 부대 편성 및 파견으로 실전경험을 확대할 수 있을 것이다. 여성의 PKO 참여 확대는 한국도 유엔에 지속적으로 공약하고 있는 부분으로 평화유지장관회의의 공약이기도 하여 참여율 증가가 기대된다.

3. 한국군의 평화유지활동 개선전략 도출

한국군의 평화유지활동은 유엔 주도의 1993년 아프리카 소말리아 상록수부대를 파병을 시작으로 시작되었으며, 2001년 9 · 11 테러 이후 미국의 대테러전 수행과 연계하여 다국적군 평화유지활동에도 참가하였다. 2010년 아이티 단비부대를 시작으로 아프간 오쉬노부대, 2011년 UAE 군사훈련 아크부대, 2013년 필리핀 아라우 부대 등 군사

훈련 지원 및 재해재난 구호 등에 참여하며 범위를 확대하였다.

역사적 차원에서 한국은 해방 이후 유엔의 지원하 단독 정부를 수립하였으며 6.25전쟁이라는 최대의 위기에 유엔군의 평화유지활동으로 자유민주주의를 수호할 수 있었다. 1950년 12월 1일, 유엔 총회 결의안 제410호에 의해 설립된 유엔한국재건단(United Nations Korean Reconstruction Agency, UNKRA)의 지원으로 산업인프라 복구, 주택 · 교육시설 개선 등 전후 국가재건을 성공적으로 이루고 세계 10위의 경제대국으로 성장했다. 최근 한국은 중견국의 일원으로 발돋움했으며 국제평화활동에 적극적으로 참여함으로써 절대절명의 위기에서 받은 국제사회로부터 받은 도움을 이제는 되갚아나가야 할 때라고 판단된다. 이러한 관점으로 유엔 가입 이후 30년 동안 한국군이 수행해 온 국제평화활동의 개선소요를 살펴보고 최근 유엔이 적극적으로 추진하고 있는 평화유지구상과 연계하여 한국군의 국제평화활동 발전전략을 도출하고자 한다. 본 책에서는 체계적인 분석을 위해 다차원 분석모형을 적용하여 제도적 · 조직적 · 기술적 · 규범적 차원에서 개선소요를 고찰하였다.

먼저 제도적 차원에서는 국제평화활동의 실효성 및 방향성과 연계된 법적 · 전략적 · 협력적 요인들의 개선이 요구된다. 해외파병의 적시성을 위한 신속한 파병 여건 보장이 필요하다. 신속한 파병 여건은 법률적 근거와 관련이 있다. 한국군의 해외파병 관련 법률 근거는 헌법과 2010년 제정된 국제연합 평화유지활동 참여에 관한 법률(이하 유엔 PKO법)이다. 하지만 유엔 PKO법은 유엔 주도의 평화유지활동에 국한되어 규정하고 있어 그 외의 평화활동에 대한 근거는 미비하다.

2013년 다국적군 파견과 국방교류협력활동을 위한 해외파견의 법적 근거를 마련하기 위해 국군의 해외파견 참여에 관한 법률안이 2009년부터 4차례 발의되었으나 모두 임기만료로 폐기되었다.[9] 또한 기존의 국제평화활동은 현 안보상황, 국민 여론 등을 고려하여 주로 안전한 파병 임무, 즉 전투지원 · 전투근무지원 및 민사작전 위주로 실시되었다. 전투부대 파병 확대와 안정화작전 참여 등 보다 중 · 장기적 차원에서 유엔의 패러다임 전환과 연계된 맞춤형 파병전략의 수립이 필요하다. 또한 한국군은 미국 중심의 다국적군 평화유지활동 위주로 참여해 왔기 때문에 향후 국제평화활동의 외연 확장을 위해 파병 관련 국제 · 지역기구들과 협력을 증진하고 파트너십을 강화해 나가야 한다. 기존의 공병부대 위주의 파병을 탈피하여 군부대 외에도 경찰 및 소방인력, 분야별 민간전문가 그룹 등 전문인력 참여를 확대하고 보다 실효성 있는 유엔 위임명령 수행 능력을 갖춰나갈 필요가 있다.

조직적 차원에서는 국제평화활동의 성과를 제고할 수 있는 파병부대 편성 및 교육훈련, 지속지원 능력 확보가 필요하다. 탈냉전 이후 유엔 PKO는 다차원 임무단으로서 복잡하고 다양한 위험을 수반하는 위임명령을 수행해야 한다. 또한 열악한 작전환경에서 임무를 수행하는 경우가 많기 때문에 다차원 임무수행에 필요한 적정수준의 상비부대 편성이 요구되며 작전환경에 적합한 교육훈련이 필요하다. 따라서 국

9 국회 의안정보시스템, "국국의 해외파견 검색결과," https://likms.assembly.go.kr/bill/BillSearchResult.do 2009년 9월 22일 제안된 '국군부대의 해외파견 절차에 관한 법률안(김장수의원 등 17인)'을 시작으로 2009년 12월 2일 '국군부대의 해외파견절차에 관한 법률안(송영선의원 등 10인)', 2013년 6월 4일 '국군의 해외파견활동 참여에 관한 법률안(송영근의원 등 20인)', 2016년 8월 25일 '국군의 해외파견활동에 관한 법률안(김영우의원 등 11인)'을 끝으로 2020년 5월 29일 임기만료로 폐기되었다.

제평화활동의 실효성 보장을 위해 항공 · 정보 · 통신 · 공병 · 의무 등 다기능 부대를 편성하고 효과적이고 안정적인 지속지원 능력을 확보해야 한다. 특히 2019년 유엔 평화유지국(DPO)에서 발간한 '현재 · 미래의 평화유지군 및 경찰 요구능력에 관한 보고서'에 제시된 소요부대를 고려할 필요가 있다.[10] 이 보고서에서는 유엔 PKO에 효율성을 제공하는 필수부대로 신속전개부대, 특수부대, 경찰군(FPU), 신속대응군(QRF), 공격헬기부대 등을 제시하였으며 이외에도 정보능력 구비, 다기능부대 편성, 부대방호역량 강화, 첨단 군수품 보급 필요성이 강조되었다. 따라서 이러한 요구를 수용하는 방향으로 조직적 차원의 개선이 필요하다.

기술적 차원에서는 최근 유엔이 중점적으로 추진하고 있는 평화유지구상, 디지털 전환 전략을 실질적으로 지원할 수 있는 기술협력 분야 개선요인들의 추진이 필요하다. 한국은 기술적 공여의 전환을 할 시점에 도달했다. 그러므로 대한민국이 선도하고 있는 4차 산업혁명 기술들을 활용하여 유엔이 적극적으로 추진하는 스마트 캠프의 기술지원 프로젝트 등 유엔과의 기술협력을 강화하여 나가야 한다. 스마트 캠프 지원 기술은 평화유지요원의 안전성을 향상시키고 환경을 보호하며 더 나아가 유엔의 예산 절감에 기여할 수 있는 혁신적인 방안이다. 또한 성공적인 스마트 캠프 건설은 한국 참여기업의 해외 진출을 촉진하여 경제발전에 기여할 수 있는 기회를 제공하게 될 것이다. 최근 러시아-우크라이나 전쟁을 계기로 국제사회에서 위상이 높아진

10 UN DPO, "Current and Emerging Uniformed Capability Requirements for United Nations Peacekeeping," (May 2019), pp. 1-9.

K-방산과 연계하여 한국의 첨단 군수품 공여를 확대함으로써 국제평화활동의 성과를 제고하고 국익증진을 도모할 필요성이 있다. 특히 2021년 유엔이 발표한 디지털 전환 전략과 연계하여 실효성있는 디지털 협력을 추진하고 팬데믹 시대에 적합한 맞춤형 의료 지원을 강화해 나가야 한다.

규범적 차원에서는 국제평화활동의 지속성 및 추구하는 가치와 연계하여 파병부대의 생존성 보장, 민간인 보호활동 강화, 전략적 소통 강화, 여성의 PKO 참여 확대가 필요하다.

2018년 크루즈 보고서에서 제시한 PKO 부대 · 병력의 안전보장, 평화유지군에 대한 위협완화 대책과 연계하여 파병부대의 생존성 보장 방안을 발전시켜야 한다. 분쟁원인이 복잡하고 분쟁의 수도 증가함에 따라 평화유지요원의 임무의 위험성도 그만큼 증가하고 있기 때문에 그에 대한 대비책이 필요하다. 또한 유엔 평화유지구상 추진과 연계하여 여성의 PKO 참여를 점진적으로 확대하고 지역공동체와의 협업을 통해 민간인 보호활동을 강화해 나가야 한다. 특히 여성의 참여 확대는 거의 모든 분야에서 유엔이 중점적으로 추진하고 있는 정책이다.

한국은 세계 유일의 분단국가이자 북한의 핵 · 미사일 무력위협에 대응해야 하는 상황이기 때문에 국제평화활동에 대규모 부대 파병은 현실적으로 쉽지 않다. 따라서 국군의 해외파병은 대국민 설득과 국회 동의 과정을 필요로 하며 정책결정 과정에서 반드시 파병의 명분과 당위성을 확보해야 한다. 즉, 해외파병이 국내 병력 저하로 군사대비태세를 약화시킨다는 국민적 불안은 해소시키고 실전경험 축적, 국가이미지 제고 등의 국익 증진에 기여해야 한다. 따라서 국제평화활동에 대한 전략적 소통(Strategic Communication, SC) 체계를 구축하는 것은 시급한 과제라고 판단된다. 따라서 본 절에서는 최근 국제평화활동이 직면하고 있는 대・내외적 환경변화와 주변 강대국인 중국과 일본의 국제평화활동 추진동향, 한국군의 국제평화활동 개선소요를 종합하여 〈표 4-1〉과 같이 SWOT 분석을 실시하였다. 이를 토대로 유엔 평화유지구상과 연계하여 한국군이 지향해야 할 국제평화활동의 근미래(近未來) 다차원 발전전략을 도출하였으며 세부 내용은 〈표 4-2〉와 같다.

<표 4-1> SWOT 분석 및 개선전략 도출

강점 (Strength)	약점 (Weakness)
· 유엔가입 이후 국제평화활동 경험 보유 * 민사작전 경험 및 노하우 축적 · 국제평화활동 참여 확대 필요성에 대한 국민적 공감대 형성 · 우수한 군 병력, 민간전문가 보유 * 역량과 자질, 임무수행 능력 탁월	· 국제평화활동의 법적 기반 마련 필요 * 국군의 해외파견 참여 법률 입법화 · 해외파병에 대한 부정적인 여론 · 국제평화활동 경험상 전투부대 파병, 전투임무 수행 경험 부족 * 전투부대 파병, 안정화작전등 역할 확대 필요
기회 (Opportunity)	**위협 (Threat)**
· 한국의 역할에 대한 국제사회의 요구 증대 * 유엔 평화유지 장관회의 개최, 공약제시 · 세계 10위의 경제력, 중견국 지위 * 소프트파워, 첨단 기술력 보유 · 4차 산업혁명 기술 활용소요 증가 * 한국이 선도하는 과학기술 활용 가능	· 분단상황 및 북한의 군사위협 상존 · 해외파병 부대에 대한 위협 증가 * 주둔지에 대한 테러, IED 등 · 국제평화활동 참여 확대시 불필요한 분쟁의 연루 가능성 상존 * 한 · 미동맹 관련 연루의 딜레마

개선전략 도출

구 분		내 부 역 량	
		강점(S)	약점(W)
외부 환경	기회 (O)	SO전략 (선택과 집중)	WO전략 (역량강화)
		· UN과 기술협력 강화(스마트캠프 등) · 첨단 군수품 공여 확대(K-방산) · 디지털 협력 강화(IT, AI, 빅데이터 등) · 여성의 PKO 참여 확대	· 해외파병부대 교육훈련 강화 · 효과적인 지속지원 능력 확보 · 전략적 소통(SC) 강화 · 전문인력 참여 확대
	위협 (T)	ST전략 (환경대응)	WT전략 (인프라 강화)
		· 파병부대 생존성 강화(위협완화 대책 등) · 전문 의료지원 강화(전염병 관리 등) · 파트너십 강화(삼각협력 프로젝트 등) · 민간인 보호 강화(지역공동체와 연계)	· 국제평화활동 관련 법률 제정 · 맞춤형 파병전략 수립(역할확대 등) · 상비부대 편성 강화(준비태세 확립) · 다기능 부대 편성(위임명령 이행능력 제고)

<표 4-2> 유엔 A4P와 연계된 한국군 평화유지활동 다차원 발전전략

구분	발전전략	주요내용
제도적 차원	I_1. 신속한 파병여건 보장을 위한 법률안 제정	· 해외파병 법률안 제정을 통한 신속파병 체계 구축 * 한국의 중견국 위상 및 국격에 걸맞은 법제화 필요
	I_2. UN 패러다임 전환과 연계된 맞춤형 파병전략 수립	· 평화유지구상과 연계된 중 · 장기 PKO 전략 수립 * 전투부대 파병 확대, 안정화작전 참여 등
	I_3. 파트너십 강화	· UN과 관련된 국제 · 지역기구와 협력 증진 * 주둔국과 연계된 삼각협력 프로젝트 강화 등
	I_4. 전문인력 참여 확대	· 다차원적 위임명령 수행 능력 구비 * 경찰 · 소방 인력, 분야별 민간전문가 그룹 등
조직적 차원	S_1. 상비부대 편성 강화	· UN PKO 임무단 해외파병 준비태세 확립 * 다차원 임무를 수행해야 하는 작전환경에 대비
	S_2. 다기능 부대 편성	· 위임명령 이행의 실효성 보장을 위한 부대편성 * 항공, 정보, 공병, 의무 등 부대 편성
	S_3. 해외파병부대 교육훈련 강화	· 실질적인 임무수행 능력 보장을 위한 교육훈련 강화 * 임무교대 전 실질적인 교육훈련 체계 확립
	S_4. 효과적인 지속지원 능력 확보	· 해파부대 여건 보장을 위한 지속지원태세 확립 * 보급지원 및 현지조달 시스템 보완 등
기술적 차원	T_1. UN과 기술협력 강화	· 4차 산업혁명과 연계된 첨단 기술협력 강화 * 한빛부대 스마트캠프 기술지원 등
	T_2. 첨단 군수품 공여 확대	· 첨단 군수품 공여를 통한 임무수행 능력 향상 * 드론, 무인기, 항공기 등 공여
	T_3. 디지털 협력 강화	· 데이터의 신뢰도 확보와 실시간 정보 공유 * 지역분쟁 모니터링, 감염병 대응 등
	T_4. 전문 의료지원 강화	· 분쟁지역의 특성을 고려한 맞춤형 의료지원 * 풍토병 등 전염병 관리 및 질병예방 활동 강화
규범적 차원	N_1. 해외파병부대 생존성 강화	· 국제평화활동시 파병부대 및 요원의 생존성보장 * 위협완화 대책 강구, 현장 의료체계 강화 등
	N_2. 여성의 PKO 참여 확대	· 국제평화활동시 여성인력의 점진적 참여 확대 * 여성 군인, 경찰, 소방, 의료, 재난관리 전문가 등
	N_3. 국제평화활동에 대한 전략적 소통(SC) 강화	· 국제평화활동 관련 국민적 관심 및 지지 확보를 위한 전략적 소통(Strategic Communication) 강화
	N_4. 지역공동체와 연계된 민간인 보호활동 강화	· 분쟁지역 폭력예방 및 민간인 피해 방지 * 폭력 핫스팟 순찰, 신속배치기동부대 운용 등

제2절 계층적 분석기법(AHP)을 활용한 우선순위 결정

1. AHP 분석 절차

한국군의 국제평화활동 개선전략의 우선순위를 결정하기 위해 계층적 분석기법(AHP)을 활용하였다. AHP 분석 절차는 우선순위를 생성하기 위해 다음과 같은 4단계의 절차로 진행했다.[11] 1단계에서는 설문 작성 단계로 사례연구 및 SWOT 분석 결과를 바탕으로 한국군 평화유지활동의 개선전략 관련 AHP 설문을 작성하였다. 두 번째 단계는 전문가 설문 진행 단계로 관련 전문가 선정 후 설문을 진행하였다. 세 번째 단계는 설문 결과의 분석 단계로 유효성 검증을 위한 일관성 비율 0.1% 이상인 설문지는 무효로 하였으며 유효 설문지로 분석하였다. 네 번째 단계는 우선순위를 도출하는 단계로 한국군 평화유지활동 우선순위를 제도적 · 조직적 · 기술적 · 규범적 차원별로 우선순위 선정 후 결과를 비교하였으며 최종적으로 종합 순위를 선정했다.

11 정병호 · 오지현 · 설현주 · 황성인, "AHP 기법을 이용한 무인기 자율기능 우선순위 도출: 유무인 협업 공대공 교전을 중심으로," 『산업경영시스템학회지』 제45권 제1호 (2022.3.), pp. 13-14.

<표 4-3> AHP 4단계 연구 흐름도

1단계	2단계	3단계	4단계
AHP 설문 작성	전문가 설문 진행	설문 결과 분석	우선순위 도출
4가지 차원별 항목 간 쌍대비교	파병 관련 전문가 45명 선정	일관성 비율(CR) * CR≤0.1% 유효	종합결과 및 각 차원별 우선순위 결과 비교

* 출처: 정병호 · 오지현 · 설현주 · 황성인(2022), p. 13. 내용을 재구성

본 책에서는 다차원 개선전략의 가중치 평가를 위한 전문가 선정을 위해 비확률적표본추출(Non-Probability Sampling) 방법 중 하나인 전문가표본추출법(Expert Sampling)을 활용하였다.

AHP 분석시 가중치 평가를 위한 전문가 선정은 국제평화활동 및 해외파병 관련 분야로 범위를 한정하여 전문가표본추출법을 적용하였다. 국제평화활동 관련 업무 실무자 및 전문가, 해외파병 유경험자로 45명의 전문가 집단을 선정하였다.

2. 예비조사(Pilot Survey) 및 자료수집

본 책에서는 유엔에서 적극적으로 추진하고 있는 평화유지구상과 연계된 한국군의 국제평화활동 발전전략의 우선순위를 결정하기 위해 계층적 분석기법(AHP)을 적용하였다. 전술한 바와 같이 국제평화활동 및 해외파병과 관련된 전문가 45명을 선정하였다. 가중치 결정에 관련하여 전문가 의견 분석을 하려면 모든 전문가는 각 분야의 전문성을 고려해서 선정해야 한다. 전문성의 정도는 객관적으로 측정할

수 있는 기준으로 일관성 비율(CR)이 있다. 전문성과 일관성의 상관관계에 대해 입증되지는 않았으나 전문성이 부족하다면 일관성이 기준에 미치지 못하는 경향이 있으며 일관성이 없다는 것은 신뢰도가 떨어지는 자료라 할 수 있다.[12]

<표 4-4> 다차원 분석계층

한국군 파병정책 발전방향	I. 제도적 차원	I_1 : 신속한 파병 여건 보장을 위한 법률안 제정
		I_2 : UN 패러다임 전환과 연계된 맞춤형 파병전략 수립
		I_3 : 국제·지역 기구와의 파트너십 강화
		I_4 : 전문인력 참여 확대(경찰·소방, 민간전문가 그룹)
	S. 조직적 차원	S_1 : 상비부대 편성 강화
		S_2 : 다기능 부대 편성(항공, 공병, 의무 등)
		S_3 : 해외파병부대 교육훈련 강화
		S_4 : 효과적인 지속지원능력 확보
	T. 기술적 차원	T_1 : UN과 기술협력 강화(스마트캠프 기술지원 등)
		T_2 : 첨단 군수품 공여 확대(드론, 무인기 등)
		T_3 : 디지털 협력 강화
		T_4 : 전문 의료지원 강화(팬데믹, 풍토병 등)
	N. 규범적 차원	N_1 : 해외파병부대의 생존성 강화
		N_2 : 여성의 평화유지활동(PKO) 참여 확대
		N_3 : 국제평화활동에 대한 전략적 소통(SC) 강화
		N_4 : 지역공동체와 연계된 민간인 보호활동 강화

12 김성철 · 어하준, "AHP가중치 결정에서의 다수 전문가 의견종합 방법," 『한국경영과학회지』 제19권 제3호(1994.12.), p. 42.

3. AHP 계층별 가중치 산정 결과

국제평화활동 및 해외파병 관련 전문가 45명을 대상으로 설문조사를 실시하여 일관성 비율(CR)이 0.1을 초과하는 설문지 14부는 무효로 제외하였다. 배부한 설문지에 대한 유효 응답률은 68.9%로 아래의 〈표 4-5〉와 같다.

<표 4-5> AHP 설문지 유효 응답률

배부 설문수	설문지 회수 결과			
	회수 설문수	유효 응답수	무효 응답수	유효 응답률
45부	45부	31부	14부	68.9%

설문지 14부를 제외한 유효한 31부에 대해서는 보간법을 적용하여 평가요소별 가중치를 산출하였다.[13] AHP 분석시 적용한 가중치를 산출할 경우 대표값은 기하평균법 및 고유벡터법 등으로 결정할 수 있으며, 본 책에서는 집단의사결정시 기하평균값이 효과적이라고 평가한 Saaty의 제안을 적용하였다.[14] 기하평균(Geometric Mean)은 전문가 집단의 의견을 편의(Bias)없이 모을 수 있는 대표값이다.[15] 계층화된 평가요소들의 상대적 우선순위 결정을 위해 제도적 · 조직적 · 기술적 · 규범적 차원과 다차원 그룹별 가중치를 분석하였으며 최종적으로 복합

13 박흥순 · 김세용 · 김용환, "체계적인 방위산업기술보호를 위한 보호체계 우선순위 분석 연구," 『융합보안논문지』 제19권 제2호(2019.6), p. 125.

14 Thomas L. Saaty, "Decision Making with the Analytic Hierachy Process," *International Journal of Services Sciences*, Vol. 1, No. 1 (2008), p. 95.

15 이강경 · 김금률 · 윤상돈 · 설현주(2021), 전게 논문, p. 185.

가중치를 분석하였다.

계층적 분석기법에 의한 상대적 중요도와 우선순위를 판단한 결과, 상위요소인 다차원 전략의 우선순위는 N. 규범적 차원 〉 T. 기술적 차원 〉 S. 조직적 차원 〉 I. 제도적 차원 순으로 평가되었다. 세부 결과는 아래의 〈표 4-6〉과 같다.

<표 4-6> 다차원 상위요소 상대적 중요도

구 분	중요도	우선순위
I. 제도적 차원의 개선전략	0.071	4
S. 조직적 차원의 개선전략	0.229	3
T. 기술적 차원의 개선전략	0.251	2
N. 규범적 차원의 개선전략	0.449	1
Consistency Index = 0.0084, Consistency Ratio = 0.0093		

규범적 차원이 상대적으로 높게 평가된 것은 전문가 그룹은 유엔의 평화유지구상(A4P) 8대 영역 및 A4P+의 7대 우선순위와 연계하여 모든 영역에 포함되어 있는 여성의 참여 확대 및 민간인 보호 등의 국제평화활동의 지향 가치가 반영된 것으로 판단된다. 또한 기술적 · 조직적 차원이 제도적 차원에 비해 높게 평가된 것은 최근 유엔이 추진하고 있는 디지털 전환 전략과 연계하여 기술기반 평화유지 활동 구현의 중요성이 고려된 것으로 판단된다. 4차 산업혁명 기술과 연관하여 한국이 IT 강국으로 우선적으로 참여할 수 있는 전략의 방향이 나타난 것으로 보인다. 제도적 차원이 상대적으로 낮게 평가된 것은 법률제정 및 소방, 민간인력 등의 참여의 제한적 측면이 반영된 것으로 보인다.

다음으로는 근미래적인 다차원 발전전략의 하위요소들에 대한 상대적 중요도와 우선순위 판단결과를 살펴보겠다.

한국군의 평화유지활동 파병정책 발전전략을 위한 제도적 차원의 하위요소별 우선순위는 I_4. 전문인력 참여확대 〉 I_3. 파트너십 강화 〉 I_1. 신속한 파병여건 보장을 위한 법률안 제정 〉 I_2. UN 패러다임 전환과 연계된 맞춤형 파병전략 수립 순으로 평가되었다. 세부 결과는 아래의 〈표 4-7〉과 같다.

<표 4-7> 제도적 개선전략의 상대적 중요도

구 분	중요도	우선순위
I_1. 신속한 파병여건 보장을 위한 법률안 제정	0.164	3
I_2.. UN 패러다임 전환과 연계된 맞춤형 파병전략 수립	0.157	4
I_3. 파트너십 강화	0.258	2
I_4. 전문인력 참여 확대	0.421	1
Consistency Index = 0.0034, Consistency Ratio = 0.0038		

전문인력 참여확대가 상대적으로 중요하게 평가된 것은 유엔 평화유지활동이 다차원 임무단으로 전환된 상황에서 복합적인 위임명령을 효과적으로 수행하기 위해서는 군 병력과 경찰, 민간전문가 그룹의 협업이 중요하기 때문인 것으로 판단된다. 또한 국제평화활동의 성과를 극대화하기 위해서는 유엔의 산하 조직 및 지역기구, 비정부기구(NGO) 등 다양한 참여자들과의 정보공유, 업무협조 등 파트너십 강화가 중요하다는 의견이 반영된 것으로 상대적으로 낮은 우선순위를 보인 법률안 제정과 맞춤형 파병전략 수립보다 중요하다 판단된 것으로 보인다.

한국군의 평화유지활동 파병정책 발전전략을 위한 조직적 차원의 하위요소별 우선순위는 S_1. 상비부대 편성 강화〉 S_3. 해외파병부대 교육훈련 강화 〉 S_4. 효과적인 지속지원 능력 확보 〉 S_2. 다기능 부대 편성 순으로 평가되었다. 세부 결과는 아래의 〈표 4-8〉과 같다.

<표 4-8> 조직적 개선전략의 상대적 중요도

구 분	중요도	우선순위
S_1. 상비부대 편성 강화	0.329	1
S_2. 다기능 부대 편성	0.167	4
S_3. 해외파병부대 교육훈련 강화	0.326	2
S_4. 효과적인 지속지원 능력 확보	0.178	3
Consistency Index = 0.0015, Consistency Ratio = 0.0017		

조직적 차원의 개선전략 순위를 살펴보면 최근 유엔이 강조하고 있는 상비부대의 편성 강화 및 해외 파병부대의 임무수행 능력 강화, 파병의 적시성 보장 및 준비태세 확립과 연계하여 교육훈련을 중요하게 평가한 것으로 판단된다. 특히 국제평화활동의 다양하고 복잡한 작전 환경 및 특수성을 고려했을 때 파병부대의 임무수행 능력 및 상비부대의 준비태세는 평화유지활동과 국방교류협력활동의 성과를 좌우하는 핵심요소이다. 분쟁의 양상이 다양하고 복잡해지면서 평화유지군의 임무 또한 다차원적으로 전환되어 평화유지군의 안전과 효율성 측면에서 필수적이라는 판단에 의한 것으로 보인다. 상대적으로 낮게 평가된 지속지원 능력의 경우 정기 재보급을 통해 군수지원을 하고 있으며 다기능 부대 편성은 조직 및 예산 등을 반영해야 하는 제한사항 때문으로 보인다.

한국군의 평화유지활동 파병정책 발전전략을 위한 기술적 차원의 하위요소별 우선순위는 T4. 전문 의료지원 강화 〉 T2. 첨단 군수품 공여 확대 〉 T3. 디지털 협력 강화 〉 T1. UN과 기술협력 강화 순으로 평가되었다. 세부 결과는 아래의 〈표 4-9〉와 같다.

<표 4-9> 기술적 개선전략의 상대적 중요도

구 분	중요도	우선순위
T_1. UN과 기술협력 강화	0.111	4
T_2. 첨단 군수품 공여 확대	0.261	2
T_3. 디지털 협력 강화	0.249	3
T_4. 전문 의료지원 강화	0.379	1
Consistency Index = 0.0077, Consistency Ratio = 0.0086		

기술적 차원의 개선전략 순위를 살펴보면 최근 코로나19 등 팬데믹에 대한 대응과 포스트 코로나 시대를 맞이하여 전문 의료지원의 중요성이 높이 평가된 것으로 해석된다. 특히 유엔 평화유지활동 임무가 수행되는 지역은 아프리카와 같은 열악한 환경으로 간염병 및 풍토병에 취약한 지역이다 보니 우선순위가 높게 나온 것으로 판단된다. 드론과 같은 첨단 군수품과 디지털 협력과 같은 신기술의 적용이 열악한 작전환경에서 국제평화활동의 효율성 및 안전보장을 강화해 줄 것이라는 기대감이 반영된 것으로 판단된다. 상대적으로 낮게 평가된 유엔과의 기술협력 강화는 아프리카 지역에서는 드론, 항공기 등의 공여가 임무단의 위임명령 수행시 보다 시급하게 필요한 것으로 판단된 결과로 보여진다.

마지막으로 한국군의 평화유지활동 파병정책 발전전략을 위한 규범적 차원의 하위요소별 우선순위는 N2. 여성의 PKO 참여 확대 〉 N4.

지역공동체와 연계된 민간인 보호활동 강화 〉 N3. 국제평화활동에 대한 전략적 소통(SC) 강화 〉 N1. 해외파병부대의 생존성 강화 순으로 평가되었다. 세부 결과는 아래의 〈표 4-10〉과 같다.

<표 4-10> 규범적 개선전략의 상대적 중요도

구 분	중요도	우선순위
N1. 해외파병부대 생존성 강화	0.120	4
N2. 여성의 PKO 참여 확대	0.190	1
N3. 국제평화활동에 대한 전략적 소통(SC) 강화	0.280	3
N4. 지역공동체와 연계된 민간인 보호활동 강화	0.410	2
Consistency Index = 0.0100, Consistency Ratio = 0.0111		

규범적 차원의 개선전략 순위를 살펴보면 국제평화활동의 주요 가치이자 유엔 A4P의 핵심영역으로서 여성의 PKO 참여와 민간인 보호의 중요성이 반영된 것으로 판단된다. 특히 여성인력의 평화유지활동 참여 증가는 유엔이 추진하고 있는 모든 부분과 연관되어 있는 가장 중요한 핵심 전략으로 분쟁지역에서 가장 취약한 여성과 어린이에 대한 성폭력 피해조사 및 보호 등을 위해 여성인력의 증가는 필수적이라는 전문가 그룹의 의견이 반영된 결과로 보여진다. 상대적으로 낮은 순위인 해외파병부대 생존성 강화는 한국군의 파병지역이 다른 임무단에 비해 위험한 지역이 아닌 것에 따라 낮게 평가된 것으로 해석된다.

전문가 그룹에 의한 AHP 설문을 통한 한국군의 평화유지활동 파병정책 발전전략을 위한 개선전략 16개 하위요소별 종합 우선순위는 아래의 〈표 4-11〉과 같다.

<표 4-11> 계층구조별 상대적 중요도 및 우선순위

상위 요소	가중치	하 위 요 소	가중치	복합 가중치	우선 순위
제도적 차 원	0.071	I_1. 신속한 파병여건 보장을 위한 법률안 제정	0.164	0.012	15
		I_2. UN 패러다임 전환과 연계된 맞춤형 파병전략 수립	0.157	0.011	16
		I_3. 파트너십 강화	0.258	0.018	14
		I_4. 전문인력 참여 확대	0.421	0.030	12
조직적 차 원	0.229	S_1. 상비부대 편성 강화	0.329	0.076	4
		S_2. 다기능 부대 편성	0.167	0.038	11
		S_3. 해외파병부대 교육훈련 강화	0.326	0.074	5
		S_4. 효과적인 지속지원 능력 확보	0.178	0.041	10
기술적 차 원	0.251	T_1. UN과 기술협력 강화	0.111	0.028	13
		T_2. 첨단 군수품 공여 확대	0.261	0.066	6
		T_3. 디지털 협력 강화	0.249	0.062	7
		T_4. 전문 의료지원 강화	0.379	0.095	3
규범적 차 원	0.449	N_1. 해외파병부대 생존성 강화	0.095	0.043	9
		N_2. 여성의 PKO 참여 확대	0.557	0.250	1
		N_3. 국제평화활동에 대한 전략적 소통(SC) 강화	0.116	0.052	8
		N_4. 지역공동체와 연계된 민간인 보호활동 강화	0.232	0.104	2

* CR < 0.1, 복합가중치는 그룹별 가중치와 하위요소별 가중치를 곱하여 산출함.

제3절 소결론

앞서 살펴본 바와 같이 한국군의 평화유지활동 파병정책 발전전략을 SWOT 분석으로 외부적인 환경요인과 내부적인 역량에 대한 진단을 통해 기회와 위협요인, 강점과 약점을 식별하고 필요한 개선전략을 도출하였다.

한국과 중국 및 일본의 국제평화활동 관련 사례연구와 SWOT 분석을 통해 도출한 한국의 파병정책 개선전략 중 여성인력 증가는 분쟁지역의 젠더이슈와 더불어 유엔의 병력 양성평등 정책 등에 대한 관심의 반영이다. 한국은 2019년 유엔본부에서 개최된 평화유지 장관회의에서 여군 인력의 참여 비율을 17%에서 2028년 25%까지로 증가할 것을 공약했다. 또한 2021 서울 유엔평화유지 장관회의에서도 유엔의 여성, 평화, 안보(Women, Peace and Security, WPS) 의제를 평화유지활동에 접목시켜야 함이 강조되었으며 한국은 이에 발맞춰 여성인력 참여 확대를 위해 여성장교 교육과정 주관 등을 공약했다. 또한 민간인 보호(POC)도 유엔 평화유지장관회의의 중요 안건이자 유엔에서 지속적으로 추진하고 있는 활동이다. 또한 2022년 2월 러시아의 우크라이나 침공으로 인한 민간인 사망자 수의 증가 등으로 인해 높은 순위로 반영된 것으로 해석된다. 다음으로 높이 평가된 기술적 차원에서의 의료지원 강화는 코로나19로 인해 의료에 대한 높은 관심의 결과로 해석되며 최근 한국군이 추진하고 있는 AI 기반의 국방혁신 4.0 등과 연계된 결과로 판단된다.

05

결론

한국의 국제평화활동 발전전략

05

결론

제1절 연구결과 요약

최근 러시아-우크라이나 전쟁이 장기전의 양상으로 전환되면서 글로벌 안보환경의 불확실성과 불안정성이 증대하고 있다. 또한 유엔이 주도하는 자유주의 국제질서를 심각하게 위협하고 있으며 세계평화와 안정을 위해 추진하고 있는 국제평화활동도 다양한 도전에 직면하고 있다. 탈냉전 이후 세계는 첨단 과학기술의 혁신으로 상호의존이 심화되는 초연결 사회로 진입했지만 각종 지역분쟁과 팬데믹, 테러리즘, 기후변화 등 전지구적 문제가 확산되었다. 이러한 전환기적 상황 속에서 개별정부를 넘어선 공동의 대응, 즉 글로벌 거버넌스의 중요성이 증대되었으며, 국제사회가 만들어낸 공공재, 다자적 플랫폼으로서 유엔의 역할은 매우 중요하다고 할 수 있다. 한편, 유엔은 2018년 구테흐스 사무총장의 취임 이후 국제평화활동의 패러다임 변화에 효과적으로 대응하기 위해 평화유지구상(A4P)과 디지털 전환전략을 추진하고 있다.

중국은 유엔 안전보장이사회의 상임이사국으로서 국제사회에서 책임있는 역할을 수행함과 동시에 국가이익을 추구하기 위해 유엔의 국제평화활동에 적극적으로 참여하고 있다. 특히 중국은 시진핑 체제의 출범 이후 야심차게 추진하고 있는 일대일로 프로젝트를 바탕으로 자국의 평화적 발전 규범을 국제적으로 확산시키기 위한 정책적 노력을 강화해 왔다. 중국이 대외적으로 강조하고 있는 일대일로의 목표는 개발도상국가들을 대상으로 정치적 조건없는 직접투자를 통해 경제발전을 지원하고 상호이익을 추구하는 것이다. 최근 일대일로 전략은 참여국들의 경제적 파산 등 각종 부작용을 낳고, 중국의 국가이익 증진과 연계된 프로젝트라는 비판에 직면하고 있지만 유엔은 비교적 긍정적인 평가를 하고 있다.

최근 중국은 유엔이 추진하고 있는 평화유지구상(A4P) 및 디지털 전환전략과 연계하여 국제평화활동에 적극적으로 참여하며 역할과 책임을 강화해 나가고 있다. 탈냉전 이후 새로운 패러다임으로 자리잡은 다차원 임무단 개념에 맞게 중국 평화유지군은 전투부대를 포함하는 다기능부대를 편성하여 평화유지군을 파견하고 있다. 유엔 평화유지군 파견시 중대급 지원부대에서 대대급 전투부대로 파병규모를 확대함으로써 효과적인 임무수행이 가능해졌다. 특히 유엔 임무단의 효과적인 작전지속지원을 위해 일반 군수품 외에도 중국에서 직접 생산한 첨단 군수품, 즉 보병 전투차량과 장갑차, 대전차로켓, 무인항공기, 박격포, 중기관총 등의 공여를 점진적으로 확대해 나가고 있다.

한편 일본은 헌법에 명시된 평화조항과 유엔의 적국 조항 등으로 자위대의 해외파병이 자유롭지 못했지만 법과 제도의 정비를 통해 적극적인 평화활동을 전개했다. 일본의 국제평화활동 참여는 정전감시 활동으로부터 국가재건과 연계된 선거지원, 인프라 건설 등 다양한 분야에서 이루어졌다. 일본의 적극적인 참여는 국제사회로부터 높은 평가를 받았으며 전범국이라는 이미지를 제고할 수 있는 좋은 계기가 되었다. 일본은 현재 부대를 파병하지 않고 있지만 삼각협력 파트너십 프로젝트를 통해 적극적인 평화활동에 참여하고 있으며 A4P에도 기여하고 있다.

본 책에서는 중국과 일본의 국제평화활동 추진동향을 다차원적 사례연구를 통해 제도적, 조직적, 기술적, 규범적 차원에서 고찰하였다. 먼저 중국의 사례를 살펴보면, 제도적 차원에서는 신속한 해외파병 여건 보장, 맞춤형 파병전략 수립, 파트너십 강화, 전문인력 참여 확대를 추진하고 있다는 점을 확인하였다. 중국은 유엔 평화유지활동의 법적 근거를 마련하기 위해 2012년 평화유지군 파견에 대한 법률을 제정했다. 또한 2015년 신국가안전법, 2022년 전쟁이외의 군사행동 요강을 제정하여 시행하고 있다. 또한 경찰병력 파병을 위해 평화유지경찰훈련센터를 설립하여 전문적인 교육훈련을 시행하고 있다. 조직적 차원에서는 맞춤형 파병전략과 연계하여 적정수준의 상비부대와 다기능부대를 편성하고 전문적인 교육훈련 및 효과적인 지속지원을 통해 유엔 평화유지활동에 필요한 임무수행 역량을 강화하고 있다. 기술적 차원에서는 유엔과 기술분야 및 디지털 협력을 추진함과 동시에 첨단 군수품 공여를 확대하고 전문 의료지원을 강화하고 있다. 중국은 일대일로 프로젝트의 일환으로 구상 중인 디지털 실크로드 전략을 향후 유엔이 추진하고 있는 국제평화활동의 디지털 전환전략과 연계할 것으로 전망된다. 또한 중국은 공동운명-2021 국제평화유지훈련의 사례에서 고찰한 바와 같이, 향후 4차 산업혁명의 첨단기술을 적용하여 자체적으로 생산한 드론, 로봇 등 첨단 군수품을 국제평화활동시 적극적으로 활용하고 공여를 확대해나갈 것이다. 특히 중국은 유엔 국제평화활동에서 핵심의제로 대두된 평화유지군의 생존성 강화와 연계하여 전문 의료지원을 강화하고 있다. 마지막으로 규범적 차원에서는 해외파병부대의 생존성 강화, 여성의 PKO 참여 확대, 지역공동체와 연계된 민간인 보호활동 및 전략적 소통을 강화하고 있다는 것을 확인하였다.

다음으로 일본의 사례연구에서는 부대파병이 없는 점을 고려하여 제도적 · 조직적 차원에서 추진동향을 분석하였다. 먼저 조직적 차원에서 일본은 법과 제도 정비를 통해 자위대 해외파병의 근거를 마련하고 적극적으로 국제평화활동에 참여해 왔다. 헌법에 의해 파병이 금지되었던 일본은 걸프전을 계기로 1992년 국제평화협력법을 제정하여 자위대의 파병을 시작하였다. 또한 자위대 파병과 관련된 임시법 제정 및 개정을 통해 다양한 국제평화활동에 참여했다. 현재 일본은 삼각협력 파트너십 프로젝트에 적극적으로 참여하여 병력공여국에 건설, 의료, 정보통신 등의 교육훈련을 지원하고 있으며 참여범위도 아프리카에서 아시아로 확장해 나가고 있다. 조직적 차원에서는 방위성 산하 국제평화협력센터에서 자국의 인력을 포함하여 외국군 등이 참여할 수 있는 교육과정 개설 및 국제 심포지엄 개최 등을 통해 지속적인 교류 협력을 추진 중이다.

선진국 참여 사례를 살펴보면, 미국의 경우 유엔 평화유지활동 예산의 가장 많은 27.89% 분담금 기여국[1]이나 병력파견은 약 30여 명이다. 이처럼 미국을 비롯한 서구 강대국들은 자금, 훈련 및 군비 등을 공급하는 방식으로 평화유지활동에 참여하고 있으며 위험도가 높은 경우 유엔 및 아프리카 연합을 통한 협력안보를 추진하고 있다. EU의 경우 아프리카평화기구(African Peace Facility, APF)를 통한 아프리카연합(AU) 자금 지원에 중점을 두며 미국은 아프리카 군병력의 훈련과 장비제공으로 협력안보 체계를 구축하고 있다.[2]

역사적으로 한국은 유엔의 지원하에 1948년 단독정부를 수립했으며, 6.25 전쟁시 유엔군의 평화유지활동을 통해 자유민주주의를 수호할 수 있었다. 또한 유엔의 경제적 지원을 통해 전후 재건과 경제발전을 추진하여 오늘날 세계 국방력 6위, 10위 경제대국으로 거듭날 수 있었다.

이제 한국은 중견국(Middle Power)의 일원으로 유엔이 추진하는 글로벌 거버넌스를 뒷받침하기 위해 국제평화활동에 보다 적극적으로 참

1 UN Peacekeeping, "HOW WE ARE FUNDED," https://peacekeeping.un. org/en/how-we-are-funded

2 황규득, "아프리카 평화유지에 대한 비판적 고찰," 『국제지역연구』 제22권 제3호(2018), pp. 219-232.

여할 필요성이 있다. 한국은 새로운 패러다임으로 전환하고 있는 국제평화활동에 부합하도록 새로운 역할모델을 정립해야 한다. 한 가지 다행스러운 점은 2018년 외교부 주관으로 유엔외교 독립패널을 발족하고 한국의 유엔외교가 지향해야 할 중·장기 비전과 추진과제를 제시했다는 것이다.[3] 특히 2021년 12월, 한국은 제4차 유엔 평화유지 장관회의를 개최하여 국제사회에 기여공약을 천명함과 동시에 서울 이니셔티브를 발표하여 유엔 A4P의 핵심의제에 대한 구체적인 추진전략을 제시하였다.

앞서 살펴본 바와 같이, 최근 국제평화활동의 작전환경은 국가 간 분쟁에서 인종·종교·자원 등과 연계된 복합적이고 다양화된 분쟁 양상으로 변화하고 있다. 따라서 탈냉전 이후 본격화된 유엔의 다차원 임무단에는 매우 복잡하고, 위험을 동반한 위임명령이 요구되고 있다. 이처럼 급변하고 있는 국제평화활동의 실효성을 향상시키기 위해서는 유엔이 핵심과제로 추진하고 있는 A4P, A4P+, 디지털 전환 전략과 연계된 국가별 발전전략이 필요하다. 또한 국제평화활동은 국제사회의 일원으로서 국가의 위상을 제고하고 국익을 도모할 수 있는 계기라는 점에서 보다 전략적인 접근이 필요하다.

따라서 본 책에서는 유엔의 패러다임 변화와 주변국 사례 연구를 통해 한국군의 국제평화활동 발전전략을 도출하고 AHP 분석기법을 적용하여 우선순위를 결정하였다. 이를 위해 유엔의 국제평화활동이 직면하고 있는 다양한 도전요인들을 분석하고 대외적인 위기·기회요

3 국립외교원 외교안보연구소, 『유엔외교 독립패널 2022년 보고서』 (서울: 국립외교원, 2022.7.), pp. 6-7.

인과 대내적인 강 · 약점을 바탕으로 SWOT 분석을 실시하여 16개 항목의 근미래적 다차원 발전전략을 도출했으며, 분석결과 규범적 차원의 발전전략이 가장 우선순위가 높은 것으로 평가되었다. 또한 복합가중치를 적용하여 분석한 결과, 여성의 PKO 참여 확대가 가장 높은 순위를 차지했으며 지역공동체와 연계된 민간인 보호활동 강화, 전문 의료지원 강화, 파병부대 교육훈련 강화, 상비부대 편성 강화, 디지털 협력, 첨단 군수품의 공여 확대, 해외파병부대 생존성 강화 등이 상대적으로 높은 우선순위를 보였다. 이는 유엔의 평화유지구상이 지향하는 국제평화활동의 가치와 방향성을 반영한 것으로 평가할 수 있다.

제2절 시사점 및 정책 제언

2018년 1월 외교부는 1991년 한국의 유엔가입 이후 유엔외교가 나아갈 새로운 비전과 정책방향을 제시하기 위해 유엔외교 독립패널을 출범시켰다.[4] 이러한 목적을 달성하기 위해 독립패널은 한국 유엔외교가 추구해야 할 5대 지향점을 제시하였다.[5] 2022년 7월에는 유엔외교 독립패널 2022년 보고서를 발간하였으며 보고서에는 평화 · 안보,

4 외교부 보도자료, "새로운 유엔외교가 나아갈 비전을 제안할 「유엔외교 독립패널」 출범," (2018.1.18.)

5 외교부, "한국 유엔외교의 비전과 미래전략," 유엔외교 독립패널 보고서 (2018.7.6.), pp. 16-20. 이 보고서에서는 5대 지향점을 다음과 같이 제시하였다. "① 글로벌 거버넌스 강화에 기여하는 유엔외교, ② 중점 과제를 이관되게 추진하는 유엔외교, ③ 한반도 평화와 번영, 통일에 기여하는 유엔외교, ④ 국민과 함께하는 유엔외교, ⑤ 종합적인 역량 강화를 중심으로 한 유엔외교를 제시하였다."

경제 · 개발, 인권 · 사회 등 분야에서 미래지향적 정책 발굴 및 외교 전개 필요성, 다자주의 국제질서 회복 등을 통한 국익 추구 등 22개의 중장기 발전전략이 제시되었다.[6] 특히, 평화 · 안보 분야에서는 우리나라의 2024-2025년 임기 세 번째 안보리 비상임이사국[7] 진출과 관련하여, 두 차례의 안보리 비상임이사국 수임한 경험(1996-97년, 2013-14년)을 바탕으로 국제평화와 안보 과제의 설정 등에 대해 한국이 추진해 나가야 할 전략적 방향을 제시하고 있다.[8]

2022년 9월 2일, 외교부는 행정안전부, 국방부, 합동참모본부, 경찰청 등 평화유지활동 관계기관이 참석한 가운데 유엔 평화유지활동 정책협의회를 개최하였다. 본 회의에서는 2024-2025년 임기 안보리 비상임이사국 진출과 더불어 유엔 평화 · 안보 분야의 핵심 활동인 PKO에 대한 기여를 더욱 확대해야 할 필요성 등이 구체적으로 논의되었다.[9] 한국은 유엔 안보리 비상임이사국 진출을 추진하기 위해 선거 캠페인 출범행사[10]를 개최하는 등 각국의 지지를 촉구했다.

---

6 외교부 보도자료, "박진 외교부 장관,「유엔외교 독립패널」접견," (2022.8.31.)

7 외교부, "[UN일반] 유엔안보리 구성 및 비상임이사국 선출절차," (2007.11.5.), https://www.mofa.go.kr/www/brd/m_3874/view.do?seq=305873&srchFr =&srchTo=&srchWord=&srchTp=&multi_itm_seq=0&itm_seq_1=0&itm_seq_2=0&company_cd=&company_nm=&page=40 유엔헌장에 의거 안보리는 5개 상임이사국(미국, 영국, 프랑스, 중국, 러시아)과 2년 임기인 10개 비상임이사국의 총 15개국으로 구성되어 있으며 평화유지에 대한 회원국의 공헌 및 지역적 배분에 의해 총회에서 2/3 다수결로 매년 5개국씩 선출되며 임기는 2년이나 계속 재선될 수 없다. 아프리카와 아시아 지역 5석, 동유럽 1석, 라틴아메리카 2석 그리고 서유럽 및 기타국 2석이 배정된다. 무력사용승인, 제재, PKO 등 중요사안에 대해 사용하는 가장 공식적인 조치로 각 이사국별 1표의 투표권 행사하며 실질 문제에 대해 5개 상임이사국 전체 동의를 포함한 9개 이사국 찬성이 필요하다.

8 외교안보연구소, 『유엔외교 독립패널 2022년 보고서』 (서울: 국립외교원, 2022), p. 15.

9 외교부 보도자료, "[PKO] 유엔 평화유지활동 정책협의회 개최," (2022.9.2.) 유엔 평화유지활동 정책협의회는「국제연합 평화유지활동 참여에 관한 법률」제16조에 따라 평화유지활동에 관한 정부 정책의 효과적인 집행, 관계부처 간의 협력을 위해 외교부에 설치되어 있다.

10 외교부, "우리나라의 세 번째 안보리 이사국 진출을 위한 선거 캠페인 출범행사 개최(12.3),"(2021.12.7.), https://overseas.mofa.go.kr/un-ko/brd/m_12053/ view.do?seq=1342988

한국의 PKO 참여 의의는 다음과 같다.[11] 첫째, 한국이 이니셔티브를 확보할 수 있는 군사적 활동이며 둘째, 국가브랜드를 높여 국가 역량을 높일 수 있으며 셋째, 분쟁지역에서의 작전체험으로 실전능력을 향상시킬 수 있고 넷째, 국제공조체제 구축으로 한국의 유사시 지원 명분을 얻을 수 있다는 점 등 한국의 안보와 경제에 실익을 안겨준다. 한국은 유엔의 최대 수혜국으로서 건국 과정에서부터 6.25전쟁과 이후 국가재건 시 다양한 지원을 받았으며 그 결과 GDP 10위, 국방력 6위, 반도체 점유율 1위, 세계 혁신지수[12] 1위의 중견국으로 성장할 수 있었다. 향후 한국이 PKO 참여를 위해 추진해 나아가야 할 정책을 유엔이 추진하고 있는 패러다임과 연계하여 다차원 상위요소 중요도 순으로 제시하면 다음과 같다.

1. 규범적 차원

가. 해외파병부대의 생존성 강화

해외파병부대의 생존성 강화는 최근 유엔이 지속적으로 관심을 표명하고 있는 A4P의 평화유지군 안전성 강화공약과 연계된 핵심전략이다.

평화유지활동이 시작된 1948년부터 2019년까지 4,000여 명이 사망

11 이신화, "한국 국제평화활동의 양분화 고찰: 유엔 PKO vs. 다국적군 파병,"『아세아연구』 제56권 제2호(2013), p. 208.

12 기획재정부 보도자료, "2021 블룸버그 혁신지수: 한국 세계 1위," (2021.2.3.) 블룸버그 혁신지수(Innovation Index)는 R&D 집중도, 제조업 부가가치, 첨단기술 집중도, 특허활동 등 총 7개 부문으로 구분하여 국가의 혁신력을 종합적으로 판단하여 60개국에 대한 혁신지수를 매년 발표하고 있다.

하였으며 사망원인별로 살펴보면 사고로 인해 34.5%, 병으로 31.8%, 악의적인 공격 26.7%, 기타 사유 6.9%이 사망하였다. 평화유지군의 가장 많은 사망 원인은 사고, 질병, 무장세력의 악의적인 공격 등이다.[13]

2014년 4월 16일 남수단 임무단 유엔 기지에 발생한 민간인 20여 명이 사망한 피습사건으로 재건 및 복구 임무를 위해 공병부대 위주의 파병에 취약점을 드러냈다. 한빛부대는 피해가 없었지만 공병과 의무병력으로 구성되어 현지 상황에 맞는 방호의 역할은 할 수 없었다. 게다가 방호 역할을 맡은 네팔 및 인도군이 대응을 제대로 하지 못해 많은 민간인 사상자가 나왔다. 충분한 방호장비 없는 한빛부대도 위험할 수 있었던 상황이었다. 공병 및 의무병력에서 방호부대의 추가 편성 등으로 우발상황에 대응할 수 있어야 한다.[14] 또한 평화유지군의 질병에 의한 사망자 수를 줄이기 위해 의료지원를 강화하여 원격 진료 등을 통한 체계적인 관리가 필요하다고 판단된다.

나. 여성의 PKO 참여 확대

여성의 참여 확대는 A4P의 8대 분야 중 하나이자 여성, 평화 및 안보 의제는 유엔의 모든 의제에 포함되는 핵심적인 사항이다. 2000년 유엔 안전보장이사회는 분쟁지역에서 발생하는 여성의 성폭력 피해가 국제사회의 평화와 안보에 큰 위협이라는 인식으로 분쟁지역 여성을

13 김종국 · 유상범, "UN 평화유지활동의 사망자 발생 추세 연구: UN 말리 다차원 통합 안정화 임무단 및 UN 콩고민주공화국 안정화 임무단을 중심으로," 『세계지역연구논총』 제37권 제4호(2019), pp. 398-399.

14 이장욱, "미래 한국군의 역할과 유엔 평화유지활동," 『PKO저널』 제17권 (2018.12.), p. 26.

보호하고 분쟁해결과 평화구축 과정에 여성의 참여를 위해 여성, 평화 및 안보에 관한 유엔 안보리 결의안 제1325를 만장일치로 채택했다.[15] 그러나 평화유지활동 요원들의 성범죄 문제는 2004년 콩고민주공화국 평화유지요원들에 의한 매춘, 아동강간 등 성범죄 발생을 계기로 임무단에서의 성범죄 척결 문제의 중요성이 대두되었다. 성범죄는 무관용 원칙임에도 지속적으로 발생하고 있으며 이러한 문제 해결을 위해 여성의 참여는 매우 중요한 사안이라고 판단된다.

AHP 전문가 설문 결과 다른 개선전략보다 높은 우선 순위로 평가된 규범적 차원에서 여성의 PKO 참여 확대와 민간인 보호활동 강화는 가중치를 두고 추진할 필요성이 있다. 한국은 2019년 및 2021년 한국의 평화유지 장관회의의 공약에서 여성인력 참여를 늘리고 평화유지센터에 여성 교육과정 유치를 공약했다. 여성 참여의 확대를 위해 국가의 정책적 차원에서 현실화시키려는 노력이 필요하다. 또한 장기적 관점에서 여생도들을 대상으로 관련 교육을 제공하고 평화활동 관련 인턴십 프로그램 등을 통한 다양한 경험의 기회를 마련하는 해야 한다.[16]

향후 한국의 국제평화활동 참여시 유엔 평화유지활동에 필요한 여성 군·경 및 민간 전문인력 참여를 확대하기 위해 정책적 지원과 교육훈련의 통합실시 등이 시급하다고 판단된다.

15 최윤미, "PKO 발전을 위한 개혁 과제(여성의 역할과 인력활용을 중심으로),"『PKO저널』 제11권(2015.12.), p. 21.

16 최윤미, "한국 평화유지활동(PKO)의 새 지평: 성인지 통합과 여성참여 확대방안 연구," 『전략연구』 제68호(2016), pp. 144-146.

다. 국제평화활동에 대한 전략적 소통(SC) 강화

국제평화활동에 대한 전략적 소통 강화는 A4P의 정치적 해결 및 갈등해소와 연계된 과제로 유엔이 강조하고 있는 핵심사안이다. 최근 국방부는 해외파병 전략을 추진함에 있어 국가전략적 차원에서 해외파병 전략을 보다 세심하게 기획하여 발전시켜 나가야 한다. 특히 여론주도층의 해외파병 현장 방문, 관련 영화 및 드라마, 홍보 영상 등 기획 지원을 통해 국민의 파병 인식 및 여론 등의 지지를 자연스럽게 유도할 필요성이 있다. 또한 SNS 등을 활용한 방안 등 누구나 쉽게 접할 수 있는 방법을 고려하여 추진해 나가야 할 것이다.[17]

2021 서울 평화유지 장관회의를 성공적으로 개최한 한국은 그 위상에 걸맞게 평화유지활동에 대한 국민들의 인식 전환이 필요한 시점이다. 이를 위해 군에 한정하지 않는 국가적인 일관된 정책 추진으로 국민들의 신뢰를 얻어야 할 것이다.[18] 해외파병이 국가위상의 증진과 방산수출 등으로 이어져 국가이익을 창출할 수 있는 전략임을 알려 관심과 지지를 확보해야 한다. 분단국이기 때문에 파병으로 인해 전력 손실 우려가 아닌 해외파병을 통해 재외국민 및 기업 보호와 국군의 실전 경험을 쌓을 수 있고 한반도 유사시 국제사회의 지원을 이끌어 낼 수 있다는 관점에서 전략적 투자임을 홍보해야 한다.[19]

국회의원들의 현장 방문 등 해외파병 가치 공유를 위한 의정활동을 적극 지원하고 아덴만 여명작전과 같은 파병 현장의 스토리와 친화적

17 설인효, "한국 국방의 글로벌 기여 방안," 『PKO저널』 제17호(2018), p. 34.
18 진성현, "한국 평화유지활동의 발전 방향," 『PKO저널』 제17권(2018), p. 19.
19 전제국, "한국군의 해외파병과 한반도 안보," 『국가전략』 제17권 제2호(2011), p. 34.

기획 보도 등을 유도해야 한다. 또한 K-POP과 같은 한류문화를 배합하여 여론 관리 등 전략적 소통을 체계화할 필요성이 있다.[20]

라. 지역공동체와 연계된 민간인 보호활동 강화

민간인 보호활동 강화는 A4P 8대 공약선언 중 하나로 관련 조항을 살펴보면 "① 민간인을 보호하기 위해 상황에 맞는 맞춤형 평화유지 접근 방식을 지원할 것, ② 유엔 헌장 및 해당 국제법 등에 따라 필요한 경우 모든 수단을 사용하여 민간인 보호 임무 이행, ③ 평화유지 임무와 임무에 대한 이해를 강화하기 위해 지역 주민들과의 전략적 의사소통 및 참여 를 개선할 것"을 공약한다고 명시되어 있다.[21]

주변국 사례연구에서 고찰한 바와 같이, 최근 중국은 국가전략인 일대일로와 연계하여 아프리카 지역 공동체들과의 연대를 강화하며 국제평화활동의 실효성을 향상시키기 위해 정책적 노력을 강화하고 있다. 평화유지군 임무지역에서의 효과적인 민간인 보호를 위해서는 분쟁국의 군사력이 아닌 파병국의 역할이 더 중요하게 작용한다. 파병 전단계에서 파병되는 임무에 따른 교육과 파병지에 대한 국가특징, 문화 및 인권에 대한 정확한 이해는 필수적인 교육이라 할 것이다. 또한 사전 교육을 통한 사명감의 고취도 보다 명확하게 이루어져야 할 것이다.[22]

---

20 김철우 · 정상연 · 박상현 · 노인규, 『해외파병의 전략적 접근 및 역할 확대 방안 연구』 (서울: 한국국방연구원, 2015), p. 20.

21 UN Secretary-General's Initiative on Action for Peacekeeping, "A4P," https://www.un.org/en/A4P/

22 강지연, "평화유지군 임무지역의 민간인 보호 실패 결정요인," 『사회과학연구』 제46권 제3호(2020), pp. 78-79.

한국은 안전지역 중심의 평화유지활동에서 중요임무 중심의 활동으로근본적인 패러다임 전환이 요구되며 신속배치 기동부대 등의 운용을 통한 민간인 보호활동을 강화해야 한다. AHP 전문가 설문 결과 '여성의 PKO 참여 확대' 다음으로 '민간인 보호활동 강화'는 우선순위가 높은 만큼 이 전략 또한 가중치를 두고 추진해야 할 것이다. 한국은 첨단과학기술과 같은 비교우위를 가지고 있는 분야를 통해 아프리카연합 등과 협력하여 민간인 보호활동을 펼쳐야 한다. 이러한 참여확대를 통해 국제사회에서 한국의 브랜드 파워와 영향력을 제고해 나갈 필요성이 있다.

2. 기술적 차원

가. 유엔과 기술협력 강화

유엔과의 기술협력 강화는 A4P 공약 중 민간인 보호임무 강화, 평화유지요원의 안전강화, 성과 및 책v임성 강화, 유엔의 디지털 전환 전략등의 추진과제와 연계되어 있다.

스마트 캠프는 효율성 및 안전성을 높이기 위해 첨단 기술을 활용하여 캠프 내부의 경계, 시설, 에너지, 환경 등 제반 기능을 연결하고 향상시키는 것이다. 친환경 문제는 유엔의 지속가능한 발전 목표 중 하나로 회원국들의 적극적으로 지원 및 협조하고 있으며 관련된 여러 정책들이 추진되고 있는 중이다.[23] 시설 및 장비 개선으로 점점 위험

23 정장수, "친환경 평화유지활동을 위한 유엔 환경정책과 한국군 파병부대 기여 방안," 『PKO저널』 제15권(2017.12.), p. 10.

한 환경에세 임무 수행을 해야 하는 평화유지군 보호, 임무 효율성 향상 등 A4P에 직접적으로 기여할 수 있다. 스마트 캠프는 주둔국 현지 여건을 고려한 기술전략으로 이를 성공적으로 만들게 되면 한국은 첨단기술 강국의 이미지를 세계에 부각시킬 수 있다. 현재까지는 남수단 한빛부대를 대상으로 하여 시범운영을 추진하고 있지만 향후 다른 유엔 임무단으로 범위가 확대될 예정이다. 따라서 장기적인 관점에서 한국 기업의 해외 진출과 국익증진이 가능할 수 있도록 계획하고 추진할 필요가 있다고 판단된다.

나. 첨단 군수품 공여 확대

첨단 군수품 공여 확대는 A4P 공약 중 민간인 보호임무 강화, 평화유지요원의 안전강화, 성과 및 책임성 강화, 유엔의 디지털 전환 전략과 연계되어 있다. 중국은 인민해방군을 현대화하기 위해 해외파병 관련 군사훈련을 실시하고 첨단 군사장비를 테스트함과 동시에 파병간 전투경험을 축적하고 있다. 한국군은 해외파병으로 위협 및 전쟁에 대한 체험을 확대할 수 있고, 지역 국가들과의 관계 증진 등 전장의 패러다임 변화에 신속히 대응할 수 있는 많은 계기를 마련하고 있다. 특히 새로운 위협에 대응하기 위한 전술교리 등을 수립하고 다른 국가들과의 연합작전을 통해 임무 능력도 향상시킬 수 있다.[24]

평화유지활동의 임무를 효과적으로 수행하기 위해서는 현지의 정치, 문화 등과 분쟁집단의 무장상태를 파악해서 효과적인 대응이 필

24 윤지원, "한국군의 국제평화유지 활동과 과제: 다국적군과 청해부대 임무지역 확대를 중심으로," 『평화학연구』 제21권 제2호(2020), p. 83.

요하며 평화유지군도 첨단 장비를 사용하여 그에 대한 대비를 해야 한다.[25] 한국도 4차 산업혁명 기술을 활용한 장비 등을 해외파병에 접목할 필요가 있다. 특히 새로 개발된 국산무기체계의 전력화 이전 시험평가(testbed)의 장으로 파병 주둔지에서의 테스트는 전력화 기간을 축소하고 전력화된 무기체계의 성능 개선 및 보완 소요를 찾아 작전운용성능(Required Operational Capability, ROC)을 높일 수 있다. 이러한 첨단 장비는 임무단의 안전성 보장과 임무 효율성을 높여 줄 것이다. 또한 아프리카와 같은 현지 환경에서 한국 방산제품 성능 검증과 홍보를 통해 통해 방산수출로 연계할 수 있다. 파병부대의 전투수행능력 향상, 무기체계 성능입증, 다기능 부대 임무수행 능력 숙달 향상뿐만 아니라 장비의 제공은 기술 및 훈련이 필요해 삼각협력 등으로 이어질 수 있다.

다. 디지털 협력 강화

디지털 협력 강화는 A4P의 민간인 보호임무 강화, 평화유지요원의 안전강화, 성과 및 책임성 강화 등과 연관되며 최근 유엔이 야심차게 추진하고 있는 디지털 전환전략에 부응하는 전략이다.

4차 산업혁명 기술의 활용으로 미래 안보태세에 영향을 미칠 수 있는 요소는 확장된 전장, 무기체계의 무인화 및 고도화, 전투수행의 스마트화 등이다.[26] 그리하여 최근 AI, 로봇, 드론 등 4차 산업혁명 관련

---

25 송재익, "제4차 산업혁명 시대의 PKO 발전을 위한 새로운 모색," 『PKO저널』 제15권(2017.12.), p. 31.

26 설현주 · 길병옥 · 임익순, "4차 산업혁명기술의 국방분야 적용 및 미래 전망," 『한국 군사학논총』 제7집 제2권 (2018.2.), p. 258.

신기술들이 주요 패권국을 중심으로 경쟁적으로 확산되면서 국제사회의 분화를 가속화하고 있다.[27] 중국은 일대일로와 연계하여 인공지능 등의 첨단 분야 분야와 빅데이터, 스마트 시티 건설 등의 연결을 통한 21세기 디지털 실크로드를 국가의 핵심전략으로 추진하고 있다.

한국군이 추진하고 있는 Army TIGER System 4.0은 첨단 과학기술군으로 도약을 위해 네트워크화, 지능화된 지상군의 혁신적 변화, AI 기반 초연결 등을 추진하고 있으며, 첨단과학기술의 구현이라 표현할 수 있다.[28] 또한 2022년 4차 산업혁명 첨단기술을 활용한 유무인 복합 체계 구축, AI, 우주, 디지털 전환, 사이버 한국형 전력 증강 프로세스 구축 등을 민간첨단기술과 접목하여 추진 중인 국방혁신 4.0으로 첨단과학기술 강군이라는 목표를 달성하려 하고 있다. 한국도 이러한 국방전략과 연계하여 국익과 관련한 정책 추진으로 해외파병에 4차 산업혁명 기술지원 및 협력 추진을 계획해야 할 시기라고 판단된다.

라. 전문 의료지원 강화

전문 의료지원의 강화는 A4P의 평화유지요원의 안전강화, 성과 및 책임성 강화, 민간인 보호임무 강화와 연계된다. 주변국 사례연구에서 고찰한 바와 같이, 중국은 평화유지군 전문 의료지원 강화를 위해 최근 몇 년간 임무단에서 발생한 중요한 의료상황을 종합해 현지상황과 동일한 환경 등을 시뮬레이션(simulation)해 훈련을 진행했다. 평화

27 홍규덕, "비전통 안보의 재조명: 코로나19 시대 이후의 방향 모색," 『국방정책연구』 제129권 (2020.10.), p. 24.

28 대한민국 정책브리핑, "첨단과학기술 구현된 지상전투체계 '아미타이거'미래 육군 '4세대 전투력' 포효한다," (2021.4.16.), https://www.korea.kr/news/pressRelease View.do?newsId=156447348

유지군 전체가 실전과 동일한 파병지역의 부대 환경에 기반으로 이를 표준화시킨 국제화된 전문 훈련을 실시한 것이다.

한국도 2021 평화유지 장관회의에서 남수단 임무단에 의료인력을 지원하는 등 관련 공약을 제시했다. 유엔 평화유지 임무단이 주로 활동하는 아프리카는 전염병 및 풍토병에 취약한 지역으로 우발상황 등에 대비하여 구급법(救急法)에 대한 교육이 필요하다. 또한 대부분의 파병지역은 분쟁지역이거나 분쟁이 잠시 중단된 상태의 지역이다. 그러므로 그에 대한 대비책을 마련하여 상황 발생시 대처할 수 있어야 할 것이다. 또한 의무장비 지원은 평화유지군의 안전성을 확보할 수 있으며 이로 인한 임무의 효율성도 높일 수 있다.

평화유지활동 간 감염병 예방을 위해 파병 전 및 유엔 평화유지 임무단에 대해 보호장비 착탈의, 역학조사 등의 감염병 교육과 재난 관련 심리적 응급처치 등의 교육 프로그램을 제공해야 한다. 또한 임무단의 감염병 대응 준비상태 등을 점검할 필요가 있다.[29]

한국의 코로나19 성공적인 대응으로 전 세계는 K-방역에 대한 관심이 높다고 하겠다. 팬데믹을 잘 극복한 우리의 경험과 노하우를 공유할 수 있는 체계를 만들면 삼각협력 프로젝트와 연계하여 추진할 수 있을 것으로 사료된다.

29 권명옥 외 3인, "K-방역, 의료지원 지원방안," 『제16회 PKO 발전 세미나』 (2020), p. 79.

3. 조직적 차원

가. 상비부대 편성 강화

조직적 차원에서 해외파병 관련 상비부대의 편성 강화는 A4P에서 추진하고 있는 행동규범 준수와 성과확대, 책임성 강화와 연계되어 있다. 최근 한국군은 인구절벽 시대를 맞이하여 병력자원의 감소 문제에 직면해 있다. 따라서 효율적인 부대구조 개편을 추진중이며 이를 위해 미래전투수행 개념에 부합한 부대개편과 과학기술을 적용한 병력절감 및 현역 직위 민간인력 대체 등 다각적인 방안을 추진할 계획이다.[30]

한국군은 현실적으로 중국과 같이 8,000명 규모의 상비부대 편성이 제한된다. 따라서 분단상황과 인구감소 등을 고려하여 적정규모의 상비부대 규모를 판단하고 다차원 임무수행이 가능하도록 다기능 부대를 편성하고 체계적인 교육훈련과 작전지속지원 체계를 구축해나가야 한다.

나. 다기능 부대 편성

다차원 임무단의 실효성을 보장하기 위한 다기능 부대편성은 유엔 A4P의 민간인 보호임무와 평화유지요원의 안전성 강화와 연계되어 있다. 중국이 평화유지활동에 참여하는 중요한 이유 중 하나는 인민해방군의 전투력을 향상하는 것이다. 특히 패권 경쟁국인 미국에 비

30 국방일보, "[KIDA 논단] 미래 병력운영과 병역제도의 고민," (2021.12.28.), https://kookbang.dema.mil.kr/newsWeb/20211228/1/BBSMSTR_0000001 00003/view.do

해 인민해방군의 실전 경험이 부족하다고 판단한 중국은 다기능 부대의 평화유지활동에 참가하여 다양한 실전 경험을 축적했으며 외국군과의 군사교류 및 연합훈련을 통해 군의 현대화를 가속화할 수 있었다.[31]

평화유지활동 개념이 평화유지로부터 평화강제에 이르기까지 다차원적인 임무수행을 요구하고 있기 때문에 한국도 그에 발맞춰 파병부대의 질적확대를 위한 방법을 모색해야 한다. 한국군은 1993년 이후 30년간 국제평화활동에 참여해 왔지만 주로 공병, 의무 등 전투지원부대 위주로 파병을 해왔다. 따라서 한국군도 향후 전투부대를 비롯해 항공부대, 정보수집부대, 드론봇부대 등 다기능 부대편성이 시급하다.[32] 이러한 다기능 부대 파병은 분단상황에서 실전경험이 부족한 한국군에 전투능력을 향상시키는 기회가 될 것이다. 최근 한국군이 추진하고 있는 국방혁신 4.0은 4차 산업혁명 기술을 바탕으로 제2의 창군 수준으로 국방태세를 재설계하는 국방개혁안이다. 특히 인공지능(AI) 활용이 핵심이다. 한국군은 국방혁신 4.0과 연계한 첨단과학기술 기반의 최적화된 다기능 부대를 편성하여 평화유지군의 안전성 및 민간인 보호 등 임무수행의 효율성을 높이고 맞춤형 참여 모델을 정립해 나갈 필요성이 있다.

31 이동률, "중국의 유엔 평화유지활동 참여 확대의 목적과 제약," 『정책연구』 (2014 봄), p. 131.

32 정장수, "UN PKO 병력공여 발전 방향: PKO 작전환경 변화와 UN 평화활동국 군(軍) 능력 소요 중심," 『PKO저널』 제19권 (2019.12.), pp. 11-12.

다. 해외파병부대 교육훈련 강화

유엔의 A4P의 8대 공약 중 하나인 성과 및 책임성 강화는 교육훈련을 통한 효과성 증진을 강조하고 있다. 중국군은 특수환경 및 조건하에서 예행연습을 통해 우발상황 대처능력을 향상시키고 있다. 위임된 명령과 임무에 맞는 훈련장을 구성 후 투입전 교육훈련을 실시하여 평화유지군의 임무수행 능력을 강화하고 있다. 특히 최근 수년간 발생한 우발상황 등을 데이터화하여 실제 작전환경과 비슷한 여건에서 교육훈련을 체계적으로 실시하고 있다. 한국군은 국군의 해외파병업무훈령에 의해 국방대 국제평화활동센터와 특전사 국제평화지원단에서 파병전 훈련을 실시하고 있으며 경찰은 경찰대학의 PKO센터에서 담당하고 있다.

한국군은 미국, 이스라엘에 이어 여단급 이상의 과학화 훈련장인 육군과학화전투훈련단(Korea Combat Training Center, 이하 KCTC)[33]을 보유하고 있다. KCTC와의 연계 훈련을 통해 우발상황 발생시 실전과 유사한 환경에서 전투를 경험할 수 있고 공병장비 등을 통한 교육으로 숙련도 문제도 해결할 수 있을 것으로 판단된다. 예를들면, 1회 훈련시 2억 8천 만개 데이터를 생성할 수 있으며,[34] 훈련결과를 데이터화하고 과학적으로 분석하여 문제점을 파악하며 파병훈련 간 데이터도 축척할 수

---

33 김장령 · 정석재, "무형전투력의 전투효과와 구성요소에 관한 연구: KCTC 전투훈련 및 전투 시뮬레이션 데이터 분석 중심으로," 『선진국방연구』 제5권 제2호 (2022), pp. 51-52. KCTC는 2018년 여단급 전투훈련체계 전력화 후 49개 여단의 전투훈련이 실시되었으며 훈련장은 여의도 면적의 약 48배의 규모로 실제 전장과 비슷한 과학적인 교전체계와 훈련을 위한 전문화된 통제 및 평가 조직, 다양한 작전유형으로의 훈련이 가능한 전문대항군, 각종 교전 데이터를 실시간 분석 가능한 정형분석 모델 164종 등을 보유한 세계 최고 수준인 전투훈련 체계이다.

34 KCTC, "체계개발 전력화 의의와 특징," https://www.kctc.mil.kr:452/kctc/4005/subview.do

있을 것이다. 또한 평화유지군의 다차원 임무수행 역량을 향상시키기 위해서는 민 · 군 · 경 등의 통합적 교육훈련이 필요할 것으로 판단된다.[35]

라. 효과적인 지속지원 능력 확보

효과적인 지속지원 능력확보는 A4P의 성과 및 책임성 강화와 연계되어 있다. 전술한 바와 같이 중국은 지부티에 군사보급기지를 건설하여 아프리카 임무단에 의료, 장비 점검 등 관련 군수지원을 실시하고 있다. 국방부 해외파병업무훈령에 따르면, 지속지원은 파병 후 임무지속을 위한 주기적인 재보급으로 ① 현지 파병부대에 재보급 지침 하달 ② 현지 파병부대로부터 재보급 소요물량 접수 ③ 소요제기 물량 검토 및 군수지원 부대에 승인된 물량 지원 지시 ④ 재보급 물자 포장 및 선적 ⑤ 재보급 수송수단 결정 및 국방부에 소요제기 절차로 진행된다.[36] 한국군의 경우 4개월 단위의 정기 재보급을 통한 군수지원으로 파병부대에 필요한 장비 및 물자를 제공하고 있으며 시효 및 계절성 품목 등은 중간 재보급을 통해 지원하고 있다.[37]

조직적 차원의 사례연구에서 고찰한 바와 같이, 한국군의 재보급 소요를 제기하기 위해서는 현지 파병부대에서 보유하고 있는 정확한 군수 물자 및 장비의 품목과 수량이 필요하기 때문에 부대에서 보유하고 있는 재보급 품목 등에 대한 빅데이터화가 필요하다. 특히 해외파

35 전병환, "민 · 관 · 군 통합 PKO교육," 『PKO저널』 제15권(2017.12.), pp. 22-27.

36 국군의 해외파병업무 훈령, [국방부훈령 제2495호] (개정 2020.12.24.), 제2장 업무분장, 제5조(부서별 · 기관별 업무분장)

37 육군본부, 『해외파병 군수지원 실무지침서』(계룡: 육군본부, 2021.12.), p. 15.

병 부대는 아프리카와 같은 취약한 지역에서 임무를 수행해야 한다. 따라서 4개월 단위의 정기 재보급으로 필요한 장비 및 물자를 받는 것은 부대의 임무수행 능력 향상과 안전성 보장을 위해 매우 중요한 일이다. 부대 보유 품목의 빅데이터는 파병부대 임무 교대 간 정확한 인계인수가 가능하여 업무의 효율성을 높이는데 기여할 수 있다. 더 나아가 재보급 간 필요한 품목의 누락 방지 및 불필요한 품목 청구에 대한 낭비를 줄일 수 있어 예산 절감의 효과도 가능하다고 판단된다.

4. 제도적 차원

가. 신속한 파병여건 보장을 위한 법률안 제정

신속한 파병여건 보장을 위한 법률안 제정은 유엔이 추진하고 있는 A4P의 분쟁의 정치적 해결과 연계되어 있다. 주변국 사례연구에서 살펴본 바와 같이, 일본은 국제평화협력법 등 관련 법률을 제정하여 평화유지활동 참여를 위한 제도적 기반을 마련하였다.[38] 중국도 자국의 해외파병 근거를 마련하기 위해 중국 인민해방군의 유엔 평화유지군 참여에 관한 규정에서부터 2022년 전쟁이외의 군사행동 요강 마련 등 법적·제도적 정비를 통해 국제평화활동의 실효성을 강화해 나가고 있다.

한국도 2010년 국제연합 평화유지활동 참여에 관한 법률을 제정하였으나 평화유지활동에만 국한되어 다국적군 평화유지활동 및 국방

38 송석준, "한국의 평화유지활동 발전 연구: 일본과 중국의 평화유지활동 전략 분석을 중심으로," 『PKO저널』 제23권(2021.12.), p. 61.

교류협력은 규정하지 않았다. 하지만 최근 국제평화활동이 다차원 임무단으로 확대되고 다국적군 평화유지활동이 점차 증가하고 있어 법률적 보완이 시급한 상황이다. 포괄적인 법률제정은 향후 한국군의 파병정책 수립, 파견결정 등에 적용될 수 있으며 관련국과의 MOU 체결 등 국익과 관련한 의견을 반영할 수 있는 제도적 기반으로 활용될 수 있다.[39] 현재까지 국군의 해외파견에 대한 법제화 노력은 17대, 18대, 19대, 20대 국회에 제출되었지만 모두 임기만료로 폐기되었다.[40] 향후 중견국으로 성장한 한국이 국제사회의 일원으로서 국제평화활동에 기여할 수 있도록 명확한 법적 · 제도적 기반 마련이 필요하다고 판단된다.

나. 유엔 패러다임 전환과 연계된 맞춤형 파병전략 수립

유엔 패러다임 전환과 연계된 파병전략 수립은 현재 유엔이 추진하고 있는 A4P, A4P+ 그리고 디지털 전환전략 연계되어 있다. 유엔은 2000년 이후 지속적인 개혁을 통해 평화유지 임무수행에 적합한 환경을 조성하기 위해 노력해 왔다. 유엔은 보다 복잡하고 위험한 작전환경에서 평화유지군의 인명피해가 증가하고 있다는 문제의식을 토대로 A4P 추진시 전투원의 생존성 강화를 핵심과제로 선정했다. 전술한 바와 같이, A4P는 8개 분야 45개 공약으로 구성되었고 실효성을 보장

39 조용만, "유엔 PKO활동 분석과 한국 PKO의 전략적 실용화 방향," 『국제정치논총』 제50집 제1호 (2010), pp. 185-186.

40 국회 의안정보시스템, https://likms.assembly.go.kr/bill/BillSearchResult.do 17대 국군부대의 해외파견절차에 관한 법률안(송영선의원 등 10인), 18대 국군부대의 해외파견 절차에 관한 법률안(김장수의원 등 17인), 19대 국군의 해외파견활동 참여에 관한 법률안(송영근의원 등 20인), 20대 국군의 해외파견활동에 관한 법률안(김영우의원 등 11인)

하기 위해 사무총장, 회원국 및 공동 책임분야로 구분하여 추진하고 있다.[41]

중국은 일대일로와 연계한 국가전략을 바탕으로 유엔의 패러다임과 연계하여 국제평화활동을 추진하고 있다. 일본도 삼각 협력파트너십 프로젝트를 적극적으로 추진하며 A4P에 기여하고 있다. 한국은 2021 평화유지 장관회의에서 A4P를 지원하기 위해 스마트캠프 시범사업, 의무지원팀 파견, 공병 · 지뢰제거 훈련지원, 헬기 공여 등 6대 공약을 발표했다. 한국은 6대 공약을 잘 이행하여 유엔에서의 한국의 위상을 높이고 중견국으로서 책임을 확대해 나가야 한다. 이를 통해 2024년 유엔 안보리 비상임이사국 진출을 위한 국제사회의 지지를 확보할 수 있을 것이다.

유엔의 국제평화활동 패러다임 전환과 연계된 파병전략이 수립되어야 평화유지요원들의 생존성 보장과 임무의 효율성을 극대화 할 수 있다. 유엔이 국제평화활동의 패러다임 전환을 추진하는 목적은 위험한 작전환경에서 인명피해를 줄이고 평화유지활동의 실효성을 높이기 위한 것이다. 따라서 한국군은 유엔이 추진하고 있는 A4P, 디지털 전환전략에 부응하기 위해 한국의 첨단 과학기술과 연계하여 파병계획을 수립함과 동시에 이를 국방교류 및 방산 협력의 계기로 활용할 필요가 있다.

41 UN Peacekeeping, "ACTION FOR PEACEKEEPING (A4P)," https://peacekeeping. un.org/en/action-for-peacekeeping-a4p

다. 파트너십 강화

파트너십 강화는 A4P의 8대 분야 중 핵심 과제이다. 파트너십 강화를 통해 평화유지활동의 효과를 제고하는 것이 주요 내용이다. 공약 내용을 살펴보면 삼각 파트너십은 혁신적인 협력 방안으로 평화유지군 및 경찰을 더욱 철저히 준비시킬 수 있다고 명시되어 있다.

사례연구에서 고찰한 바와 같이, 일본은 비전투적인 국제평화활동인 삼각협력 프로젝트에 적극적으로 참여하여 아프리카 및 아시아 국가들과의 연대를 강화하고 있다. 또한 일본의 장비로 교육훈련을 진행하고 있어 일본의 방산장비를 간접적으로 홍보하는 효과도 얻고 있다.

2021 서울 평화유지 장관회의에서 한국은 "풍부한 공병부대 운용 경험을 유엔 회원국들과 공유하겠다"라고 국제사회에 공약을 제시하였다. 또한 유엔과 한국, 병력공여국 간 삼각협력 파트너십을 구축해 동남아시아국가연합(ASEAN) 소속 국가를 대상으로 공병 장비와 교관을 지원한다는 계획도 밝혔다. 특히 500MD 헬기 16대를 공여하기 위해 케냐 등 병력공여국과 파트너십을 구축할 예정이며, 유엔 헬기부대 창설을 지원하며 필요시 해당 국가에 헬기 정비와 운용 교육을 패키지로 지원하는 등 모범적인 협력 구축방안을 제안했다.[42]

한국은 2021 평화유지 장관회의를 계기로 본격적인 삼각협력 파트너십에 참여할 것으로 예상된다. 이를 위해 한국형 삼각협력 파트너십 모델 구축을 계획하고 추진할 필요가 있다. 4차 산업혁명의 첨단기술과 연계된 교육을 비롯하여 코로나19 방역 등 의무지원 교육 및

42 국방일보, "한국 첨단 기술, 유엔 PKO 미래 선도한다," (2021.12.8.), https://kookbang.dema.mil.kr/newsWeb/20211209/4/BBSMSTR_000000 010021/view.do

훈련 등 한국군이 선도해나갈 수 있는 특화된 분야를 발굴해야 한다. 이를 통해 전문인력을 양성하는 등 임무수행의 효율성 향상에 기여해야 한다.

라. 전문인력 참여 확대

국제평화활동 참여시 전문인력 참여 확대는 A4P의 분쟁의 정치적 해결, 민간인 보호임무 강화, 평화유지요원의 안전강화, 평화 구축 및 지속적인 평화 공약과 연계되어 있다.

다차원 임무단의 특성을 고려 시 복합적인 위임명령을 효과적으로 수행하기 위해서는 군 병력 뿐만 아니라 경찰, 소방, 민간그룹 등 전문인력의 참여가 확대될 필요성이 있다. 특히, 경찰인력의 확대는 현재 파병되어 임무수행 중인 평화유지군과 협업을 통해 임무수행의 효과성과 효율성을 높일 수 있을 것으로 전망된다. 현재 한국군 파병부대는 민군작전의 일환으로 농장 운영 지원 등 다양한 활동을 전개하고 있다. 따라서 해파부대의 성과를 극대화하기 위해 농업기술 전문인력이 함께 파견될 수 있도록 정부차원의 정책 마련이 필요해 보인다.[43]

그 동안 한국군은 평화유지군을 중심으로 한 군부대 중심의 해외파병 정책을 추진해 왔다. 하지만 탈냉전 이후 다차원 임무단으로 변화된 유엔 평화유지활동의 패러다임 전환에 발맞춰 군 병력 외에 경찰, 소방, 민간 전문인력의 파견을 확대해 나가야 한다. 즉, 유엔 평화유지활동의 실효성을 강화하기 위해 민 · 관 · 군 등을 아우르는 포괄적인

43 정장수, "UN PKO 병력공여 발전 방향: PKO 작전환경 변화와 UN 평화활동국 군(軍) 능력 소요 중심," 『PKO저널』 제19권(2019.12), p. 10.

정책 마련이 필요하다. 민간전문가 그룹이 참여하는 국제평화활동은 민군협력과 외교관계 강화는 물론이며 한국 기업의 해외진출도 견인할 수 있다.[44]

전문인력 참여는 AHP 전문가 설문 결과 다른 발전 요소들보다 우선순위가 다소 낮게 평가되었다. 하지만 다양한 분쟁지역에서 다차원 임무를 수행해야 하는 평화유지요원의 생존성과 임무 효율성을 보장하기 위해 전문인력 참여 확대는 정책적으로 시급한 과제라고 판단된다.

제3절 연구의 한계와 향후 과제

최근 국제질서와 글로벌 안보환경은 러시아-우크라이나 전쟁을 계기로 불확실성과 불안정성이 점차 심화하고 있다. 탈냉전 이후 유엔은 보다 복잡해진 지역분쟁에 효과적으로 대응하고 평화유지군의 안전한 작전환경을 조성하기 위해 지속적인 개혁을 추진해 왔다. 본 연구는 이러한 유엔의 패러다임 변화와 연계하여 주변국 사례연구를 통해 한국군의 평화유지활동의 개선전략을 도출하고 우선순위를 평가했다는 점에서 학술적 의의가 있다. 또한 2021년 서울 평화유지 장관회의 개최 이후 국제사회에서 위상이 높아지고 있는 한국이 2024-

44 정은숙, 『국제질서 변화와 유엔의 평화 · 안보 거버넌스』 (서울: 도서출판 선인, 2019), p. 292.

2025년 임기 안보리 비상임이사국 진출을 추진하고 있는 시점에서 시사하는 바가 크다고 할 수 있다. 지리적 · 역사적 차원과 정치 · 경제 · 외교 및 군사적 차원에서도 매우 중요한 주변국인 중국과 일본의 사례연구를 통해 한국군이 추진해야 할 평화유지활동의 방향과 발전전략을 모색했다는 점도 중요한 함의를 갖는다. 하지만 한국과 주변국은 국력수준, 국방 · 외교정책 등이 서로 상이하기 때문에 중국과 일본의 사례를 한국군에 여과없이 적용하는 것은 여러 가지 측면에서 제한된다고 판단된다.

연구결과의 활용성 측면에서 살펴보면, 한국은 6.25 전쟁시 유엔을 중심으로 한 국제사회의 도움과 지원으로 국가를 수호할 수 있었다. 그러한 역사적 당위성으로 인해 한국은 국제적 위상과 국격에 걸맞은 평화유지활동 참여 전략을 수립할 필요성이 있다. 그러나 한국은 남북 분단 이후 오랫동안 북한의 핵 · 미사일 등 현존 군사위협에 직면해 왔다. 또한 향후 전개될 인구절벽의 시대를 맞이하여 안정적인 병력자원의 확보에도 많은 어려움이 예상된다. 따라서 본 책에서 도출한 평화유지활동 발전전략을 조기에 적용하는 것은 제한될 수밖에 없다. 분단체제라는 특수한 안보상황 하에서는 다양한 제한사항들이 존재하기 때문에 한국군은 실행 가능한 전략들을 선별적으로 추진해 나가야 한다. 특히 한국이 선도해나가는 부문을 고려했을 때 기술적 차원 및 규범적 차원의 전략은 조기시행이 가능할 것이다. 다만 국내법적 문제, 예산 및 조직과 연계된 제도적 · 조직적 차원은 단계적 접근이 필요하다고 판단된다. 또한 파병부대의 생존성 강화의 차원에서 살펴본다면 현지 주재원들은 현지 상황에 대한 신속한 정보력과 위험을 관리하고 있다. 그러므로 파병부대의 안전성 및 효과성 보장을 위해 부대 파견 전 현지 주재원들 및 지역사회와 소통하면서 현지정세와 대책, 정보교환 등을 통한 특수상황 파악을 위한 노력도 필요하다.

주변국 사례연구 시 자료수집의 방법론적 측면에서 제한사항을 살펴보면, 중국 관련 연구는 주로 중국에서 발간된 서적, 학술논문과 중화인민공화국 공영매체인 신화통신(신화왕), 인민일보(인민왕), 인민해방군일보, 국가기관지 등의 자료 및 정보를 활용하였다. 또한 국방부, 외교부 등 관련 정부기관의 자료를 이용하다 보니 중국이 추진하고 있는 국제평화활동 정책 관련 내재적 문제점 및 제한사항 등은 식별하거나 분석이 제한되었다. 일본의 경우 2017년 남수단 철수 이후 부대파병 없이 제한적으로 국제평화활동을 추진하고 있기 때문에 과거의 파병사례를 중심으로 관련 자료와 정보를 분석할 수밖에 없었다.

남·북한이 군사적으로 대치하고 있는 상황에서 한국군의 평화유지활동 참여는 다양한 환경에서의 전투경험, 대응능력 확보는 물론이며 한반도 유사시 국제사회로부터 도움을 받을 수 있는 명분이 된다는 점에서 매우 중요한 문제이다. 따라서 평화유지활동에 기여할 수 있는 좋은 콘텐츠를 발굴하여 한국의 소프트파워와 융합시켜 새로운 기회를 창출하고, 한국의 국익과도 연결시킬 수 있는 국가차원의 전략이 필요하다고 판단된다. 향후 한국의 국제평화활동과 연계된 보다 실증적인 후속연구를 통해 다차원 개선전략에 대한 구체적인 실행방안이 제시되기를 기대해 본다.

참고문헌

참고문헌

1. 국내 문헌

가. 단행본

경찰청, 『2021 경찰백서』, 서울: 경찰청, 2021.
국방부, 『2018 국방백서』, 서울: 국방부, 2018.
국방부, 『2020 국방백서』, 서울: 국방부, 2020.
고성윤, 『국제 평화활동의 미래구상』, 서울: 한국국방연구원, 2009.
권오정, 『다기준 의사결정 방법론: 이론과 실제』, 서울: 북스힐, 2018.
길병옥 · 박재필 · 조차현, 『국가안보론』, 대전: 충남대학교출판문화원, 2015.
김상배 외 11명, 『4차 산업혁명과 신흥 군사안보』, 서울: 한울, 2020.
김철우 · 정상연 · 박상현 · 노인규, 『해외파병의 전략적 접근 및 역할 확대 방안 연구』, 서울: 한국국방연구원, 2015.
박동순, 『한국의 전투부대 파병정책』, 서울: 도서출판 선인, 2016.

______, 구형회, 『국제분쟁과 평화활동』, 서울: 선인, 2019.
박재영, 『국제정치 패러다임』, 서울: 법문사, 2021.
손열 · 김상배 · 이승주, 『한국의 중견국 외교』, 서울: 명인문화사, 2016.
송승종, 『유엔 평화유지활동의 이해』, 서울: 연경문화사, 2006.
양평섭 외 7인, 『신흥국의 대중국 경제협력 전략: 일대일로 이니셔티브 대응을 중심으로』, 세종: KIEP 대외경제정책연구원, 2018.
외교부, 『외교백서 1991』, 서울: 외교부, 1991.
______, 『2018 아프리카 개황』, 서울: 외교부, 2018.
______, 『일본개황』, 서울: 외교부, 2018.
______, 『2019 유엔개황』, 서울: 외교부, 2019.
______, 『2020 중국개황』, 서울: 외교부, 2021.
______, 『2021 유엔개황』, 서울: 외교부, 2021.
외교안보연구소, 『유엔외교 독립패널 2022년 보고서』, 서울: 국립외교원, 2022.
유기웅 · 정종원 · 김영석 · 김한별, 『질적 연구방법의 이해』, 서울: 박영스토리, 2021.
유엔외교 독립패널, 『한국 유엔외교의 비전과 미래전략』, 서울: 외교부 국제기구국, 2018.7.6.
육군본부, 『지역분쟁사연구』, 계룡: 육군본부, 2009.
______, 『해외파병사(1964-2019년)』, 계룡: 육군본부, 2021.
______,『해외파병 군수지원 실무지침서』, 계룡: 육군본부, 2021.12.
이춘근, 『전쟁과 국제정치』, 서울: 북앤피플, 2020.
이홍주, 『한국군의 해외파병활동(1991-2016)』, 서울: 국방부 군사편찬연구소, 2018.
임윤갑, 『국제분쟁과 평화유지』, 성남: 북코리아, 2021.
전봉근, 『동북아 신 지정학 시대 공동안보를 위한 지역안보협력 추진 전략』, 서울: 국립외교원 외교안보연구소, 2022.
______, 『미중 경쟁 시대 한국의 '중간국' 외교전략 모색』, 서울: 국립외교안보연구소, 2019.
정은숙, 『국제질서 변화와 유엔의 평화 · 안보 거버넌스』, 서울: 도서 출판 선인, 2019.
조양현, 『아베 내각의 국가전략과 한 · 일 관계: '탈(脫)전후체제론'을 중심으로』, 서울: 국립외교원 외교안보연구소, 2019.
한국국방연구원, 『2021 세계분쟁의 분석 및 전망』, 서울: 한국국방연구원, 2021.12.
황일도, 『분쟁예방 및 평화구축활동에 대한 한국의 전략: 2세대 평화 활동과 주권적 민감성을 중심으로』, 서울: 국립외교원 외교안보연구소, 2018.2.

나. 논문

강선주, "중견국 이론화의 이슈와 쟁점,"『국제정치논총』 제55집 1호, 2015.

강한구, "일본의「주변 사태법」과 관련 법체계,"『국방정책연구』 제45권, 1999.

강현철, "국군의 해외파견에 관한 법률제정의 타당성,"『立法學硏究』 제11집 제1호, 2014.

강효경, "CPOC에 대한 UN의 최근 인식,"『PKO저널』 제15권, 2017.12.

_____, "UN 평화 · 안보분야 개혁과 UN PKO 활동의 변화," 『PKO저널』 제18권, 2019.6.

_____, "수단 분쟁해결과 민주체계 전환의 영향요인," 『PKO저널』 제22권, 2021.6.

강지연 · 최현진, "평화유지군 성범죄의 결정요인분석,"『사회과학연구』 제43권 제3호, 2017.

_____, "평화유지군 임무지역의 민간인 보호 실패 결정요인,"『사회과학연구』 제46권 제3호, 2020.

고성윤 · 부형욱, "신속 파병을 위한 시스템 발전방안: PKO 활성화 논의와 신속 파병 시스템 발전방안의 연계,"『국방연구』 제53권 제3호, 2010.12.

고영석, "세계 지역기구의 PKO 활동 소개,"『PKO저널』 13권, 2016.12.

국방대학교 PKO센터, "제9회 PKO 발전 세미나 : 국방대학교 PKO 센터; 유엔참모과정 UN인증 획득," 『PKO저널』 제7호, 2013.

길병옥, "군사학(軍事學) : 통섭(統攝)의 학문체계와 정상과학(正常科學)에 관한 논고,"『군사연구』 제133집, 2012.

_____, "한국의 해양안보전략과 다자안보협력 증진방안,"『한국시베리아연구』 제24집 제3호, 2020.9.

김강녕, "미래 전쟁양상의 변화와 한국의 대응,"『한국과 국제사회』, 제1권 제1호, 2017.3.

김금률 · 이강경 · 설현주, "유엔의 평화유지구상(A4P)과 한국군의 국제평화활동 발전방향: 남수단 사례를 중심으로,"『융합보안논문지』 제21권 제5호, 2021.12.

김동욱, "해외파병과 점령법: 이라크 전쟁을 중심으로,"『국제법학회 논총』 제52권 제3호, 2007.

김성철 · 어하준, "AHP가중치 결정에서의 다수 전문가 의견종합 방법," 『한국경영과학회지』 제19권 제3호, 1994.12.
김순수, "중국 군사외교 이론과 실천," 『한국군사학논집』 제70집 1호, 2014.2.
김연수, "협력안보의 개념과 국제적 적용: 북미관계에의 시사점,"『한국정치학회보』 제38집 제5호, 2004.
김열수, "해외파병 정책결정의 변수와 협상전략: 전투병 파병을 중심으로," 『전략연구』 제36호, 2006.
김장령 · 정석재, "무형전투력의 전투효과와 구성요소에 관한 연구: KCTC 전투훈련 및 전투 시뮬레이션 데이터 분석 중심으로,"『선진국방연구』 제5권 제2호, 2022.
김재엽, "'보통국가' 일본의 군사적 함의: 집단적 자위권, 적 기지 공격론을 중심으로,"『국방연구』제62권 제2호, 2019.
김종국 · 유상범, "UN 평화유지활동의 사망자 발생 추세 연구: UN 말리 다차원 통합안정화 임무단 및 UN 콩고민주공화국 안정화 임무단을 중심으로,"『세계지역연구논총』 제37집 제4호, 2019.
김준영, "중국 국가안전법제의 체계 연구,"『중국법연구』 제32집, 2017.
김치욱, "국제정치의 분석단위로서 중견국가(Middle Power): 그 개념화와 시사점,"『국제정치논총』제49집 제1호, 2009.
김태현 · 박민형 · 김혜원, "비전통안보위협 대응과 국방의 역할," 『RINSA 안보현안분석』 Vol. 167, 2020.5.31.
김태효 · 박중현, "일본은 보통국가인가?: 군사력 수준과 무력행사 범위의 고찰,"『국제관계연구』제25권 제2호, 2020.
나웅하, "양면게임 이론에 입각한 파병 정책 결정 연구,"『한국군사학논집』 제70호 1권, 2014.2.
민병원, "신(新)안보딜레마와 네트워크 국제정치: 이론적 분석,"『평화연구』 제20권 1호, 2012.4.
______, 최종건, "해외파병관련 법 · 제도의 국제비교," 『국회입법조사처 학술연구용역 최종보고서』 2008.12.
박동순, "대한민국 PKO 확대를 위한 정책 제언,"『PKO저널』 제13권, 2016.12.
______, "한국군 해외파병 50년 평가와 향후 정책제언,"『한국군사』 제8호, 2020.
박명희, "일본의 국제공헌과 여론: 자위대 해외파견을 중심으로," 『국방연구』 제63권 제4호, 2020.
______, "일본의 국제활동 확대 동향과 시사점: ODA와 자위대 해외파병을 중심으로,"

『국제관계 동향과 분석』 제71호, 2020.
박상중, “유엔 PKO 삼각 파트너십 발전방안,”『PKO저널』 23권, 2021.
박석정, “일본의 테러특별조치법에 대한 검토,”『한국테러학회보』 제8권 제4호, 2015.
박선영, “국제적 평화조성을 위한 궤적: 국제연맹 형성과 IPR의 논의를 중심으로,”『중국사연구』 제113집, 2018.
박순향, “유엔 평화활동 분석과 한국 평화활동의 방향,”『군사』 제9호, 2014.3.
______, “PKO-C34를 통해 본 한국 평화활동의 발전 방안,” 『전략 연구』 제24권 제1호, 2017.
______, “평화유지구상 계획(Action for Peacekeeping Initiative) 기회인가? 도전인가?,” 『PKO저널』 제19권, 2019.12.
박영준, “일본 아베 정부의 안보정책 변화와 한국의 대응방안: 수정주의적 내셔널리즘과 보통군사국가화,”『국방정책연구』 제103권, 2014.
박영택, “비전통 안보문제의 확장과 국제기구의 다자적 기능 평가,” 『접경지역통일연구』 제4권 제2호, 2020.12.
박재완 · 정일성, “포스트 코로나 시대의 국가안보 변화와 군의 대응,” 『한국과 국제사회』 제5권 1호, 2021.
박종현, “국제 분쟁지역에서 한국경찰의 효과적인 평화유지활동에 관한 연구,”『융합보안논문지』 제20권 제4호, 2020.
박태홍, “유엔 평화유지 능력 준비태세 체계(PCRS)란 무엇인가?,” 『PKO저널』 제13권, 2016.12.
박태희, “중국의 유엔평화유지경찰 참여,”『치안정책리뷰』 제60호, 2018.6.
박홍순 · 김세용 · 김용환, “체계적인 방위산업기술보호를 위한 보호체계 우선순위 분석 연구,”『융합보안논문지』 제19권 제2호, 2019.6.
설인효, “한국 국방의 글로벌 기여 방안,”『PKO저널』 제17호, 2018.
______, “비전통 안보위협의 부상과 한미일 안보협력 방안,”『한일군사문화연구』 제31권, 2021.4.
설현주 · 길병옥 · 임익순, “4차 산업혁명기술의 국방분야 적용 및 미래 전망,” 『한국군사학논총』 제7집 제2권, 2018.2.
송석준, “한국의 평화유지활동 발전 연구: 일본과 중국의 평화유지활동 전략 분석을 중심으로,”『PKO저널』 제23권, 2021.12.
송승종, “유엔의 기술전략: 사무총장 보고서를 중심으로,” 『PKO저널』 22권, 2021.

송재익, “중견국 한국의 유엔평화유지활동(PKO) 강화방안,” 『한국군사학논총』 제5집 제1권, 2016.
_____, “제4차 산업혁명 시대의 PKO 발전을 위한 새로운 모색,” 『PKO저널』 제15권, 2017.12.
송지혜, “UN 남남협력 고위급회담(BAPA+40) 주요 의제와 쟁점,” 『KIEP 세계경제포커스』 Vol. 2 No. 11, 2019.4.15.
송태은, “최근 UN의 디지털 협력 주요 의제와 정책적 함의,” 『IFANS FOCUS』IF 2021-08K, 2021.5.
신범식, “다자 안보협력 체제의 이해: 집단안보, 공동안보, 협력안보의 개념과 현실,” 『국제관계연구』 제15권 제1호, 2010.
_____, “다자 안보협력 체제의 개념과 현실 : 집단안보, 공동안보, 협력안보를 중심으로,” 『JPI 정책포럼』 2015.4.
오윤성, “2015 PKO 발전 세미나 발표 논문(요약): PKO활동에 대한 경찰의 역할과 참여 확대 방안,” 『PKO저널』 제11권, 2015.
유동원, “중국의 유엔평화유지활동 정책: 배경, 특징과 제약요인,” 『중국연구』 제43권, 2008.
유재익, “대한민국 평화유지활동 20년의 성과와 향후과제,”『PKO저널』 제6권, 2012.
윤기석, “탈 냉전기 이후의 국제분쟁의 개요,”『한국국제정치학회 학술대회 발표논문집』 2006.
윤지원, “한국군의 국제평화유지 활동과 과제: 다국적군과 청해부대 임무지역 확대를 중심으로,”『평화학연구』 제21권 제2호, 2020.
이갑윤, “일본 자위대의 해외파견에 대한 국제적 반응,”『동아연구』 제28권, 1994.
이강경 · 김금률 · 편관서 · 박동휘, “러시아-우크라이나 전쟁의 원인 고찰: 케네스 왈츠의 3가지 이미지를 중심으로,” 『국방연구』 제65권 제3호, 2022.9.
_____, 김금률 · 윤상돈 · 설현주, “무기체계 운용시험평가 개선전략 도출 및 우선순위 결정”, 『융합보안논문지』 제21권 제1호, 2021.
_____, 설현주, “한일 GSOMIA의 군사적 함의 고찰,” 『국방연구』 제63권 제1호, 2020.
_____, 설현주, “한국군의 국제평화활동 발전방안 : 아프리카 지역분쟁 분석을 기반으로,”『융합보안논문지』 제19권 제3호, 2019.
이근수 · 성채기, “세계의 분쟁(I): 그 양상과 한반도,”『KIDA 국방논단』, 1995.1.3.
이동근, “Beijing’s UNPKO Troop Deployment: In Pursuit of Economic-Security Interests from

the Six Cases," 『한국군사학논집』 제76호 제3호, 2020.10.

이동률, "중국의 유엔 평화유지활동과 주권 원칙의 딜레마: 아프리카 평화유지활동을 중심으로," 『군사연구』 제60호, 2014.

_____, "중국의 유엔 평화유지활동 참여 확대의 목적과 제약," 『정책연구』, 2014 봄.

이선희 · 정한범, "한 · 중 · 일 유엔 평화유지활동에 대한 비교연구," 『접경지역통일연구』 제2권 제1호, 2018년 여름.

이승주, "중국의 부상과 일본의 21세기 외교전략:보통국가의 다차원화," 『동아시아연구원 연구보고서』 NSP Report 64, 2014.

이신화, "한국국제평화활동의 양분화 고찰: 유엔 PKO vs. 다국적군 파병," 『아세아연구』 제56권 제2호, 2013.

이영철, "결정의 엣센스, 제4시각: 딜레마 관점에서 본 쿠바 미사일 위기," 『정부학연구』 27권 1호, 2021.4.

이은호, "탈냉전 이후 국제분쟁의 양태와 전망,"『국제문화연구』 제19집, 2001.

이장욱, "미래 한국군의 역할과 유엔 평화유지활동," 『PKO저널』 17권, 2018.12.

장삼열, "한국의 국제평화활동 30주년 평가와 발전방안 ," 『군사논단』 제105권, 2021.

장영호, "신(新) 개념의 전쟁유형 고찰과 한반도에의 적용방안," 『한국동북아논총』, 제65호, 2012.12.

전병환, "유엔 평화유지활동에서 감시, 기술 그리고 혁신,"『PKO저널』 제8권, 2014.6.

_____, "한국의 PKO 역량 강화를 위한 패러다임 전환,"『PKO저널』 제11권, 2015.12.

_____, "민 · 관 · 군 통합 PKO교육," 『PKO저널』 제15권, 2017.12.

전봉근, "21세기 한국 국제안보 연구 · 개념과 실제,"『2015년 정책 연구과제』, 서울: 국립외교원 외교안보연구소, 2015.

전제국, "글로벌 평화활동과 파병반대운동: 위험회피론의 실상과 한계," 『국방정책연구』 제26권 제3호, 2010.

_____, "한국군의 해외파병과 한반도 안보," 『국가전략』 제17권 제2호 (2011).

정병호 · 오지현 · 설현주 · 황성인, "AHP 기법을 이용한 무인기 자율기능 우선순위 도출: 유무인 협업 공대공 교전을 중심으로,"『산업경영 시스템학회지』 제45권 제1호, 2022.3.

정장수, "유엔평화유지활동간 무력사용에 대한 이해 제고,"『PKO저널』 제14호, 2017.

_____, "친환경 평화유지활동을 위한 유엔 환경정책과 한국군 파병부대 기여 방안," 『PKO저널』 제15권, 2017.12.

______, “국가제한사항에 대한 UN PKO 정책 이해: National Caveats,”『PKO저널』 18권, 2019.6.

______, “UN PKO 병력공여 발전 방향: PKO 작전환경 변화와 UN 평화활동국 군(軍) 능력 소요 중심,”『PKO저널』 제19권, 2019.12.

정회주 · 방준영, “일본 자위대의 재해파견 활동과 그 역할의 변용,” 『한일군사문화연구』 제33권, 2021.

정훈, “Cooper 등의 교육정책분석 이론 및 모형에 관한 연구,”『국가정책연구』 제24권 4호, 2010. 12.

조상혁, “해외파병의 허용범위와 해외파병일반법 제정 필요성에 관한 검토,”『홍익법학』 제19권 제1호, 2018.

조용만, “유엔 PKO 활동 분석과 한국 PKO의 전략적 실용화 방향,” 『국제정치논총』 제50집 제1호, 2010.

조윤영, “글로벌 거버넌스와 국제제도: 유엔의 사례를 중심으로,” 『세계지역연구논총』 제24집 3호, 2006.12.

조은일, “아베 시기 일본의 ‘자유롭고 열린 인도-태평양’지역전략,” 『한국과 국제정치』 제36권 제2호, 2020.

조한승, “미래전쟁양상에 대비한 해외파병부대 발전방안: 3영역 전쟁 개념을 중심으로,” 『국방정책연구』 제27권 제1호, 2011.

진성현, “한국 평화유지활동의 발전방향,”『PKO 저널』 제17호, 2018.

차정미, “국제질서 리더십 변화의 장주기론과 중국의 강대국화 전략,” 『한국정치학회보』 55집 5/6호, 2021.

최원상 · 신진, “정부 비상대비정책 우선순위 도출에 관한 연구,” 『융합보안논문지』 제20권 제3호, 2020.

최윤미, “2015 유엔 창설 70주년, 브라히미 리포트 이후 15년, 한국 PKO의 미래 과제는?,”『PKO저널』 제10호, 2015.

______, “PKO 발전을 위한 개혁 과제(여성의 역할과 인력활용을 중심으로),” 『PKO저널』 제11권, 2015.12.

______, “한국 평화유지활동(PKO)의 새 지평:성인지 통합과 여성참여 확대방안 연구,”『전략연구』 제68호, 2016.

______, “유엔과 지역기구간의 평화활동 파트너십,”『PKO저널』 제13권, 2016.12.

최진우,“국제연합(UN)과 국제평화,”『인간과 평화』 제1권, 2020.9.

하경석, “The Use of Digital Military Technology in UN Peacekeeping Operations: Possibilities and Dilemmas,” 『국제관계연구』 제27권 제1호, 2022.

한국에너지기술연구원(KIER), “에너지기술개발 성과확산을 위한 기반 확대 및 운영사업,” 『한국과학기술연구회』, 2019.

한승조 · 박준형, “전술적 고려요소(METT+TC)의 세분화 및 우선순위 결정에 관한 연구,” 『디지털융합학회지』 제14권 제10호, 2016.

한평석, “동북아 협력안보레짐의 구축 전망: ARF의 특성을 중심으로,” 『통일문제연구』 제15권 제1호, 2003.

홍규덕, “비전통 안보의 재조명: 코로나19 시대 이후의 방향 모색,” 『국방정책연구』 제129권, 2020.10.

황규득, “아프리카 평화유지에 대한 비판적 고찰,” 『국제지역연구』 제22권 제3호, 2018.

황진환 · 김건우, “21세기 한국군의 PKO 전략 연구,” 『한국군사학논집』 제68권 제3호, 2012.

다. 유엔 공식 문서

유엔, “디지털 협력을 위한 로드맵,” 『유엔사무총장보고서』, 2020.

Jane Esberg, Christoph Mikulaschek, “Digital Technologies, Peace and Security: Challenges and Opportunities for United Nations Peace Operations,” UN, August 25, 2021.

United Nations, “Security Council Report 1257,” 1999.12.16.

United Nation, “United Nations Peacekeeping Operations Principles and Guidelines,” UN Department of Peacekeeping Operations & Department of Field Support, 2008.

Expert Panel on Technology and Innovation in UN Peacekeeping, “Performance Peacekeeping,” December 2014.

United Nations, “Uniting Our Strengths for Peace, Politics, Partnership and People: Report of the High-Level Independent Panel on United Nations Peace Operations,” 2015. 6. 16. HIPPO, 2015.

United Nations, “Improving Security of United Nations Peacekeepers: We need to change the way we are doing business,” 2017. 12. 19. Cruz 2018.

UN DPO, “uniformed-gender-parity-2018-2028,” 2018.

______, “Peacekeeping Capability Readiness System (PCRS),” Jan 2019.

______, "The Rapid Deployment Level of the Peacekeeping Capability Readiness System," Feb 2019.

______, "Current and Emerging Uniformed Capability Requirements for United Nations Peacekeeping,"May 2019.

______, "Current and Emerging Uniformed Capability Requirements for United Nations Peacekeeping,"Sep 2022.

______, DSO · DMSPC, "Strategy for the Digital Transformation of UN Peacekeeping," 2021.

UN Secretary-General's High-level Panel on Digital Cooperation, "The Age of Digital Interdependence,"June 10, 2019.

UN General Assembly Security Council, Brahimi, A55/305-S/2000/809, 2000.

United Nations, "Identical letters dated 21 August 2000 from the Secretary-General to the President of the General Assembly and the President of the Security Council,"Aug 21, 2000.

United Nations Security Council, "Report of the Secretary-General on women peace and security,"S/2021/827, 2021.

라. 번역서

Andrew Hetwood, 김계동 역, 『국제관계와 세계정치』, 서울: 명인문화사, 2013.

PAUL F. DIEHL, 권구순 · 박순향 역,『국제평화활동개론』, 서울: 현우사, 2013.

Robert K. Yin, 신경식 · 송민채 · 신현섭 · 조수현 · 서이안 역, 『사례연구방법』, 서울: 한경사, 2021.

2. 국외 문헌

가. 단행본

Alfred A. Knopf, *World Politics*, 2d ed., New York: Random House, January 1, 1968.

Bruce S. Cooper, Lance D. Fusarelli, E. Vance Randall, *Better policies, better schools: Theories and applications*, Boston: Pearson, 2004.

Danish Defence, *UN Peacekeeping: The Role and Contribution of China and Denmark,* Copenhagen:

Royal Danish Defence College Publishing House, 2015.

Francesco Mancini, ed., *New Technology and the Prevention of Violence and Conflict*, New York: International Peace Institute, October 2013.

Fred R. David, *Strategic Management: CONCEPTS AND CASES 13th ed.,* Upper Saddle River, NJ: Pearson, 2011.

Henry Kissinger, *Diplomacy,* London: Simon & Schuster, 1994.

Hiromi Nagata Fujishige, Yuji Uesugi, Tomoaki Honda, *Japan's Peacekeeping at a Crossroads: Taking a Robust Stance or Remaining Hesitant?,* Cham: Palgrave Macmillan, 2022.

Hugo Dobson, *Japan and UN Peacekeeping: New Pressures and New Responses,* New York: RoutledgeCurzon, 2003.

John Baylis, Steve Smith, Patricia Owens, *The globalization of world politics: an introduction to international relations,* 4th ed., Oxford: Oxford University Press, 2008.

John Gerring, *Case Study Research: Principles and Practices,* New York: Cambridge University Press, 2007.

John Mearsheimer, *The Tragedy of Great Power Politics,* New York: W.W. Norton & Company, 2001.

Joseph S. Nye, Jr., *The Future of Power,* New York: Public Affairs, December 13, 2011.

Kenneth N. Waltz, *Theory of International Politics,* Massachusetts: Addison-Wesley Publishing Company, 1979.

Kim Moniz, *Principles and Techniques of Marketing Management,* New York: College Publishing House, 2016.

Robert K. Yin, *Case study research : design and methods 4th ed.,* Thousand Oaks, CA: Sage Publications, 2009.

SABC(Swiss Africa Business Circle), *Swiss-African Business Relations Status Quo 2021,* Bern: SABC, 2021.

Sharan B. Merriam, *Qualitative Research: A Guide to Design and Implementation,* San Francisco: Jossey–Bass, 2009.

Thomas L. Saaty, *The Analytic Hierarchy Process: Planning, Priority Setting, Resource Allocation,* New York: McGraw-Hill, 1980.

何銀,『大國崛起与國際和平:聯合國維和建和研究文集』, 北京: 時事出版社, 2018年.

劉丹,『聯合國維和行動的困境及前景』, 北京: 時事出版社, 2015年.

尙昌儀,『中國軍隊与聯合國維和行動』, 北京: 五洲傳播出版社, 2016年.

楊中秋,『藍盔戰士:中國首次派軍參加聯合國維和行動』, 北京: 藍天出版社, 2016年.

中華人民共和國國務院新聞辦公室,『新時代的中國國防』白皮書, 北京: 人民出版社, 2019年 7月

______________,『平等 發展 共享:新中國70年婦女事業的發展与進步』白皮書, 北京: 人民出版社, 2019年9月.

______________,『中國軍隊參加聯合國維和行動30年』, 北京: 人民出版社, 2020年 9月.

篠田 英朗,『パ-トナ-シップ國際平和活動』, 東京: 勁草書房, 2021.

防衛省,『防衛白書(資料編)』, 東京: 防衛省, 2022.

나. 논문

Athambawa Sarjoon, Mohammed Agus Yusoff, "The United Nations Peacekeeping Operations and Challenges," *Academic Journal of Interdisciplinary Studies,* Vol 8, No 3, 2019.

Aurelia George Mulgan, "International Peacekeeping and Japan's Role: Catalyst or Cautionary Tale?,"*Asian Survey* Vol. 35, No. 12, December 1995.

A. Walter Dorn, "Smart Peacekeeping: Toward Tech-Enabled UN Operations," *IPI(International Peace Institute)*, July 2016.

Barry Buzan, "New Patterns of Global Security in the Twenty-First Century," *International Affairs* ,Vol. 67, No. 3, July 1991.

Bent Flyvbjerg, "Five Misunderstandings About Case-Study Research," *Qualitative Inquiry* 12-2, April 2006.

Charles A. Kupchan and Clifford A. Kupchan, "Concerts, Collective Security, and the Future of Europe", *International Security* Vol. 16 No. 1, Summer 1991.

Carlos H. Loitey, "UN Peacekeeping Operations: New Trends in Peacekeeping Operations by the International Community including the United Nations, International Trends in Peacekeeping Operations," *International Peace & Security Symposium*, 2019.

Christoph Zürcher, "30 Years of Chinese Peacekeeping," *CIPS(Centre for International Policy Studies) report*, January 2019.

Christopher B. Primiano, "Should China Spend on UNPKOs? Findings from a Survey",

CHINA REPORT 55-1 , 2019.

Courtney J. Fung, "What explains China's deployment to UN peacekeeping operations?", *International Relations of the Asia-Pacific* Volume 16, 2016.

Hang Zhou, "Dragon under the Blue Helmet: a quantitative analysis of China's motivation for participation in UN peacekeeping operations", *African East-Asian Affairs* No. 3, 2013.9.

Helen Miler, "The assumption of anarchy in international relations theory: a critique," *Review of International Studies*, Vol. 17 No. 1, January 1991.

Independent Commission on Multilateralism (ICM), "The Impact of New Technologies on Peace, Security, and Development", *IPI(International Peace Institute)*, April 2016.

ISDP(Institute for Security and Development Policy), "China's Role in UN Peacekeeping," March 2018.

Jacques Delors Centre, "An EU Trilateral Cooperation Agenda with Africa and China for a Post-COVID-19 World," *Jacques Delors Centre*, April 15, 2021.

James N. Rosenau, "Governance in the Twenty-first Century," *Global Governance*, Vol. 1, No. 1, Winter 1995.

John J. Mearsheimer, "The False Promise of International Institutions," *International Security*, Vol. 19, No. 3. Winter, 1994-1995.

Kurttila, M., Pesonen, M., Kanga, J. and Kajanus, M., "Utilizing the analytic hierarchy process (AHP) in SWOT analysis — a hybrid method and its application to a forest-certification case," *Forecast Policyand Economics* vol. 1, 2000.

Moritz Weigel, Alexander Demissie, "A new climate trilateralism? Opportunities for cooperation between the EU, China and African countries on addressing climate change," *DIE(Deutsches Institut für Entwicklungspolitik)*, August 2017.

Nagafumi Nakamura, "Unresolved and Unexplored Questions of Dispatching the Japan Self Defense Forces in A Profile of Japan's International Cooperation," *Hitotsubashi University JICA(Japan International Cooperation Agency)*, 2018.

Robert E. Stake, "Qualitative case studies," in Norman K. Denzin & Yvonna. S. Lincoln (Eds.), *The Sage handbook of qualitative research, 3rd ed.,* Thousand Oaks, CA: Sage Publications, 2005.

Robert Jervis, "Cooperation under the Security Dilemma," *World Politics*, Vol. 30, No. 2,

January 1978.
Stephen M. Walt, "The Renaissance of Security Studies," *International Studies Quarterly* Vol. 35, No. 2, January 1991.
Steve Smith, "The increasing insecurity of security studies: Conceptualizing security in the last twenty years," *Contemporary Security Policy*, Vol. 20, No. 3, December 1999.
Thomas L. Saaty, "A scaling method for priorities in hierarchical structures," *Journal of Mathematical Psychology*, Vol. 15, No. 3, 1977.
_________, "Decision Making with the Analytic Hierachy Process," *International Journal of Services Sciences*, Vol. 1, No. 1, 2008.
_________, "That is not the analytic hierarchy process: what the AHP is and what it is not," *Journal of Multi-Criteria Decision Analysis* 6, 1997.
何銀, "中國的維和外交: 基于國家身份視角的分析,"『西亞非洲』第 4 期, 2019年.
孟文婷, "中國參与聯合國維和行動的研究述評,"『國際政治研究』第 4 期, 2017年.
聶軍, "聯合國維和行動成功的條件」,"『國際政治科學』第14期, 2008年.
盛紅生, "中國參与聯合國維持和平行動交戰規則問題研究,"『觀察与思考』第7期, 2017年.